기독교 세계관으로 가르치기

기독교 세계관으로 가르치기

지은이 : 알버트 E. 그린 | 옮긴이: 현은자 · 정희영 · 황보영란
초판1쇄 펴낸날 : 2000년 8월 15일
2판1쇄 펴낸날 : 2001년 3월 15일 | 2판10쇄 펴낸날 : 2022년 3월 3일
펴낸이 : 김혜정 | 편집 : 조정규 | 표지디자인 : 디자인채이 | 마케팅 : 윤여근, 정은희
펴낸곳 : 도서출판 CUP | 등록번호 : 제2017-000056호(2001.06.21.)
(04549)서울특별시 중구 을지로 148, 803호.(을지로3가, 중앙데코플라자)
T.(02)745-7231 F.(02)6455-3114 | www.cupbooks.com | cupmanse@gmail.com

Copyright ⓒ1998 by Albert E. Greene Jr.
Originally published by Association of Christian Schools International(ACSI) as
Reclaiming The Future Of Christian Education : A Transforming Vision
by Albert E. Greene Jr. All rights reserved.

Korean Translation Copyright ⓒ2000 by CUP, Seoul, Korea.

본 저작물의 한국어 판권은 '도서출판 CUP'가 소유합니다.
저작권법에 의하여 한국 내에서 보호를 받는 저작물이므로 무단 전재와 무단 복제를 금합니다.

잘못된 책은 언제든지 교환해 드립니다.
독자 여러분의 의견을 기다립니다.

ISBN 89-88042-48-9 03230   Printed in Korea.

기독교 세계관으로 가르치기

알버트 E. 그린 지음
현은자 · 정희영 · 황보영란 옮김

CUP

차 례

역사 서문
서문
서론

I부 이 시대를 이해하기
1장 계몽주의	21
2장 포스트모더니즘	33
3장 대안 의식	47
4장 가르침과 배움 그리고 하나님	61
5장 기독교 학교에서의 찬양과 감사	75

II부 기독교 철학의 기초
6장 기독교 철학	91
7장 하나님의 말씀	107
8장 창조	121
9장 인류학	135
10장 지식	149
11장 가치와 아름다움	163
12장 우상숭배, 이원론, 영지주의	177

III부 기독교 학교의 내용

13장 창조와 언약 — 191
14장 학교 공부의 회복된 의미 — 207
15장 인간의 경험과 학교 교과목 — 223
16장 더 많은 양상들과 학교 교과목 — 233
17장 규범적인 교과목들 — 247

IV부 기독교 학교의 방법

18장 성령과 함께 걷기 — 265
19장 학습에서 사랑의 위치 — 275
20장 가르침에서의 환대 — 293
21장 자기 지식을 통해 가르칠 자유 — 303
22장 의미있는 가르침 — 313
23장 기독교 학교에서의 공동체 — 325
24장 결론 — 335

BIBLIOGRAPHY

역자 서문

이 책을 처음 접한 때는 기독교 학교 연구를 위해 연구년을 벨리뷰 기독교학교(Bellevue Christian School)에서 보내던 1997년 여름이었던 것으로 기억된다. 알버트 그린 박사는 그 학교의 설립자로서 1950년에 교사로 시작하여 교장으로 일하고 1979년에 은퇴한 후 교사교육에 힘을 쏟고 있었다. 그 당시 이 책은 제본된 원고의 형태로 BCS에 9월 학기로 처음 부임하는 교사들을 위한 하계 세미나의 교재로서 사용되고 있었다. 그린 박사의 권유로 그 세미나에 참석하게 된 덕택에 그의 원고와 함께 그 글에 인용된 다른 교재들도 읽을 수 있는 기회를 갖게 되었다. 다른 교재들도 매우 유익했지만 그린 박사의 원고는 단순히 기독교 학교의 교육철학을 다룬 책이기 이전에 그가 40년간 기독교 학교에서 가르쳤던 경험이 녹아있는 간증서요, 하나님과의 오랫동안 동행한 사람만이 줄 수 있는 깊은 영성의 글이라는 느낌을 받았다.

연구년을 마치고 돌아와 기독교 유아교육 연구회 회원들과 함께 책을 읽고 생각을 나누는 시간을 가질 수 있었다. 기독교적으로 가르치는 것이 무엇인가에 대한 답을 갈급히 찾던 우리들에게 그린 박사의 글은 그 문제에 대한 답뿐만이 아니라 우리를 창조세계의 의미와 하나님의 백성됨이 무엇인가에 대한 더 깊은 자각으로 이끌었다. 지금도 이 책의 글 한 줄 한 줄을 읽을 때마다 그린 박사의 낮고 온화한 음성을 듣는 듯한 착각에 빠지곤 한다. 4부는 특히 은혜롭다. 그는 이곳에서 우리로 하여금 기독교 학교의 본질이 다름 아닌 고린도전서 13장에서 말하는 사랑임을 깨닫도록 도와준다.

이 책이 번역되어 출간되기까지 많은 분들의 도움과 격려가 있었음을 알리고자 한다. 우선 오래 전 이 땅에 건너와 하나님의 나라를 위해 썩어져 가는 한 알의 밀알의 삶으로 우리 모두를 부끄럽게 하는 웨슬리 웬트워스(Wesley Wentworth) 씨께 감사를 드린다. 기독교 교육에 큰 소명감을 가지고 출판계에서 헌신하고 있는 예영 커뮤니케이션의 김승태 사장님께 감사드린다. CUP 편집장 조정규 씨는 부족한 원고를 여러 번 읽고 다듬느라 많은 애를 쓰셨다. 교정 작업을 도와준 강은진에게도 감사를 표한다. 기독교 유아교육 연구회의 회원들의 격려도 번역 작업을 계속하는 데 큰 도움이 되었다.

우리의 한계로 말미암아 기독교적으로 가르치는 것이 무엇인지를 100% 정확하게 말할 수 있는 사람은 없다. 기독교 학교에 대한 연구와 실천은 하나님의 나라가 이 땅 위에 이루어질 때까지 계속되어야 할 것이다. 세속적인 의식이 지배하고 있는 이 땅에서 과연 진정한 기독교 학교 교육이 가능할까 하는 의심이 밀어닥칠 때 이 책은 다시금 소망과 기쁨과 용기를 준다. 부족한 번역이지만 이 책을 통해 기독교 학교를 소망하는 많은 지체들과 함께 이 모든 유익을 나눌 수 있기를 바란다.

서문 (Preface)

　　이 책을 준비하는 과정에 대한 약간의 설명과 도움을 주신 분들에게 감사를 해야 하겠다. 이 책은 내가 40년 이상 기독교 학교에 쏟은 노력의 결과이다. 기독교 학교는 어떤 독특함을 가지고 있는지를 이해하는 데 오랜 시간이 걸렸으며(나는 아직도 더 배울 것이 많다고 확신한다), 여기에 제공된 생각들은 사십 년이라는 세월이 나에게 가르쳐 준 것의 요약이다. 이 책은 세속적인 학교가 그들의 자녀들에게 적절하다고 생각하는 그리스도인 부모들을 염려하여 쓰여졌다.

　　존 밴더호크(John Vanderhoek)와 존 안드레아스(Jon Andreas)는 전체 원고를 읽고 유용한 조언을 해 주었다. 나는 그들에게 많은 빚을 졌으며, 그들은 이 책의 부족한 부분에는 책임이 없다. 존 밴더호크는 나에게 책의 앞부분을 수정하여 현대성과 포스트모더니티가 기독교 세계관과 기독교 교육철학과 얼마나 대조되는지를 강조할 수 있도록 하라고 제안하였다. 그것은 내게 매우 유용한 제안이었다. 나는 책의 앞 부분들을 수많은 기독교 교육철학 강의에서 사용하였으며, 많은 학생들은 내게 좋은 조언과 반응을 보여주었다. 편집자인 메리 앤더스(Mary Andres)와 디자인과 출판에 도움을 준 다스콧(DAScott)에게도 깊은 감사를 드린다.

서론 (Introduction)

> 예언자적 목회의 과업은 우리를 둘러싸고 있는 지배 문화의 의식과 지각에 대안이 되는 의식과 지각을 기르고 자양분을 공급하고 고취시키는 것이다.
> — 월터 브루지만, *The Prophetic Imagination*

오늘날의 세속화된 사회에서 교사와 학생들이 대안적인 기독교 의식을 발달시키는 것은 단 한번의 회의나 메모, 혹은 한 순간의 일로 이루어지는 것이 아니다. 우리의 사고는 계몽주의 개념과 철저히 혼합되어있다. 우리의 사고는 우리의 물리적인 환경에서 가장 희생당한 부분만큼 오염되었다. 진실한 기독교적 사고, 즉 기독교적 마음의 정신적인 면은 대중매체를 통제하는 사람들에게는 비지성적인 것으로 여겨진다. 기독교적인 마음의 또 다른 측면인 기독교적인 삶은 하나님의 백성들이 경험하는 실재 이상으로 소망하는 목표이다.

이러한 상황을 고치는 데에는 오랜 과정이 필요할 것이다. 그것은 인내와 끈기를 요구할 것이다. 우리는 그 과업이 과중하다고 하여 위축되지 말아야 하며 즉각적인 결과를 보기 위해 너무 성급하게 군 나머지 성령의 일을 방해해서도 안 된다. 결국 만일 우리가 신실하고 하나님의 말씀에 순종한다면, 우리의 교육적 노력을 통해서 하나님이 큰 변화를 이루시기를 기대할 수 있다.

  이 책은 기독교 가정, 교회, 학교에서 어린이들을 가르침으로 인해 새롭게 변화된 의식, 즉 성경적 의식을 발달시키는 것에 관한 것이다. 이것은 저자가 기독교 학교와 함께 한 40년 이상의 경험으로부터 이루어졌다. 그러한 관점에서 이 책은 어느 정도 자서전의 성격을 띠었다고 볼 수 있다. 오직 순례의 길을 다 가 본 사람만이 그 여행을 하는 다른 사람에게 진정한 도움을 줄 수 있을 것이다. 프레드릭 부크너(Frederick Buechner)는 하나님이 매일의 삶에서 우리에게 말씀하시며, 우리가 하나님의 말씀을 재발견하고 소중히 간직하는 것이 가능하다고 제안하였다. 만일 우리가 그렇게 한다면 자서전은 다양한 기도가 된다. 어떤 사람의 삶으로부터 나온 이야기는 기도를 요청하는 것이다. 그러므로 만일 여러분이 이 책에 쓰여진 글들을 기도의 요청과 기독교적 가르침이 무엇을 의미하는지에 대한 더 깊은 이해로 생각하여주면 좋겠다. 이 글이 기독교 교육철학과 기독교 학교 교육의 내용과 실제에 대한 완성된 기록이 아님은 확실하다. 다만 이 책은 기독교 학교 교육이 나가야 할 방향을 가리킨다.

  나는 처음부터 기독교 학교에서 일을 하려는 의도가 전혀 없었다. 나는 신학교에서 히브리어와 구약을 가르치기를 원했다. 그러나 하나님은 다른 계획을 갖고 계셨다. 아내와 나는 중국 상하이의 근교에 있는 광완(江灣)의 중국 성경 신학교로부터 도와달라는 요청에 응하였다. 이 우수한 여자 성경 학교는 청일 전쟁으로 인해 중국 안에서 여행이 어려워짐에 따라 젊은 남자들로부터 점점 더 많은 입학허가 요청을 받고 있었다. 그래서 그 학교는 남학생들에게 도움을 줄 미국인을 찾고 있었다. 결국 1940년 9월 말에 우리는 태풍으로 인한 폭풍우 속에서 배를 타고 상하이만에 도착하였다.

  이것은 진주만 폭격이 일어나기 14개월 전이었다. 그리고 도착하여 2주

일이 안 되어 우리는 미국 영사관으로부터 집으로 돌아가라고 권유하는 편지를 받았다. 왜냐하면 국제적인 상황이 위험해졌기 때문이다. 몇 주일 동안 기도하고 상황을 살핀 후에 우리는 자유중국의 호난(湖南) 지방에 위치한 중국내지선교회의 남성들에게 언어 훈련을 시키는 지부에 선교사로 받아들여졌다. 그래서 그로부터 2차 세계대전 말까지 5년간의 모험이 시작되었다.

이 5년은 우리가 나중에 부닥치게 될 일을 위한 훈련기간이었다. 이 기간 동안 어떤 선교회도 우리를 재정적으로 지원하지 않았다. 그리고 우리는 미국 고향에 있는 친구들로부터 후원에 대한 분명한 보장도 받지 못했다. 그러나 우리는 함께 일하고 있는 중국내지선교회의 동료들과 비슷한 정도의 재정 후원을 받았다. 우리는 아이를 둘 낳았는데 둘째 아이를 잃었다. 우리는 몇 번의 큰 병에 들기도 했고 폭격도 감수해야 했다. 어떤 지방은 기근이 휩쓸고 감에 따라 여러 마을에서 많은 사람들이 기아로 죽었고, 양식을 구하러 다른 지방으로 이동함에 따라 인구의 90%를 잃어버리기도 하였다. 3년 반 이후에 우리는 전시 중국의 수도였던 청킹(重慶)으로 철수하라는 명령을 받았다. 체쾅(西川)에서 서쪽으로 200마일 떨어진 새 신학교에서 1년 동안 가르친 후에 우리는 1945년 늦은 봄에 휴가차 집으로 가기 위해 인도로 떠났다. 일본에 핵폭탄이 투하되기 몇 일 전 우리는 뉴욕에 도착하였다.

일 년간의 휴가 기간 동안 나는 신학교의 대학원에서 구약성경을 공부하였으며, 1946년 9월에 한 번 더 상하이로 떠났다. 우리는 덴마크 화물선을 타고 포틀랜드로부터 여행을 시작하였는데, 그 배는 크리스마스까지 미국의 서해안을 떠나는 마지막 몇 척의 배들 중 하나였다. 서해안 하역인부들의 파업으로 4개월 동안 그 항구들이 폐쇄되었다. 우리는 그때 2년 3개월 동안 광완(江灣)에 있는 중국 성경 신학교에서 사역하였으며,

그곳에서 우리는 200명 이상의 젊은 남녀 학생들을 기쁘게 섬겼다. 그들은 훌륭한 학생들이었으며, 그 중 많은 학생들이 그 학교에 오기까지 그들이 가진 신앙으로 인해 고난을 경험한 적이 있는 학생들이었으며 앞으로 더 심한 고난을 경험할 것이었다. 1948년에 공산군들이 상하이 쪽으로 남진을 시작함에 따라 우리가 그곳에 계속 머무른다면 중국 동료들과 동역자들에게 짐이 될 뿐이라는 사실이 확실해졌다. 그래서 우리는 새해 전날 미 해군의 수송선을 타고 중국을 떠났다.

무엇을 해야만 하는지를 결정하지 못한 채로 몇 개월이 흐른 후, 나는 우리가 출석하고 있었고 목사안수를 받은 시애틀 북 쪽에 있는 작은 교회의 목회자직을 수락했다. 나의 형인 조는 시애틀의 워싱턴 호수 동편에서 살고 있었다. 형과 형수님은 그들의 네 자녀를 집에서 25마일이나 떨어진 시애틀에 있는 기독교 학교에 보내고 있었다. 그들은 시애틀 동편에도 기독교 학교가 설립되기를 소망했으며, 나는 그들을 도와 그곳의 학교 위원회에서 봉사하기로 하였다. 1950년 9월 학교가 문을 열기 2주 전에 4학년 이상의 상급 학생들을 가르치기로 되어 있던 교사가 학교에 오지 않을 것이라고 우리에게 알려왔다. 그것이 내가 직업을 바꾸게 된 계기가 되었다. 나는 목회직을 사임하고 상급 세 학년을 가르치는 교사와 그 학교의 교장이 되었다. 학교는 개교 첫해에는 6학년이 없었으며 변두리 지역에 위치한 교회의 지하를 빌려서 사용하였다. 그곳에는 전화도 없었고 뒤뜰에는 두 개의 옥외 화장실이 있었다. 학교는 9명의 학생으로 시작되었으며, 그 중 5명이 그린(Greene) 성을 갖고 있었다. 1951년 6월에 그 학기가 끝났을 때 17명의 학생에 불과했지만, 1979년 내가 그 학교를 떠날 때 학생수는 약 800명으로 늘어났다. 1998년에 이 학교에는 1400명 이상의 학생이 등록하였다.

학교에 있었던 29년 동안 그리고 퇴직 후 지금까지 나는 기독교적인 가르침이 무엇인지를 발견하기 위해 연구하였다. 기독교 학교가 세속적인 학교와 어떻게 달라야 하는가? 그 답은 결코 빠르고 쉽게 찾아지지 않았으며, 앞으로도 그 답은 여전히 잠정적이며 개선될 여지가 있을 것이다. 나는 어떤 이의 글과 말과 생각이 나의 생각과 글에 기여했는지를 여기에서 일일이 열거할 수는 없다. 그러나 나는 여러분이 이 책을 기도의 요청으로 받아들이고, 그 과정에서 기독교 학교에 대한 당신의 깨달음이 깊어지기를 바란다.

어린이와 양육

교육과 어린이는 쌍둥이 개념이다. 그러나 그 주제에 대한 예수님의 생각은 우리의 생각과 매우 다르다. 예수님은 제자들에게 만일 그들이 천국에 들어가고자 한다면 어린아이처럼 될 필요가 있다고 계속 경고하셨다. 그러나 우리 어른들은 어린이를 성숙한 인간으로 발달시켜야 하는 미성숙하고 가변성있는 인간이며, 우리 자신은 그들이 닮아야 하는 모델이라고 생각한다. 우리는 우리 자신을 목적지에 도달했다고 생각하고 우리의 학생들을 우리 자신과 유사하게 만드려는 목적을 가지고 있다. 우리가 어린이에 대하여 말씀하신 예수님의 말씀을 더 잘 이해할 수록 어린이를 교육하는 우리의 노력은 더 축복받고 성공할 것이다. 우리는 교사 훈련의 단계에서 어린이에 대한 예수님의 말씀에 훨씬 더 많은 주의를 기울여야 한다.

예수님께 어린이가 매우 중요했음은 의심의 여지가 없다. 그들의 자녀들에게 예수님이 축복해 주시기를 바라고 다가오는 어머니들을 제자들이 물리쳤을 때, 예수님은 분노하시고 어린이들을 그에게 오도록 하라고 명령하셨다.

예수께서 그 어린아이들을 불러 가까이하시고 이르시되 어린아이들이 내게 오는 것을 용납하고 금하지 말라 하나님의 나라가 이러한 자의 것이니라 내가 진실로 너희에게 이르노니 누구든지 하나님의 나라를 어린아이와 같이 받들지 않는 자는 결단코 들어가지 못하리라 하시니라(눅 18:16-17).

하나님의 나라가 그들에게 속하였다는 예수님의 단정적인 말씀은 그 이후에도 반복된다. 마태복음 18장의 왕국 시민에 대한 설교에서 예수님은 우리가 각 어린이를 마치 예수님 자신인 것처럼 받아들여야 한다고 말씀하셨다. (많은 주석가들은 이 문장을 문자적인 어린이라기 보다는 새신자를 언급하는 것으로 여긴다. 나는 새신자들도 포함하겠으나 그 구절을 그들에게로 제한하지 않아야 한다고 생각한다.) 예수님은 왕국에서 첫 자리를 얻으려고 경쟁하는 제자들에게 어린이들을 실족케 하지 말 것을 엄하게 경고하셨다. 예수님은 어린이들을 멸시하지 말 것을 엄명하셨다. 예수님은 하나님 아버지, 어린이의 천사들, 그리고 그 자신이 좋은 목자로서 어린이에게 관심을 두고 있다는 점을 말씀하심으로써 그 점을 강조하셨다. 분명히 예수님에게 어린이는 가난한 자, 억눌린 자, 과부, 그리고 고아들와 함께 우리가 깊이 관심을 가져야하는 사람들과 같은 위치를 차지하고 있었다. 어린이들은 중요한 존재이다. 이것은 오늘날 그리스도인 부모들이 자녀에게 관심을 갖고 있지 않다는 것을 말하는 것은 아니다. 그들은 자녀들에게 큰 관심을 가지고 있다. 그러나 우리의 자녀에 대한 관심은 성경적인 세계관의 관점에서 재고되어야 할 필요가 있다.

전통적으로 네 기관들—그 중 세 기관은 공식적이며, 다른 하나는 비공식적이다—이 자라나는 어린이들의 마음과 지성을 계발해 왔다. 가정, 교회, 학교는 어린이를 교육하는 공식적인 통로가 되어왔다. 그리스도인 가정은 어린이들이 사랑을 배우는 곳이며, 교회는 죄로부터의 구원을 배우는 곳이고, 학교는 그들 주위의 세계를 배우는 곳이라는 생각은 이상적이다. 비록 그 영향이 자주 있었거나 강력한 것은 아니었지만 역사상 세 개의 기관은 상보적으로 어린이에게 공적인 영향을 미쳐왔다. 그러나 계몽주의 이래로, 특별히 지난 30년간 학교의 영향은 점차 가정과 교회의 영향과 일치되지 않는 경향을 보여왔다. 오늘날 복음주의 교회의 대부분의 성도들조차도 세속 학교 교육이 그들의 자녀들에게 허용될 수 있다는 태도를 취해왔으며, 그러한 태도는 오직 공립학교의 영향력을 강화시켜 왔다. 이러한 관점은 평범한 일들은 하나님과 관계없이 이해될 수 있다는 계몽주의의 사고를 시인하는 것과 같은데, 마치 교회와 그 구성원들에게는 심각한 문제가 아닌 것 같다. 부모가 "주의 교양과 훈계로"(엡 6:4b) 자녀를 양육하는데 더욱 관심을 기울이는 것은 교회의 보존을 위해서 매우 절박한 것이다.

또래 집단의 압력과 문화의 영향은 어린이의 마음과 지성을 배양하는 비공식적인 기관이다. 어린이들은 항상 좋은 것과 나쁜 것을 서로에게서 배운다. 그러나 오늘날 TV와 인터넷이 가정에 들어오고, 미국 학교에서 성경 교육이 더 이상 이루어지지 않음에 따라 문화와 또래집단의 압력은 어린이들의 삶에 허리케인과 같은 정도의 힘을 갖게 되었다. 허리케인이 입힌 피해를 보여주는 신문의 사진은 벗겨진 지붕, 무너진 구조물, 부서진 가구의 잔해들을 보여줄 것이다. 그러한 이미지는 또래집단과 문화의 영향이 오늘날의 청소년들에게 미치고 있는 것과 비극적인 유사함을 보여준다. 놀라운 것은 예수님의 몸에 속하였다고 고백하는 그리스도인들조차 이러한 위기의 심각성을 감지하지 못하고 있다. 가정이나 기독교 학교에서의 기독교 교육은 사치가 아니라 다음 세대에 신앙을 전수하기 위한 대체할 수 없는 마지막 보루이다.

성경적 지혜

철학 연구는 20세기에 나쁜 평판을 받는 학문 영역으로 전락하였다. 전문 철학자는 세상의 본질과 인간 삶의 목적을 설명하는 임무를 포기했다. 이러한 상황으로 인해 몇년 전에 프란시스 쉐퍼는 철학자보다는 시인과 작사자들이 보다 더 철학적이라고 말하였다.

모든 그리스도인은, 문자적으로 "지혜를 사랑하는 자"라는 것을 의미하는 그 단어(철학)의 진실한 의미에서, 철학자로 부름받았음을 기억하는 것이 좋다. 성경은 우리에게 지혜를 사랑하라고 명령한다.

> 너희가 은을 받지 말고 나의 훈계를 받으며 정금보다 지식을 얻으라 대저 지혜는 진주보다 나으므로 무릇 원하는 것을 이에 비교할 수 없음이니라(잠 8:10-11).

> 내가 기도하노라 너희 사랑을 지식과 모든 총명으로 점점 더 풍성하게 하사 너희로 지극히 선한 것을 분별하며 또 진실하여 허물없이 그리스도의 날까지 이르고(빌 1:9-10).

그러나 이상하게도 철학은 아직 그리스도인들에게 혐오까지는 아니지만 의심스러운 것으로 여겨진다. 그것은 전혀 성경적 의미가 아니다.

> 누가 철학과 헛된 속임수로 너희를 노략할까 주의하라 이것이 사람의 유

전과 세상의 초등학문을 좇음이요 그리스도를 좇음이 아니니라(골 2:8).

여기에서 주장하는 것은 철학을 반대하는 것이 아니라 신성한 계시가 주는 혜택을 갖지 못한 그리스 철학과 이방 철학을 반대한다는 것이다. 지혜에 대한 사랑은 바로 "예수님을 따르는 것"이다. 지금부터 나는 그 자신을 변화된 비전(transforming vision)으로 표현하는 기독교 철학을 간략히 제시하려고 한다. 변화된 비전과 성경적 의식이 없이 창조세계를 설명할 수 있기를 기대하는 것은, 의도적으로 창조세계를 배제하고 만든 교과과정을 통해 아이들이 주님을 알게 되고, 사랑하고, 섬기는 법을 배울 것이라는 생각과 같이 어리석은 일이다.

1부에서 우리는 근대의 서구 문화의 몇몇 양상들과 우리의 어린이들을 위해 구별된 기독교 학교 교육을 제공할 것을 우리에게 촉구하는 성경적 계시를 살펴볼 것이다. 2부는 기독교 철학에서 중요한 점들을 살펴볼 것이다. 3부는 교육과정이 전적으로 하나님에 의해 창조된 것으로 이루어져 있음을 인정하면서 기독교 학교 교육의 내용을 다룰 것이다. 4부는 기독교 정신이 "존재한다"는 입장에서 기독교 학교 교육의 방법을 다룰 것이다. 그리고 결론에서는 이러한 생각들을 종합하려고 한다.

I부

이 시대를 이해하기

1장 계몽주의

우리는 어디에 있는가?

구약 시대에 잇사갈의 백성들은 "시세를 알고 이스라엘이 마땅히 행할 것을 아는"(대상 12:32) 사람들로 알려져 있었다. 21세기를 맞이하는 이때, 이 시대를 탐구하지 않고 우리가 기독교 학교에서 무엇을 해야하는가를 논의하는 것은 어리석은 일이다. 이것을 무시하는 것은 상식을 가진 사람이면 누구나 학교가 무엇인지를 알고 있으며, 가르침의 "이유"보다 가르침의 "방법"을 다루는 것이 중요하다고 전제하는 것과 같다. 역대상에서 나온 잇사갈의 백성들에 대한 묘사는 다윗을 이스라엘 전체의 왕으로 기름 붓고 일인 통치 아래에 모여야 하는 시대가 도래했음을 이해했다는 것을 의미한다. 우리에게 있어서 그 질문은 교육의 본질은 무엇이며, 그리스도인은 자녀를 양육하기 위해 무엇을 해야 하는가에 관한 것이다. 따라서 우리는 우리가 살고 있는 시대에 관해 알아야 한다. 신약성경은 이러한 지혜가 급히 필요함을 지적한다.

그러한즉 너희가 어떻게 행할 것을 자세히 주의하여 지혜 없는 자같이 말고 오직 지혜 있는 자같이 하여 세월을 아끼라 때가 악하니라 그러므로 어리석은 자가 되지 말고 오직 주의 뜻이 무엇인가 이해하라(엡 5:15-17).

남편, 부인, 자녀, 노예, 주인의 의무를 설명한 다음에 바울은 하나님의 전신갑주를 입을 것을 권면하고 있다. 그리고 우리의 싸움이 어떤 특정한 사람과의 싸움이 아니라, 반대로 "정사와 권세와 이 어두움의 세상 주관자들과 하늘에 있는 악의 영들에게 대함이라"고 덧붙인다. 이것은 학교가 진실로 무엇에 관한 것인가에 대한 상식적인 수준의 이해와는 거리가 있어 보인다.

상식의 접근법이 갖고 있는 문제점은 그 접근이 일반적이라는 점이다. 그것은 우리가 사는 사회의 의식에 의해 형성된다. 사회학자들은 우리가 사회 전체가 어리석다고 믿고 있는 진리를 붙잡고 있는 것이 무척 어려운 일임을 인정한다. 현재의 사회관과 차이가 있는 것은 피터 버거(Peter Berger)가 "인지적 일탈"(cognitive deviance)이라고 부르는 것과 관계가 있다. 그리고 버거는 그것을 막으려는 매우 강력한 사회적, 심리적 압력이 있다고 주장한다. 그는 다음과 같이 계속 말한다.

우리의 신학자가 사막의 성자가 가졌던 내적 용기를 갖지 못한다면, 그에게는 이러한 압력에 직면하여 인지적 붕괴의 위협에 맞서는 한 가지 효과적인 처방이 있을 뿐이다. 그는 비슷한 마음을 가진 일탈자와 함께 장애물을 넘어야 한다. 그리고 사실상 서로 매우 밀접한 상태에서 장애물을 넘어야 한다. 대단히 강력한 반(反) 공동체(counter-community) 안에서만 인지적 일탈은 그 자신을 유지시킬 가능성을 갖는다(*A Rumor of Angels*, p. 17).

피터 버거는 세속적 사회에서 초자연적인 것을 부정하는 것에 대해서도 논의하고 있다. 그러나 그 원리는 학교에 관한 상식에 동일하게 적용되고 확장될 수 있다.

만일 우리가 현 시대를 살아가는 그리스도인들의 자녀 교육 방법을 이해하려고 한다면 몇 세기 전을 되돌아 보고, 오늘날 서구 사람들이 삶과 세상을 보는 방법과 이전 세기의 방법을 비교해 보는 것이 중요하다. 그렇게 하기 위해서 우리는 우선 최근의 역사에서 일반적으로 계몽주의라고 알려진 주요한 발전에 주의를 기울이는 것이 필요하다.

계몽주의의 역사

계몽주의에 대해 말하기 위해 우리는 근대 역사의 시작과 관련된 몇 가지 다른 운동을 계몽주의와 구분할 필요가 있다. 예를 들어 르네상스는 사전에 다음과 같이 정의되어 있다. "유럽에서 중세와 현대 사이에 일어난 변천 운동으로, 이태리에서 14세기에 시작하여 17세기까지 지속되었으며, 예술과 문학의 번성으로 표현되는 고전의 영향으로 인한 인본주의적 부활과 현대 과학의 시작에 의해 특징지어진다." 르네상스는 자주 기독교에 반대되는 것으로 생각되었다. 그러나 그것은 잘못된 생각이다. 르네상스 시대에 남유럽, 특히 이탈리아에서는 교회를 적대시하는 반면, 북유럽에서는 에라스무스에 의해 새롭게 번역이 잘된 신약성경이 출판되었다. 에라스무스는 성경을 1516년과 1536년 사이에 번역했다. 바로 그때 루터는 로마 카톨릭 교회에 저항하기 시작했다. 그래서 르네상스는 교회와 성경과 관련해서 긍정적인 면과 부정적인 면을 모두 가지고 있다.

종교개혁의 가장 중요한 지도자는 루터와 칼빈이었으며, 종교개혁은 루터가 1517년 비텐부르그 교회의 문에 95개 조항을 내걸었을 때에 시작되었다. 제네바에서 칼빈이 시작한 종교개혁의 모토는 "오직 신앙으로"

(by faith alone)와 "오직 성경으로"(by Scripture alone)였다. 처음에 그 운동은 13세기 파리 대학에서 토마스 아퀴나스에 의해 형성된 스콜라 철학과는 급진적인 단절을 하는 것처럼 보였다. 그러나 칼빈과 루터는 철학자라기 보다는 신학자였으며, 그들의 이상을 좇아 세운 학교는 카톨릭의 스콜라 철학을 기초로 하고 있었으므로 그곳에서 그들의 기대는 실현되지 않았다.

과학 혁명도 같은 시기에 시작되었다. 니콜라스 코페르니쿠스(Nicholas Copernicus: 1473-1543)는 최초의 현대 과학자로 불리운다. 그의 저서인 『천구의 운행』(On the Revolution of the Heavenly Bodies)은 지구 대신 태양을 우주의 중심에 놓았다. 그의 연구는 2세기 중반 이래로 받아들여졌던 프톨레미(Ptolemy)의 견해와는 상반된 것이었다. 더 중요한 것은 수학에 기초한 그의 연구가 우리에게 수학 공식을 경험적으로 사용하여 우리 주위의 환경을 배울 수 있다는 생각을 도입하게 하였다는 점이다. 르네 데카르트(Rene Decartes: 1596-1650)의 『방법서설』(The Discourse on Method)은 과학의 발달에 큰 영향을 주었다. 그러나 인간의 이성과 수학의 개념을 사용하여 세상과 실재에 관한 진리를 발견할 수 있다고 믿게 한 것은 뉴턴(Isaac Newton: 1642-1747)과 로크(John Locke: 1632-1704)였다. 크레인 브린튼(Craine Brinton)은 그들에 대하여 다음과 같이 말하였다. "은총, 구원, 예정론이 전통적인 기독교에 속한 것처럼 뉴턴과 로크는 계몽주의에 속한 자연과 이성에 관한 위대한 생각들을 세웠다."

우리가 지나치기 쉬운 것은 과학 혁명이 우리 주위의 세상을 이성적으로 연구하는 것에서 시작하여 과학적이라기 보다는 철학적인 세계관, 즉 이성주의 세계관으로 재빨리 전환되었다는 점이다. 초기 과학자들은 그들의 작업이 기독교 신앙을 위협할 것이라고 생각하지 않았다. 사실상 그들의 탐구 활동을 이끈 것은 전지전능하신 하나님에 의해 통제되는 창조세계 안에 있는 법칙들과 과정들의 규칙성에 대한 확신이었다. 이러한 이유로 과학은 동양보다 서양에서 먼저 시작되었다. 그러나 세계관은 과학적 연구와는 다르다. 칼 사강(Carl Sagan)이 TV에서 "우주는 모두 거기 있으며, 그곳에 있었고, 계속 그곳에 있을 것"이라고 말할 때, 그는 과학이 아니라 철학을 말하고 있는 것이다. 그러나 이러한 변화는 우리가 눈치 채지 못하는 순간에 일어난다. 이러한 생각은 과학은 기독교 신앙과 반대되는 것이며, 기독교 신앙은 반드시 진리가 전혀 아니다라는 일반적인 개념으로 이끌어 왔다.

과학에서 세계관으로의 전이는 대부분 철학자들의 작업이었다. 그 일에는 『백과사전』(The Encyclopedia)의 편집자들인 볼테르(Voltaire), 디드로(Diderot), 달랑베르(d'Alembert)와 몽테스키외(Montesquieu), 루소(Rousseau)와 같은 저명한 철학자들이 참여하였다. 그들은 함께 힘을 모아 이성주의 세계관을 발달시켰으며, 그 세계관은 그들의 시대까지 편만해 있었던 성경적 계시에 대한 믿음을 중립화해 버리고 무시해 버리는 결과를 가져왔다. 그래서 18세기 중순까지 계몽주의의 개념은 일반 의식이 되어갔다. 사람들은 중세 후기에 그들의 조상이 믿었던 것이 대부분 미신이었으며, 이제는 이성주의를 통해서 이해되는 것이 신뢰할 만한 사실이라고 믿었다.

레슬리 뉴비긴(Lesslie Newbigin)은 "계몽"이라는 단어가 종교적인 중요성을 갖고 있다고 지적한다. 부처(Buddha)가 겪었던 최고의 경험은 계몽이라고 알려졌다. 예수님은 자신이 세상의 빛이라고 선포하였다. 이것은 계몽주의가 비종교적인 것이 아니라 새로운 종교라는 것을 드러낸다. 로날드 웰즈(Ronald A. Wells)는 『신앙의 눈으로 본 역사』(History Through the Eyes of Faith, p. 137)에서 "그리스도인들은 비종교에 대항하는 종교에 방어적이어서는 안 된다. 계몽주의 신앙은 종교이다. 좀더 확실히 말하자면 반 종교(counter-religion)이지만, 그럼에도 불구하고 종교이다"라고 주장한다. 계몽주의의 초기에 나타난 결과는 이성주의의 군건한 진리라고 생각되는 것에 대한 관심의 증가로 기독교 신앙은, 구교나 신교 모두, 점점 더 사람들의 관심에서 멀어지게 되었다.

그래서 18세기 중반까지 우주와 삶에 대한 새로운 이해가 생겨났다. 이러한 새로운 관점은 계몽주의라고 알려졌다. 그것은 실재에 대한 새로운 이해였고, 동양 종교의 고대 사고 방식보다 더 신뢰성 있고 성경적 설명보다 더 우위에 있는 것으로 생각되었다. 동양종교와 기독교는 이제 미신적이고 믿을 수 없는 것으로 생각되었다.

만일 실재에 대한 설명의 변화가 증명될 필요가 없는 의식을 기초로 하지 않는다면, 그 변화는 일어나지 않는다는 점을 주의깊게 살펴볼 필요가 있다. 계몽주의에서 이러한 기초는 과학적인 방법에 표현되어있는 인간의 이성에 대한 신뢰에서 발견된다. 이러한 접근법은 천문학, 물리학, 화학 및 다른 자연과학을 새롭게 이해하는데 매우 성공적이어서 사람들로 하여금 인간의 이성이 인간의 삶과 관계성에 관한 모든 비밀을 틀림없이 풀 수 있을 것이라고 믿게끔 하였다.

계몽주의 의식

계몽주의와 함께 발달하였고, 과학 혁명이 계속하여 보장한 삶의 표준에서 놀라운 향상이 있음으로 인해 격려되고 지지된 새로운 형태의 인간의 의식을 요약하려고 한다. 우선, 실재는 이제 과학적인 방법에 의해 발견되고 기술되어지며, 물리적으로 "저기 밖에"(out there) 있는 것으로 여겨졌다. 과학은 경험적으로 측정될 수 있는 것만을 다룰 수 있기 때문에 영적인 영역은 점점 더 의심스러운 것이 되었다.

계몽주의 의식에서 가장 중요하고 비극적인 요소들 중의 하나는 사실이 중립적이거나 가치 중립적이라는 개념이다. 계몽주의 시대까지 모든 사람은 우리가 지금 사실이라고 부르는 것에는 목적이나 의미를 함축하고 있다고 생각하였다. 과학 혁명의 아버지인 프란시스 베이컨(Francis Bacon)은 그의 추종자들에게 사물의 목적은 잊어버리고 그 원인을 찾으라고 촉구하였다. 베이컨은 이것이 우주를 지배할 수 있는 힘을 사람들에게 가져다 줄 것이라고 말하였다.

사실들이 중립적이며 진리를 제공한다는 생각은 이제 평범한 사람들의 마음에 깊이 자리잡고 있어서, 그것을 문제삼는 것은 정신적으로 균형 잡히지 못한 사람으로 보여진다. 그러나 실제로 이것은 전적으로 우상숭배적인 자세이다. 쟈크 엘룰(Jacques Ellul)은 그것을 "거대한 현대의 몰록(Moloch)," 즉 현대의 다양한 우상들의 근원이라고 부른다. 그는 만일 하나님이 더 이상 실재하는 것처럼 보이지 않는다면, 그것은 하나님이 사실로 여겨지지 않기 때문이라고 말한다(*The Presence of the Kingdom*, p. 37).

계몽주의 의식에서 진리는 과학적인 사실과 밀접히 연관되었으므로 더 이상 절대적인 것이 아니다. 천문학이 프톨레미와 코페르니쿠스 사이에서 그랬듯이 혹은 물리학이 뉴턴과 아인쉬타인 사이에서 그러했듯이 과학은 급격한 변화를 겪어왔다. 만일 우리가 알 수 있는 모든 것이 과학에 의존하고 있다면 진리는 그 자체가 이제 상대적인 것이다. 오늘 진리인 것이 내일은 더 이상 진리가 될 수 없을 것이다.

지식은 이제 경험적인 사실에 제한되어 있고, 이성주의는 계시의 위치를 차지했다. 인간의 세계는 과학적으로 다루어질 수 있는 공적인 영역과 개인적으로만 다루어질 수 있는 목적, 가치, 도덕성, 윤리라는 사적인 영역으로 분리되었다. 바로 이러한 의식이 공적인 사고의 결정력 있는 위치에서 종교를 밀어 내고 개인적인 영역으로 제한시켜 버렸다.

　이러한 측면과 함께 계몽주의 의식에서 가장 중요한 항목 중의 하나는 원죄의 교리가 인류에게 주입된 가장 나쁜 것들 중 하나라는 확신이다. 인간은 기본적으로 선한 존재로 전제되었다. 인간은 이성으로 세상을 개선시킬 수 있는 존재이다. 세상의 문제는 개인의 왜곡된 마음으로부터가 아니라 타락한 사회조직으로부터 생겨난다고 생각되었다.

　계몽주의가 진행됨에 따라 진보의 개념도 바뀌었다. 동방의 고대 세계에서 진보의 개념을 가진 집단의 사람들은 히브리인들 뿐이었다. 그들 외의 모든 사람들은 역사를 끝없이 순환하기를 반복하며, 결국에는 방향성이 없는 사건들로 보았다. 주권적인 창조주를 믿었던 히브리인들은 최초의 창조세계가 인간의 죄악으로 타락되었으나, 하나님은 궁극적으로 창조세계를 그의 원래 의도대로 되돌리기 위하여 일하고 계신다고 믿었다. 그래서 역사에는 진보가 있고 마지막 목표가 있다. 계몽주의의 세계관이 서양 세계에 침투하여 들어 오자 상황을 개선할 수 있으며 유토피아를 건설할 수 있다는 인간 이성의 능력에 대한 확신이 진보의 개념을 점유하였으며, 과학이 지속적으로 인간의 삶을 더욱 더 향상시킬 것이라고 주장하였다. 이 세상에 도래할 천국에 대한 희망은 여기 현재의 삶을 향상시킬 계몽주의에 대한 확신으로 대치되었다. 따라서 피할 수 없는 인간의 진보는 그 자체로 계몽주의의 기초교리가 되었다. 19세기 중반에 다윈(Darwin)에 의해 효과적으로 소개된 진화론은 이러한 개념과 완벽하게 맞아떨어졌으며 현대의 기초적인 "사실"로서 확립되었다. 인간의 능력에 대한 비관주의로부터 하나님의 영향 없이도 이 세상에서 인간의 삶을 향상시킬 수 있다는 낙관주의로의 이동은 인간의 권리를 강조하게 되었고, 세상을 새롭게 할 정부의 형태로서 자유 민주주의를 지지하게 되었다.

이상이 계몽주의를 통해 발달된 현대 의식의 가장 중요한 양상들이다. 최근에는 대중 의식에 급격한 변화가 일어났다. 우리는 그것을 포스트모더니즘(postmodernism)이라는 제목으로 다음 장에서 논의하겠다. 우선 우리는 계몽주의가 교육에 미친 영향을 살펴볼 필요가 있다.

계몽주의가 교육에 미친 영향

여기에서 우리의 관심은 계몽주의 사고가 초등교육과 중등교육에 어떤 영향을 주었는가에 있다. 계몽주의 의식의 발달은 대부분 대학에서 이루어졌다. 그러나 학교 교사들은 대학에서 교육을 받으며, 따라서 그들의 사고방식에서의 변화는 초·중·고등 학교로 그대로 이어졌다.

미국의 학교는 원래 교회와 관련되어 있거나, 사람들이 성경을 읽고 이해할 수 있는 문자해독 능력을 향상시키기 위한 목적에 의해 설립되었다. 대학은 일반 사람들을 위해 변호사와 의사를 공급한 것처럼 교회에 목사를 공급하기 위해 시작되었다. 미국 대학에서 목사가 점점 보이지 않게 된 것은 19세기 후반기부터였다. 이것은 많은 부분에서 독일 대학과 독일 대학에서 시작된 성경에 대한 '고등비평'(higher critici-sm)의 영향에서 기인한다.

초·중등학교에서의 변화는 천천히 일어났으며, 계몽주의 사고의 뚜렷한 영향이 초등학교와 중등학교를 지배하게 된 것은 20세기 초부터였다. 계몽주의의 가장 중요한 영향은 다음과 같다.

교육의 목적은 성경을 읽고 이해하는 것으로부터 인생에서의 성공, 특별히 경제적인 면에서의 성공으로 옮겨갔다. 인간의 진보가 이 땅에서의 실질적인 천국을 제공할 것이라는 약속 때문에 앞으로 도래할 삶에 대한 관심이 사라져감에 따라 학교 교육은 성경에 대한 관심에서 세상적인 성공에 대한 관심으로 옮겨갔다.

학습자로서의 아동의 본성에 대한 개념도 급격한 변화를 겪었다. 학생은 이제 행동주의 심리학의 방법에 의해 조건화되는 최고로 발달된 동물 아니면 인간의 이성을 완벽하게 사용함으로써 삶을 의미있게 만들 수 있는 독립적인 행위자로 여겨졌다. 선천적인 죄성에 대한 생각은 제거되고 잘못된 행동에 대한 비난은 어떤 종류의 질병이나 사회제도의 결함으로 대치되었다. 인간의 권리가 중요해지고 개인의 책임은 사라졌다. 경쟁이 학교 프로그램에서 매우 중요시되었다. 그러한 학교 프로그램에서는 학생들에게 환경과 그 환경 안에 있는 사람들조차도 통제하고 지배하도록 준비시키는 것을 중요하게 여기게 되었다.

진리는 점점 더 과학적인 탐구나 이성적인 탐구의 결과로 여겨졌다. 과학은 측정할 수 없고 질량화할 수 없는 삶의 요소들을 다룰 수 없기 때문에 진리는 중립적인 사실로서 여겨지게 되었다. 사실과 그것을 사용하는 데 필요한 기술들을 습득하는 것은 인간의 지식과 기술을 도덕적 혹은 윤리적으로 사용하는 것에 대한 동의된 이해보다도 더 중요하게 여겨졌다.

공적인 영역과 사적인 영역의 분리는 초·중등학교에 심각한 영향을 주었다. 교육이 점점 더 정부의 기능 안으로 포함되어버리자 교회와 주정부의 분리는 공립학교에서 종교와 관련된 언급을 의심스러운 것으로 만들었다. 국가적인 교회의 설립을 금지하는 헌법의 수정 조항의 첫 절은 학교에서 어떠한 종교적인 영향도 배재해야 한다는 잘못된 해석을 내리게 되었다. 주정부가 종교의 자유로운 활동을 방해하는 것을 금지하는 두 번째 절 또한 똑같이 잘못 해석되었다. 그것은 종교, 특히 기독교에 대한 언급이 학교에서 점점 더 제한 받게 되는 결과를 낳았다. 최근에 세속적인 종교 공부를 재도입하려는 노력이 있으나 근본적인 피해는 효과적으로 복구되지 못할 것이다.

　계몽주의 사고가 학교에 미친 효과 중 가장 파괴적인 것은 아마도 도덕과 윤리 교육을 무시하게 된 것이라고 할 수 있다. 이것은 이해될 수는 있으나 받아들여질 수 없는 것이라고 여겨졌다. 만일 과학적 사고로서 실증될 수 있는 것만이 진리라면 윤리학은 가르쳐질 수가 없다. 왜냐하면 윤리학은 인간 삶의 사적인 영역에 속한 것이지 공적인 영역에 속한 것이 아니기 때문이다. 그러나 이것은 변명거리가 되지 않는다. 왜냐하면 인간의 삶을 이러한 식으로 이분화하는 것은 전적으로 정당화될 수 없기 때문이다. 삶에는 양적으로 측정될 수 없는 것이 많이 있다. 사실상 삶에서 가장 중요한 것은 이러한 종류이다. 학교가 이러한 것을 다루지 못할 때, 학교는 어린 학생들의 요구를 효과적으로 맞추어줄 수 없다. 정부가 가진 진실한 성경적 책임은 공공의 정의가 행해지는 것을 보는 것이며, 정부는 교육을 통제할 특권이 없다. 도덕과 종교를 다루지 않고 적절히 교육한다는 것은 불가능하나 정부는 국민들에게 그들의 도덕과 종교가 무엇이 되어야 하는지 명령할 권리가 없다. 그것은 종교적인 행위이며, 민주적인 정부나 어떤 다른 형태의 정부의 권한 밖에 있는 것이다.

　이것이 오늘날 공립학교에 만연한 계몽주의 의식의 가장 중요한 결과이다. 그러나 계몽주의는 과거의 것이며, 우리가 미국의 기독교적인 학교 형태와 공립학교의 형태를 비교하기 전에 대중 의식에 어떤 일이 일어나고 있는지를 아는 것이 중요하다. 그러한 변화는 어떤 의미에서 계몽주의의 견해에 그리스도인이 어떻게 대응해야 하는가에 도움을 준다. 그러나 다른 한편으로 그 변화는 기독교 학교의 과업을 더 어렵게 만든다. 이것은 우리가 다음 장에서 다룰 포스트모더니즘이라고 알려진 이슈이다.

2장 포스트모더니즘

계몽주의는 대단한 열정과 약속을 동반하고 시작되었다. 18세기 중반까지 사람들은 과학이 새로운 수준의 평화, 번영, 행복을 가져다 줄 새 시대의 문턱에 서 있다고 확신했다. 그 이후 200년만에 그러한 기대는 사라져갔다. 20세기는 웰즈(Wells)가 "근심의 시대"라 했던 것처럼 되어 갔다. 장미빛 미래를 약속했던 시대가 어떻게 해서 학자이든 아니든 대부분의 사람들에게 그렇게 빠르게 실패로 여겨지게 되었는가?

20세기의 초엽에 세계는 평화와 진보의 새 시대로 접근했다는 낙관주의가 확산되었다. 역사적으로 20세기에 일어난 몇 가지의 일련의 사건들이 계몽주의로 인해 성장했던 희망의 거품을 걷어내고 신뢰감을 사라지도록 이끌었다. 그러한 낙관주의를 무너뜨린 첫 번째 사건은 제1차 세계대전(1914-1917)이었다. 기술의 진보는 그 전쟁을 그 이전의 전쟁보다 훨씬 더 끔찍한 것으로 만들었으며, 그로 인한 사회적인 이득은 찾아보기 힘들었다. 그리고 1929년에 대공황이 찾아왔다. 그리고 곧 독일에서 히틀러가 제3 독일제국을, 이태리에서는 무솔리니가 파시즘을 창설했다. 이것은 피할 수 없이 제2차 세계대전을 불러왔으며 전 세계가 전무후무한 규모의 전쟁에 휘말리게 되었다. 그것이 끝나기도 전에 홀로코스트(Holocaust)가 발발하였으며, 전쟁이 끝나갈 즈음 핵폭탄이 히로시마와 나가사키에 떨어졌다. 그 결과는 계몽주의가 약속한 중단 없는 진보에 대한 신뢰감의 상실로 이어졌다. 이러한 전 과정은 즈비그뉴 브레진스키(Zbigniew Brzezinski)의 글인 *Out of Control: Global Turmoil on the Eve of the Twenty First Century*(1993)에 의해 잘 묘사되었다.

세계관의 견지에서 그 변화는 19세기로 거슬러 올라갈 수 있다. 이성주의에서의 기계주의에 대한 강조, 즉 계몽주의의 세계관은 많은 훌륭한 사상가들에게 불편한 것으로 증명되었다. 그 결과는 인간의 느낌과 자연의 아름다움을 강조한 낭만주의의 발달이었다. 월트 휘트만(Walt Whitman)과 랄프 왈도 에머슨(Ralph Waldo Emerson)은 미국의 낭만주의 작가의 예이다. 더 나아가 19세기 말에 이르러서는 철학자들은 실재에 대한 믿을만한 설명을 할 수 있다는 가능성을 포기하였다. 물리적인 실재 뒤에 놓여있는 것을 다루는 철학의 한 분야인 형이상학은 고려의 대상이 되지 않았다. 20세기에 철학의 관심은 인식론에서는 실용주의로, 가치론에서는 실존주의로 옮아갔다. 존 듀이(John Dewey)는 실용주의 학자로서 가장 잘 알려진 미국인이다. 실용주의, 도구주의, 경험주의로서 잘 알려져 있는 그의 입장은 인간은 진리를 발견하는 것이 아니라 과학적인 방법으로 진리를 만든다는 것이다. 우리는 "거기 밖에"(out there) 객관적인 진리가 있는지 없는지를 알 길이 없다고 듀이는 말하였다. 가치론은 윤리학이나 가치 그리고 아름다움을 다루는 철학의 영역이다. 이러한 영역에 관심을 갖는 실존주의는 미국보다 유럽에서 더 두드러진다. 가장 잘 알려진 사람들로서 프랑스 극작가인 장-폴 사르트르(Jean-Paul Sartre)와 알버트 카뮈(Albert Camus)가 있다. 실존주의는 자신이 철학으로 불리는 것조차 꺼려한다. 실존주의는 인간인 우리가 자신이 어떤 존재가 될지를 결정할 수 있는 본성을 가지고 있지 않고, 오히려 우리는 우리의 선택에 의해 우리 자신을 만든다고 주장한다. 인간성에 대한 그러한 정의는 우리를 행복하게 하거나 격려해 주지 않는다. 우리가 앞으로 보게 될 것처럼 분명히 실용주의와 실존주의는 계몽주의의 근대성을 대신할 관점의 뿌리가 된다. 이러한 전망은 포스트모더니즘으로 알려졌다.

포스트모던 의식

언제 포스트모더니즘이 시작되었는지를 확실히 말하기는 어렵다. 어떤 학자는 포스트모더니즘이 1972년 세인트 루이스(St. Louis)의 프루이트-이고(Pruitt-Igoe) 건축 프로젝트와 함께 시작되었다고 주장하기도 한다. 극빈자들을 위해 집을 제공하기 위해 건축학적으로 현대적이며 기술적으로 앞선 노력이 투입되었지만, 그 지역은 너무 범죄로 고통받고 있어서 그곳에서의 삶은 불가능한 것으로 판명되었다. 또 다른 학자는 포스트모더니즘의 시작을 베를린 장벽의 붕괴로 보고 있다. 그러나 대부분의 학자는 포스트모더니즘이 1960년대와 그리고 청년들의 반항과 함께 시작했다고 본다.

포스트모더니즘은 계몽주의의 모더니즘과 모더니즘이 가지고 있는 약점의 논리적 귀결이라는 점을 제외하고는 학자들간에 동의가 없는 상태이다. 그러나 어떻게 그리고 언제 시작되었든지 간에 포스트모더니즘이 모더니즘과 분명히 구별된다는 것을 확신할 만한 충분한 요소를 우리는 포스트모더니즘의 인식 속에서 밝혀낼 수 있다. 어떤 면에서 그 변화는 기독교 세계관에 도움을 준다. 다른 면에서는, 우리가 보게될 것과 같이, 그 변화는 도움이 되지 않는다. 새로운 관점으로서의 포스트모더니즘에 대한 가장 분명한 증거는 그것이 모더니즘과 확실히 차이를 보이는 영역에서 발견된다.

첫째, 포스트모더니즘은 어떠한 궁극적인 진리의 존재를 부정한다. 계몽주의는 기독교가 계시된 진리에 의존하는 것을 비난하며, 비록 그 진리가 과학적인 방법에 의존하고 있기 때문에 변할 수 있다 하더라도, 인간의 이성이 진리를 밝혀낼 수 있다는 생각을 간직하고 있었다. 포스트모더니스트들은 진리 그 자체가 있다는 것에 의문을 품는다. 비이스(Gene E. Veith Jr.)는 포스트모더니즘의 관점은 "진리도 같이 버림으로써 계몽주의의 실패에 반응했다. 의지는 지력을 대신하고, 이성은 감정으로 대치되었으며, 도덕성은 상대주의로 대치되었다. 실재 그 자체는 사회적인 구성물이 되었다"(『현대 사상과 문화의 이해』(Postmoder-n Times), p. 29, 예영커뮤니케이션 간)라고 말한다. 진리를 인간의 구성능력에 의존하게 만든 실용주의로부터 진리를 전혀 인정하지 않는 실존주의와 같은 사조로의 전환이 여기에서 명백히 나타난다.

포스트모더니즘은 실재를 총체적으로 설명하려고 하는 어떤 시도에도 회의적이다. 노드(Warren A. Nord)는 1960년대와 1970년대의 프랑스 포스트모더니즘 학자인 장-프랑솨 리요타드(Jean-Francois Lyotard)―그는 포스트모더니스트들은 실재에 대한 설명을 모든 것보다 우선시 하는 태도에 회의적이다라고 언급했다―를 인용하여 19세기의 니체를 포스트모더니즘의 뿌리로 지적한다(Religion and American Education, p. 59). 모더니즘은 기독교적 세계관을 포함하여 그보다 앞섰던 모든 것을 과학적인 세계관이 대신했다고 생각했다. 포스트모더니즘은 이러한 주장을 부정하고 실재를 설명하려는 모든 철학적 시도는 어떠한 객관적인 가치를 전혀 갖지 않는 이야기에 지나지 않는다고 말한다. 그 시도들은 해체되어야만 하거나 어떤 결정적인 객관적 가치도 없음을 보여줄 뿐이다. 사실, 객관적인 실재에 대한 정의는 불가능한 것으로 여긴다. 그들에게 실재는 존재하지 않는다. (여기에 포스트모더니즘의 모순이 드러난다!)

포스트모더니즘은 분명히 매우 부정적인 관점이다. 그러나 우리는 아직 끝까지 간 것이 아니다. 포스트모더니즘은 이성적이고 독립적인 자아에 대해서도 의심을 품는다. 그들은 인간은 그들의 언어와 사회에 의해 형성된다고 주장한다. 마지막 분석에서 인간들에게는 자율적이거나 독립적인 것은 아무 것도 없다. 비물리적이며 영속하는 자아는 완전한 착각일 뿐이다. 인간 존재에 대한 이러한 과격한 비가치화는 다음과 같은 비이스의 말로 요약될 수 있다.

만약 절대적인 것이 없고 진리가 상대적인 것이라면, 인생에는 어떤 안전성이나 의미도 있을 수 없다. 만일 실재가 사회적으로 구성되는 것이라면 도덕적인 지침은 오직 압제하는 힘을 감추기 위한 가면이며, 개인의 정체성은 환영일 뿐이다(『현대 사상과 문화의 이해』, p. 72).

인간의 인격에 대한 공격은 포스트모더니즘과 인본주의와의 논쟁과 관련되어 일어난다. 이에 대해 비이스는 다음과 같이 말한다.

인본주의에 대한 포스트모더니즘의 공격은 두 측면에서 이루어진다. 그들은 개인의 자유에 대한 개념을 해체하려고 시도할 뿐 아니라 보편적인 인간성에 관한 개념을 해체한다. 그래서 어떤 해체주의자는 "우리(we)라는 단어는 문법적인 폭력이다"라고 주장한다(Ibid., p. 77).

포스트모더니즘의 철학적 뿌리는 하이데거(Martin Hidegger)의 철학에 놓여있는 것 같다. 그의 견해는 반인본주의라고 묘사된다. 그는 보편적인 인간성을 부정하였으며, "인간은 더이상 중심에 있지 않다. 중심이란 없다"(Ibid., p. 74)라고 말하였다. 이러한 해체주의자의 입장으로부터

"환경주의와 정치적인 과격주의"라는 두 가지의 포스트모던 이념이 자라났다. 이것은 인간과 인류의 중요성을 심각하게 감소시켰다.

포스트모더니즘은 인간보다 언어를 좀더 잘 대접한다. 언어는 사실을 표현하는 것이 아니라 사실을 만든다. 어떤 언어로 만들어진 사실이 다른 언어로 만들어진 사실보다 더 타당하다고 말할 방법은 없다. 사실 포스트모더니스트들은 일반적으로 언어가 우리를 구속할 뿐 아니라 힘의 추구를 감춘다는 주장에 동의한다. 단순히 진실한 이야기를 말해주는 저작물 같은 것은 존재하지 않는다. 저술은 항상 지배 엘리트의 힘을 정당화하고 억압된 민중을 통제하려는 시도를 합법화하려는 숨은 노력을 담고 있다. 해체주의가 가장 강력하게 자리를 잡은 영역은 바로 문학과 시에 대한 연구 분야이다. 단어가 어떤 고정된 의미를 갖지 않음으로 시나 문학의 해석은 단순히 해석자가 그것을 나름대로 해석하는 것이 되어버린다. 이것은 그 상황에서 힘을 가진 집단의 합법화라는 결과를 가져온다.

이상과 같은 포스트모던 의식에 의해 계몽주의자들에게 매우 중요했던 진보의 개념은 더이상 타당하거나 중요한 것이 되지 못한다. 개인적이며 사회적인 생활의 토대가 사라져버리고 앞에 무엇이 있는지 말해주는 것이 없을 때, 우리는 새로운 암흑의 시대에 붙잡혀 있음을 느끼고 있다.

신은 죽었다고 선언한 니체를 포스트모더니즘의 아버지라고 부르는데, 히틀러의 제3 제국이 니체의 철학의 표현임을 상기한다면 이런 주장은 중요성을 갖는다. 히틀러는 죽었고 나치즘은 잠시동안 노출되었고 거부당했다. 그러나 니체의 철학은 포스트모더니즘의 관점과 모순되지 않으므로 우리가 나치즘에서 나타난 정치적 행동이 다시 출현하지 않을 것이라고 가정할 이유는 없다.

포스트모더니즘의 다른 양상은 부족주의의 부활이다. 정부를 근본적으로 힘에 목말라하고 신뢰성이 없는 것으로 보는 포스트모던적인 관점은 인간의 충성심을 더 큰 대중 안에서 공통의 정체성을 가진 더 작은 집단으로 끌어 당기는 경향이 있다. 이러한 새로운 부족주의는 중앙 유럽과 같이 공산주의의 억압에서 해방된 지역에서 국가주의의 부활로 나타난다. 혹은 그것은 대학생들이 흑인, 여성해방론자, 동성애 집단과 같은 공통의 정체성을 가진 동료 집단으로 분할되는 것에서도 드러난다. 이런 집단들은 그들 자신을 착취당하여 온 집단으로 여기며, 그것 때문에 특별한 대우를 요구하는 경향이 있다.

포스트모더니즘 의식은 본질적으로 희망이 없다. 1974년에 레슬리 뉴비긴과 그의 부인이 인도에서의 38년 간의 선교를 마치고 영국으로 돌아왔을 때, 그는 영국에 돌아와 그들이 겪은 가장 큰 어려움이 무엇이었느냐는 질문을 자주 받았다. 그의 대답은 항상 "희망의 사라짐"(*The Other Side of 1984*, p. 1)이었다. 그는 인도에서는 어떤 나쁜 일들이 일어나더라도 항상 어떤 것은 이루어 질 것이라는 희망적인 계획이 있었다고 말했다. 그러나 영국에서 뉴비긴은 그가 이전에는 알지 못했던 희망 없음과 부딪쳤다. 영국은 이미 깊게 포스트모더니스트의 사고에 의해 영향 받고 있었다. 인간의 존재는 희망없이 살지 못한다. 그리고 미국의 그리스도인이 포스트모더니즘의 함축성을 인식해야 하는 것은 매우 중요하다. 특별히 대부분의 그리스도인의 자녀가 교육 받고 있는 학교를 위해서 더욱 그렇다.

포스트모더니즘이 교육에 끼치는 영향

포스트모더니즘은 오늘날 학교 교육에 어떤 영향을 미치는가? 대부분의 미국인들은 이상에서 묘사한 포스트모던 의식에 익숙하지 않다. 그들은 포스트모더니즘이 진실하다고 주장하는 것을 부정할 것이다. 왜냐하면 대중의 의식은 학자적인 사고보다 언제나 한참 뒤에 가기 때문이다. 그러나 미국인과 세계의 다른 시민들은 포스트모더니즘과 직접 관련된 문화와 사회의 변화에 이미 참여하고 있다. 아프리카의 르완다와 중앙 유럽의 옛 체코슬로바키아를 황폐화시키고 있는 문제들은 포스트모더니즘의 특징인 부족주의로의 복귀를 예시하고 있다. 그러나 평범한 미국인들의 삶은 우리가 생각하는 것보다 포스트모더니즘의 영향을 훨씬 더 많이 받고 있다. "… 포스트모던 세계관과 포스트모던 문화는 우리를 둘러싸고 있다. 평범한 미국인들은 이것을 피할 수 없다. 포스트모더니즘은 우리의 삶의 양식, 우리가 삶을 꾸려나가는 방식, 자녀를 교육하는 방법, 우리의 개인적 문제와 사회의 문제에 접근하는 방식을 형성한다"(Veith, 『현대 사상과 문화의 이해』, p. 175). 예를 들어 TV는 미국인의 삶에 스며들고 영향을 미치고 있다. TV는 독서를 대신했으며 사고하는 것을 격려하지 않는다. 광고주들은 우리가 생각하는 것을 원하지 않으며, 단지 느끼고 물건을 사기만을 바란다. 그 문화는 우리를 생산자로부터 소비자로 변화시키고 있다.

포스트모더니즘은 공립 교육에 그리고 우리가 생각하는 것보다 훨씬 더 많이 기독교 학교에도 영향을 미친다. 포스트모더니즘의 가장 활발한 장소는 대학이다. 그런데 대학은 교사를 훈련시키는 곳이다. 대학은 학교 위원회와 교육 계획안을 작성하는 사람들을 지배하는 관료들에게 크게 영향을 미친다. 포스트모던 의식이 교육과정과 오늘날의 공립학교의 교수 방법에 나타나는 방식들을 몇 가지 살펴보기로 하자.

먼저 가장 일반적인 방법으로 이 주제를 살펴보면, 계몽주의를 뒤따른 모더니즘이 공립학교에서 학생들에게 종교, 특히 기독교를 반대하도록 가르치는데 성공하였다는 것에는 의문의 여지가 없다. 교회와 정부를 분리시켰으므로 공립학교 교육과정에서는 기독교를 언급하지 않게 되었다. 이러한 입장은 종교적으로 중립적이라는 주장이다. 실제로는 세속주의가 중립적이라는 취지를 가지고 하나의 종교로서 기능하고 있다. 심각하게 종교적이거나 기독교적인 내용은 교과서에서 배제되었다. 하나님을 교실로부터 제외시키려는 이러한 노력이 매우 슬픈 것이 아니라면 유머스러운 것이다.

이제 해야할 질문은 포스트모더니즘이 계몽주의가 교과서와 교실에서 기독교를 축출한 것에 대해 무엇을 할 것이냐는 것이다. 어떤 점에서 포스트모더니즘의 관점은 변화에 대한 희망을 제공할 것처럼 보이기도 한다. 포스트모더니즘은 과학이 종교를 무의미하게 만들어 왔다는 이성주의의 주장을 지지하지 않는다. 포스트모더니즘은 실재를 설명하려는 모든 세계관을 거부한다. 어떤 면에서 진리의 단일원천으로 과학에 의존하고 있는 현재의 대중 의식을 거부하기 때문에 그리스도인들에게는 도움을 주는 변화일지 모른다. 그러나 다른 한편으로 그러한 조망은 좋지 않다. 포스트모더니즘은 이성주의 세계관을 신뢰할 수 없는 것으로 여기는 반면, 동시에 유일하고 진실한 세계관을 가지고 있다는 그리스도인의 주장에는 격렬하게 반대한다. 포스트모더니스트들은 절대적 진리 같은 것은 없기 때문에 하나의 진실된 세계관은 없다고 주장한다. 공립학교 교육에서 기독교 세계관을 가르칠 수 있을 만한 변화는 일어나지 않을 것으로 보인다.

학교 교육에 미치는 포스트모더니즘의 영향에서 세부적인 것으로 들어간다면, 학교의 목적이 점점 더 변해가고 있음을 알 수 있다. 비이스는 이것을 다음과 같이 말한다.

고전적인 학업이 진, 선, 미를 추구하는 것이었다면 포스트모더니스트의 학업은 '무엇이 작동하는가'를 추구하는 것이다. 전통적인 학계는 이성, 연구, 조사에 의해 이루어졌으나 포스트모던 학계는 이데올로기적 목표, 정치적 조정, 힘의 투쟁에 의해 지배된다(Ibid., p. 58).

성과에 기초한 교육에 대한 교육계의 최근의 관심은 포스트모던적 교육으로 움직여가고 있다는 신호이다.

학생의 본성에 관한 포스트모더니즘의 견해는 성경적 관점보다는 모더니즘과 더 잘 어울린다. 모더니즘은 아동을 진화의 변화에 있어서 최정상에 위치한 것으로 보았다. 포스트모더니즘은 자율적이며 독립적인 자아의 존재 자체를 부정한다. 우리는 우리의 문화, 언어, 그리고 사회에 의해 형성된다고 포스트모더니즘은 말한다. 그러므로 개인의 정체성이나 자아의 의미 혹은 구별되고 통합된 인간의 영혼은 없다. 비이스는 "모더니즘은 적극적이고 낙관적이며 자기 확신적이었다. 반면에 포스트모더니즘의 자아상은 수동적이며 회의적이고 불안정하다"라고 말한다. 인간성에 대한 성경적 관점과의 갈등은 모더니즘의 진화의 개념과 비교해 볼 때 명백해진다. 그것은 어떤 구별된 자아도 부정하는 포스트모더니즘과 더 대조된다.

포스트모더니즘은 사물들이 역사적으로 존재해 왔다거나 지금 존재한다는 타당한 설명 방식으로서의 진리를 거부한다. 이것이 초등학교와 중등학교에서 가르치는 과학, 역사, 사회 과목에 주는 영향은 파괴적이다. 과거의 모든 종교적, 철학적 설명은 단순히 엘리트가 소유한 힘과 소수를 억압하려는 시도를 합법화하려는 것이다. 예를 들어, 미국 역사에 대한 연구의 결론은 큰 변화를 보인다. 국가에 대한 충성과 성조기에 대한 예의는 사라졌다. 아동들은 더이상 조지 워싱톤과 벗나무에 대해서 배우지 않는다. 콜롬부스로부터 서인디안 부족의 압제에 이르는 서양의 침략과 신세계의 식민지화의 죄악됨이 강조된다.

교육에서의 이러한 변화는 포스트모더니즘의 다문화주의에 대한 강조의 표현이다. 그것은 포스트모더니즘을 특징짓는 "의심의 해석학"(Hermeneutic of Suspicion)으로부터 자라난다. 그리고 서구 역사에서 소수 민족의 지배와 힘의 강점 이외에는 거의 아무것도 보지 않는다. 그러나 다른 문화에 관한 가르침을 고집하는 것은 어떤 문화에서도 오직 힘의 탈취만을 보려고 하는 후기 막시스트에 의해 악화되었다. 문화는 피상적으로 연구된다. 여러 문화 안에서 공통적으로 존재하는 것은 부정된다. 왜냐하면 포스트모더니즘의 반인본주의는 전체로서의 인류에게서 공통점을 인식하지 않고 있기 때문이다. 그 결과는 종족 집단끼리 반목하고, 대학을 서로 관련없는 소수 집단으로 나누는 새로운 부족주의이다.

진리의 사라짐과 함께 도덕 원리도 사라진다. 만일 실재가 단순히 사회적 구성이라면 어떤 도덕성도 다른 것만큼 좋은 것이다. (포스트모더니즘은 모든 절대적인 존재를 부인하기 때문에 무엇이 "좋다"라고 말할 수 있다는 것조차 모순된다.) 계몽주의 모더니즘은 사실을 의미나 가치로부터 분리시켰으며, 그래서 도덕성을 가르칠 수 있는 어떤 객관적인 기초를 내버렸다. 그래서 "가치 명료화"가 도덕 교육을 대신하였다. 이것은 아동 스스로 도덕적인 질문을 평가하고 그들 자신의 도덕성을 발달시킬 수 있도록 격려해야 한다는 것을 의미했다. 포스트모더니즘은 윤리학에 대한 이런 종류의 접근법을 강화할 뿐이다. 비이스는 이렇게 말한다.

학습할 객관적인 진리가 없다고 확신한 교사들은 지식 대신에 경험을 제공하며 기존의 가치를 의심하고 그들 자신의 가치를 창조할 것을 격려하면서 '과정'을 가르친다(Ibid., p. 59).

중요한 것은 오늘날 가장 열렬히 지지되는 언론의 자유는 이미 학교에서 침해를 받고 있다. 정치적인 조정(political correctness)은 대학에서 무엇이 말해질 수 있으며 무엇이 그렇지 않은지를 명령하고 있다. 초·중·고등 학교에서 모든 것을 관용하는 것이 포스트모더니즘에게는 매우 중요하므로 학생들이 학교에 있는 다른 학생들이 의심을 하거나 반대할지도 모르는 어떤 것을 말하는 것이 허용되지 않는다.

비이스는 우리가 정보시대에 살고 있으며, 정보를 다루는 새로운 계층의 사람들이 존재하게 되었다고 지적한다. 이것은 학교의 모든 교사들, 대중매체에 종사하는 사람들, 다른 사람을 도와주는 전문직에 관련된 사람들(심리학자, 치료사, 성직자)을 포함한다. 정보가 매우 중요해지므로 그들은 매우 영향력이 있다. 이러한 계층은 일반적으로 자유주의적이며 도덕적으로 관대하다. 그 계층은 변화를 가치있게 보며, 성적인 것을 포함하여 다른 전통적인 도덕성의 광범위한 변화에 대해 어떤 문제도 의식하지 않는다. 초·중·고등 학교에서 그들의 영향은 비이스의 다음과 같은 설명에 잘 나타난다. "교육자들이 대학과 공립학교를 운영하므로, 모든 학생들은 그들의 원칙을 접하게 된다"(Ibid., p. 181).

결론

사고 방식으로서의 포스트모더니즘은 아직 대중적인 위치에까지 다다르지는 않았다. 그러나 포스트모던 의식으로부터 시작된 사회적인 태도와 과정은 널리 퍼져 있다. 하나님과 심지어 신학에 대해 전통적인 생각을 가지고 있는 많은 사람들은 포스트모더니스트의 생각으로부터 직접 자라난 사고와 삶의 방식에 매일 참여하고 있다. 이러한 생각이 미국에서 자라는 대다수의 어린이 교육에 미치는 영향을 증명하는 것은 어렵지 않다.

문제는 그리스도인 부모들이 빠르게 변화하는 미국과 서구의 사고와 삶의 방식에 자신의 자녀들이 대처해 나가도록 하기 위해서는 무엇을 해야 하는가이다. 이것이 다음 장의 주제이다.

3장 대안 의식

지금까지 우리는 오늘날 미국 사회가 현대의 삶을 어떻게 의식하고 있느냐를 간단히 조망하였다. 문제는 기독교 교회가 심각한 문제를 야기하면서 미국 사회에 깊이 참여하고 있다는 것이다. 대다수의 성도들, 특히 복음주의자들은 하나님과 정통 신학 교리에 대한 믿음을 키우고 있으나 그들은 모더니즘과 포스트모더니즘에 의해 형성된 관점과 실제에 참여하는 데 어떤 갈등도 느끼지 않는다. 노드는 그 문제를 이렇게 말하였다.

의심할 바 없이 미국인 대다수는 계속 하나님을 믿고 있다. 그러나 그들 대다수는 세속적인 삶을 영위하고 있으며 세상에 대해 세속적인 견해를 가지고 있다. 현대의 지적인 분위기는 우리의 공적인 문화로부터 종교를 분리시키고 있다. 우리의 종교적인 믿음과 전통이 어떤 차이를 만들어야 하는지 더 이상 명백하지 않다. 우리의 문화를 세속화시킴에 따라 우리는 우리의 종교를 사적인 것으로 만들었다(*Religion and American Education*, p. 61).

이것은 기독교 교회가 이원론에 깊이 연루되어 있다는 것을 의미한다. 두 가지 다른 영역에서 삶을 영위하는 것이 불가능하다는 점과 우리 삶에서의 우상숭배 현상은 다음 장에서 다루어질 것이다. 지금은 그것이 광범

위하게 일어나고 있다는 것을 인식하는 것으로 충분하다. 노드는 다음과 같이 계속한다.

    의심할 바 없이 대부분 근본주의자들로 이루어진 보수주의자들은 그들의 일상 생활에서 세속적인 현대 정신을 받아들이고 있다. 그러나 그들은 성경의 전근대적인 진리와 전통을 굳게 붙잡고 있으며 적어도 신학적인 본질을 취하는 것에 관심을 가진다(Ibid.).

교회가 이 땅 위의 그리스도의 몸임을 기억할 때 그 문제의 심각성은 명백하다. 교회는 하나님을 믿지 않는 세상에 하나님의 진리를 선언할 책임이 있는 기름 부은 바 된 공동체이다. 그러나 만일 교회가 세상적인 사고방식에 굴복했다면, 교회는 지상명령을 완수할 본래의 상태에서 벗어나 있는 것이다. 인도의 선교사였던 레슬리 뉴비긴은 문제의 심각성을 이렇게 밝히고 있다.

    교회는 우리의 문화에서 사적인 영역으로 퇴출당하는 것을 받아들였으며, 인정된 기관으로서 그리고 심지어는 특권층의 계급으로서 너무 오래 살아왔다. 그래서 교회는 공적인 삶이 아주 다른 비전(vision)에 의해 통제되는 문화에서 사적인 영역으로 물러났으며, 그래서 전체적으로는 그런 비전과 '근대 서구 문화화'에 대해 도전할 힘을 근본적으로 잃었다. 전세계적인 상황에서 볼 때 교회의 이러한 실패는 가장 중요하고 가장 심각한 요인이다. 왜냐하면 이러한 서구의 문화가 세상의 모든 다른 문화로 침투하여 그들 모두를 뒤흔들어 놓기 때문이다(*The Other Side of 1984*, p. 23).

브루지만(Walter Brueggemann)은 같은 주제를 조금 다른 관점으로 접근한다.

현대의 미국 교회는 미국인의 소비주의에 너무 동화되었으므로 믿고 행동할 힘을 거의 가지고 있지 않다. … 우리의 의식은 거짓된 지각 영역과 언어와 수사학의 우상 체계에 의해 끌려다닌다. 여기에서 내가 탐구하고자 하는 가정은 이것이다. *예언자적 목회의 과업은 우리를 둘러싸고 있는 지배 문화의 의식과 지각에 대안이 되는 의식과 지각을 기르고 자양분을 공급하고 고취시키는 것이다.* 그래서 나는 예언자적 목회의 과업은 협력하고 순화된 우리의 대안 소명을 가지고 지속적으로 이 시대를 지배하는 위기를 경고하는 것과 관련이 있다고 제안한다(The Prophetic Imagination, p. 11-13).

왜 이 장의 제목이 "대안 의식"으로 붙여졌는지 명백해졌을 것이다. 만일 우리가 오늘날 어디에 있는가란 문제에 대한 성경적 견해를 이해한다면, 대안 의식을 기르는 것보다 교회에 더 중요한 것은 아무것도 없을 것이다.

그것은 어디에서 일어나야 하는가? 확실히 그것은 지역 교회들과 목사와 설교자가 훈련받는 신학교에서 일어나야 한다. 그리고 기독교 가정에서 일어나야 한다. 그러나 그것은 주일 하루나 한달 또는 일년 안에 이루어질 일은 아니다. 교회의 증거가 사회에 영향력을 행사하기까지는 몇 년이 걸릴 것이며, 이에 대한 근본적인 재인식이 필요하다. 이 과정이 몇 십년이나 몇 세대의 긴 과정이 필요하다는 것을 고려할 때, 우리의 어린이들에 대한 교육은 더욱 중요하다. 우리는 매일 포스트모더니즘 의식의 영향하에 우리의 아이들을 12년 혹은 그 이상의 기간동안 내버려 둘 여유가 있는가? 이 책이 호소하고 있는 것은 바로 이것이다. 만일 우리가 진지하게 성경적인 인생관과 실재관을 가진 교회로서 깨어있기를 시도한다면,

우리는 기독교 학교에서건 혹은 기독교 가정 학교(home schooling)에서 건 간에 변화된 성경적인 의식으로 우리 아이들을 훈련시키게 될 것이다.

이러한 주장은 의심할 바 없이 우리 사회를 더 분열시킬 것이라는 반대 의견에 직면할 것이다. 이 의견에 대답할 수 있는 가장 간단한 방법은 1세기의 그리스도인들에게 그러한 일이 일어났는가란 질문에 답하는 것이다. 그들은 로마 제국의 사회에서 분열되는 위험을 겪었는가? 분명히 아니다. 그들은 참혹한 박해와 순교를 겪은 탓에 복음이 그들에게 가르쳐준 변화된 대안 의식의 증인이 되었다. 우리는 오늘날 그러한 용기가 있는가?

성경이 이러한 사명에 대해 무엇이라고 말하는지 간단히 살펴보도록 하자. 로마서 12장 1절과 2절은 그 점을 잘 표현하고 있는 중요한 구절이다. "너희는 이 세상을 본받지 말고 오직 마음을 새롭게 함으로 변화를 받아 하나님의 선하시고 기뻐하시고 온전하신 뜻이 무엇인지 분별하도록 하라." 고린도후서 10장 5절 말씀은 이렇다. "모든 이론을 파하며 하나님 아는 것을 대적하여 높아진 것을 다 파하고 모든 생각을 사로잡아 그리스도에게 복종케 하니." 고린도전서 2장 16절 말씀은 여기에서 더 나아간다. "그러나 우리가 그리스도의 마음을 가졌느니라." 대안 의식의 필요성을 이 구절보다 더 강력하게 요구할 수는 없다.

그 명령은 성경과 교회의 역사를 보면 더 중요해진다. 모세는 이집트에서 받을 수 있는 가장 좋은 교육을 받았으며 그곳에서 지도급의 학생이었다. 그러나 그는 이집트의 대학이 그에게 심어주려고 했던 것과 완전히 다른 의식을 가지고 있었다. 다니엘과 그의 친구들은 바벨론의 대학에서 모세의 경우와 똑같은 차별성을 보여주었다. 바울은 1세기의 유대주의의 랍비 학교에서 아주 높은 수준의 교육을 받았다. 그러나 다메섹으로 가는 길에서 하나님과의 만남을 통해 예수와 교회에 대해 완전히 변화된 견해를 갖게 되었다. 5세기 초에 히포의 주교였던 어거스틴은 천년 동안의 학문적 사고의 바탕을 형성했던 기독교 의식을 선언할 수 있었다. 고대 그리스·로마의 문화와 의식은 무너져 내리고 있었다. 어거스틴은 기독교 대안을 제공하였다. 16세기의 종교개혁에서 비슷한 일이 일어났다. 루터와 칼빈은 사물들을 보는 방법에서 새로운 통찰력을 제공했다. 이것이 급격한 변화를 가져오지 않았음에도 불구하고 대안 의식으로서 기독교 사고의 예를 제공한다.

우리가 말하고 있는 의식은 세계관을 대신하는 것이다. 그리고 세계관은 사실상 철학의 기초가 된다. 세계관은 일반적으로 무의식 수준에 위치한다. 모든 사람이 세계관을 가지고 있지만, 우리는 우리 자신이 어떤 세계관을 가지고 있는지 거의 모르고 있다. 『그리스도인의 비전』(The Transforming Vision, IVP간)에서 왈쉬와 미들턴(Walsh and Middleton)은 일본과 캐나다에서 아기를 목욕시키는 방법의 차이를 지적함으로써 이점을 설명하였다. 일본에서는 할머니가 두 팔로 아기를 큰 목욕탕에 집어넣는다. 그런데 그 탕 안에는 악령을 쫓아내기 위해 레몬을 띄어 놓는다. 이것은 아기에게는 따뜻하고 안락한 경험이 된다. 캐나다에서 목욕탕은 극장처럼 준비된다. 아기는 탁자 위에 놓여지고 목욕수건과 솜으로 끝을 감싼 양치 기구가 목욕도구가 된다. 그것은 훨씬 더 차갑고 일시적이지만 겁을 주는 과정이다. 그 차이는 세계관에 있다. 일본인의 세계관은 공동체와 집단 정체성을 강조하는 반면 캐나다인은 엄격한 개인주의를 강조한다.

세계관이 의식의 수준으로 떠오르고, 우리가 의식을 가지고 논리적으로 활동하게 될 때 우리는 철학을 갖는다. 기독교 학교 교사를 포함하여 많은 사람들은 철학을 의심스러운 눈으로 바라본다. 이것은 당연시 되어서는 안 되는 반응이지만 여전히 존재한다. 많은 그리스도인들은 이 주제를 대하게 되면 신학이 철학을 대신할 수 있으므로 우리에게 그 이상은 필요하지 않다고 말할 것이다.

이러한 입장이 가지고 있는 문제점은 신학은 성경이 구원의 역사에 대해 가르치고 있는 것의 이성적인 설명이라는 점이다. 그것은 창조, 타락, 예수 그리스도의 죽음과 부활, 그리고 궁극적으로는 그의 재림에서 극치를 이루는 하나님의 회복의 계획을 말한다. 체계적인 신학은 윤리학, 역사, 자연과학, 수학과 같은 학문이다. 신학의 책임은 다양한 과학간에 존재하는 관계나 그것들이 존재하는 전체의 상황을 묘사하는 것이 아니다. 그러한 것은 철학의 영역이다. 두 학문이 많은 경우에 일치하기는 하지만 신학은 철학을 대신할 수 없다.

성경적 의식에 관한 간략한 개요

만일 기독교 교육의 목표가 성령의 은혜로운 역사를 힘입어 부모가 그리스도인인 자녀들의 마음과 가슴에 성경적 의식을 가르치는 것이라면, 성경적 의식의 중요한 요소를 간략히 살펴보는 것은 매우 가치로운 일이다. 이것은 다음 장에서 훨씬 더 자세하게 다루어질 것이다. 그러나 여기에서의 개요는 근대와 포스트모던 의식을 대조하는 것을 도와줄 것이다.

기독교 정신은 살아 계신 하나님과 그의 주권이 인간의 의식과 실재의 전 영역에 미치고 있음을 인식하는 것에서부터 시작한다. 그것은 모든 것의 기원에 관한 진실된 설명으로서 무로부터의 창조를 믿는다. 완전한 창조세계는 우리의 첫 번째 조상의 의도적인 죄에 의해 왜곡될 때까지 선하게 남아있었다. 기독교 정신은 하나님의 창조세계를 관리하는 그러나 하나님께 의존하지 않음으로써 오류에 빠지기 쉬운 인간의 노력에 관한 이야기를 역사라고 본다. 그것은 역사에 진보가 있다는 초기 히브리인의 개념을 영속적인 것으로 만들었다. 그것은 예수 그리스도의 성육신과 그의 궁극적인 인격적 재림과 하나님의 구속된 왕국을 세우는 것으로 결론이 나는 개념이다.

기독교 정신은 인간은 하나님의 형상으로 만들어졌으며, 하나님과 그리고 타인과 사회적인 관계를 맺을 수 있는 피조물로 본다. 그러나 이런 관계는 예수 그리스도의 구속을 통한 사랑의 진실된 형상에서 가능하다. 사람들은 고등 동물 이상의 존재이다. 인간은 죽은 후에도 계속 물리적인 면으로 존재할 물리적인 동시에 비물리적인 신비한 결합체이다.

비록 인간에게 창조계를 발전시키라는 하나님의 명령을 완성하는 한 가지 방법이라는 점에서 과학은 인간이 해야 할 타당한 책임으로 여겨지지만, 기독교적인 관점에서 진리는 과학적 방법에 의해 실재로부터 억지로 끌어낼 수 있는 것이 아니다. 진리는 인간이 만든 것도 아니다. 진리는 창조세계의 다양한 면을 통해 하나님을 우리에게 드러내기를 기뻐하신 인격이신 예수 그리스도이다. 진리는 이성적인 인간이라면 누구나 접근할 수 있는 세속적인 진리와 성령에 의해 사람에게 드러남으로 성경에 있는 하나님의 계시에 의존하는 영적인 진리라는 두 종류의 형태로 존재하지 않는다. 그러므로 기독교 정신에서는 세속적인 진리와 영적인 진리간의 구분이 있을 수 없다. 왜냐하면 기독교 정신은 창조된 모든 피조물은 하나님을 계시하며, 따라서 "사실"로부터 분리될 수 없다는 견해를 고수하기 때문이다.

지식은 과학적으로 증명될 수 있는 것에만 국한되지 않는다. 지식은 하나님이 붙들고 계시는 창조세계 안에서 그리고 그 창조세계를 통하여 하나님이 나타내시려는 의지를 포함한다. 이성보다 지식에 더 중요한 것이 있다. 하나님은 인간에게 새로운 지식을 습득하는데 필수적 요소인 직관적 통찰력을 주셨다. 자기 자신을 드러내지 않는 한 다른 사람이 자신을 알 수 없게 되는 것은 오직 인간만이 아니다. 전 창조계는 하나님이 그 안에서 자신을 계시하실 때만이 우리에게 진실로 알려질 수 있다. 모더니즘과 포스트모더니즘에서 지식으로 간주되는 것은 참된 지식의 공허한 대체물에 지나지 않는다.

공동체는 포스트모더니즘에 의해 비실재로 취급되어 거부되지만 예수 그리스도의 교회에서 진실된 형태로 발견된다. 교회에서 성도들은 성령님의 임재로 인하여 예수님과 서로에게 연합된다. 포스트모더니즘의 다문화적인 관점은 너무 피상적이어서 부족주의와 다양한 인간 종족간의 어떠한 공통점도 부정하는 결과를 낳을 뿐이다. 반면에 기독교 신앙은 성령님의 임재와 그리스도의 사랑에 의해 창조된 연합과 모든 부족과 언어와 나라의 구성원들의 연합을 공표한다.

대안 의식의 교육적 함의

대안적인 기독교 의식을 가지고 행하는 교육은 세속 학교에서 다루는 것과 동일한 물리적인 실재와 비물리적인 실재를 포함한다. 기독교 교육은 우리가 소위 과학적 "사실"이라고 부르는 것에서 전혀 새로운 의미를 발견하는 것과 관련되어 있다. 만일 창조세계를 붙들고 계심을 통해 우리에게 그 자신을 알리기를 기뻐하시는 진실하고 살아 계신 하나님이 계시다면, 사실은 중립적이지 않고 동기부여적(motivational)이다. 사실들은 창조주에 대한 경외심과 감사와 사랑과 봉사를 깊게 한다. 그래서 우리는 우리 아이들이 일반 학교 교과목을 통해 하나님과의 우정을 발달시킬 수 있는 수단으로 바라보기 시작한다. 두 가지 종류의 학교 교육 사이의 차이는 매우 크다. 하나님과 창조의 실재를 부인하는 학교가 그리스도인들의 자녀들의 요구를 만족시킬 수 있다고 가정하는 것은 대단한 아이러니이다.

성경적 의식에 의한 학생관은 현대적 의식이나 포스트모던 의식에서 가정하는 학생관과는 근본적으로 다르다. 아동은 변화되어 다른 사람들과 그리고 하나님과 교제할 수 있는 자기 의식적인 개인이다. 아동은 그의 죄악된 본성 때문에 하나님으로부터 독립을 주장하는 존재인 한편, 하나님의 은혜로 인하여 하나님을 기쁘시게 하고 그를 아는 것을 기뻐할 수 있는 사람이 될 수 있다. 하나님의 형상을 닮는 것은 하나님께 반응하고, 그렇게 할 수 있는 책임있는 존재가 되는 것을 의미한다. 기독교 학교의 과업은 일반 과목일지라도 그것이 하나님의 계시이기 때문에 하나님께 반응하는 것임을 아동이 인식하도록 돕는 것이다. 이러한 실재가 친절하게, 그러나 계속 강조됨에 따라 학생들은 대안 의식, 즉 성경적인 의식을 계발하기 시작한다.

이러한 종류의 학교에서는 교회와 정부의 분리는 잘못된 것이다. 인생의 어떤 부분도 하나님으로부터 분리될 수 없다. 우리는 인생을 단순히 두 개의 다른 수준에서 살 수 없다. 국가가 국가 교회를 채택해서는 안 되는 것이 진실인 만큼 종교가 삶의 다른 측면과 분리되는 것은 불가능하다. 만약 그렇게 된다면 살아있는 하나님 대신 창조의 어떤 측면이 교육과 삶에서 최우선이 된다. 이것은 우상숭배를 의미하며 우상은 매우 보잘 것 없는 전문인을 만든다. 우상은 자유를 약속하고 속박 상태를 구원한다.

기술을 다루는 것은 기독교 학교의 차별성이 드러날 수 있는 또 다른 영역이다. 기독교 학교는 현대 기술을 충분히 가르칠 수 있으나 우상숭배를 피하려는 노력을 최대한 기울여야 한다. 비이스는 기술은 포스트모던 정신의 발달에서 힘있는 위치를 차지하고 있다고 주장한다. 그는 오늘날의 정보 매체가 사람들이 생각하는 방식에 크게 영향을 미친다는 닐 포스트만(Neil Postman)의 주장을 인용한다. TV는 사람들이 생각하도록 격려하지 않는다. 중요한 것은 그들이 즐거워하고 좋은 느낌을 가지고 결과적으로 광고하는 물건들을 사도록 하는 것이다. 비이스는 말한다.

> 각각의 TV 드라마는 비록 그 이야기가 계속적으로 광고에 의해 중단될지라도, 일반적인 전통 플롯으로 구성될 것이다. … 그러나 TV가 뉴스, 토크쇼, 다큐 드라마에서 사실을 제시하는 방식은 포스트모더니즘의 전제를 예시한다. TV는 진실과 오락의 경계를 희미하게 한다(*Postmodern Times*, p. 81).

기술이 종교적인 특질을 가지고 있으며 기독교 학교 관점에 적대적일 수 있다는 것은 닐 포스트만의 다음과 같은 주장에서 명백하게 드러난다.

> 중요한 차이점은 '신념'에 대한 다른 의미들에서 만들어진다. 그러나 사람은 기술이 작동하고 있다고 믿으며, 기술에 의존하고 있으며, 기술이 약속을 주며, 그것에 접근하기를 거부할 때 기술은 그 약속을 앗아가 버리며, 기술이 그 자리에 있을 때 사람들은 기뻐하며, 대부분의 사람들에게 기술은 신비한 방식으로 작동하며, 기술을 반대하는 사람들을 비난하며, 사람들은 그것을 경외하며, 거듭난 것처럼 사람들은 자신의 생활 양식, 스케줄, 습관, 관계를 기술에 적합하도록 바꿀 것이라는 점에서 기술신(god of technology)을 언급한다는 것은 매우 우둔하게 보인다. 만일 이것이 종교적인 신념의 형태가 아니라면 무엇인가?(『교육의 종말』(*The End of Education*), p. 38).

도덕성은 기독교 학교가 공립학교와 차이를 보이는 또 다른 중요한 영더니즘의 사고 방식과 놀랄 만큼 비슷하다."(Ibid., p. 211).

결론

모더니즘과 포스트모더니즘의 도전에 대한 반응에서 우리의 목표는 기독교 학교 학생들에게 기독교 문화에 도움이 되는 대안 의식을 심어주는 것이어야만 한다. 창조세계는 하나님께 속해 있다. 기독교 학교의 목표는 학생들의 하나님에 대한 지식과 하나님을 향한 봉사의 반응을 깊게 하는 창조세계의 탐색이다. 아동은 각기 다른 재능을 가지고 학교에 오며, 그 모든 것은 기독교 공동체의 삶에 기여하도록 의도되었다. 아이들은 자신이 가진 재능에 따라 하나님의 창조세계를 탐색하도록 도움을 받을 필요가 있다. 학문 영역에 재능이 있는 학생은 그들의 재능을 가능한 최대로 발휘할 수 있도록 도전 받을 필요가 있다. 그러나 학교가 가장 관심을 두는 것은 학문이라는 인상을 피해야만 한다. 창조세계 안에서 그리고 그것을 통해서 하나님을 아는 것이 중요하며, 학생들은 그들의 재능을 따라 창조세계를 탐색할 수 있도록 도움받아야 한다. 그러할 때 전체 학교 공동체는 각각의 재능의 가치를 인식하고 하나님과 이웃에 대한 그리스도인의 사랑의 삶이 성장할 수 있도록 모든 재능들이 펼쳐지는 것을 즐거워할 것이다.

이 책의 나머지 부분은 기독교 세계관과 철학과 더불어 그것이 교육과정과 교수 방법에 주는 함의를 간략하게 묘사할 것이다. 그 부분을 시작하기 전에 다른 곳보다 여기에 더 적절한 기독교적 가르침과 배움의 두 가지 서론적인 측면이 있다. 이것을 마치고 난 후에 책의 두 번째 부분은 기독교 철학을 다룰 것이다. 세번째 부분은 기독교 교육 과정의 내용을

역이다. 이성주의 세계관이 사실들의 의미를 밝히고, 사실들을 중립적인 것으로 만들기 위해 과학을 사용했을 때, 과학은 공립학교에서 윤리나 도덕성을 가르칠 수 있는 기초를 제거하였다. "존재"(is)로부터 "당위"(ought)를 취하는 것이 불가능하다는 주장으로 인해 모더니즘과 포스트모더니즘 모두 가치나 도덕을 가르칠 적당한 기초를 가질 수 없었다. 기독교 학교는 모든 "사실"이 창조되었고 살아 계신 하나님이 의미없는 것을 만들지 않기 때문에 교육과정에서 학생들에게 반응을 요구하지 않는 과목이 없다는 것을 주장해야 한다. 그 반응은 창조세계 안에서 그리고 그 창조세계를 통해 말씀하시는 하나님께 반응하는 것이기 때문에 사실과 가치를 분리할 토대는 없다. 윤리학은 교육 과정의 전 영역을 통해서 다루어져야 한다.

이 주제를 마치기 전에 비이스가 "복음주의적 포스트모더니즘"이라고 부르는 것을 잠시 살펴보는 것이 필요할 것이다. 그는 기독교 학교, 기독교 대학, 기독교 서점, 기독교 음악을 언급하고, 이런 것들의 발전은 복음주의가 포스트모던 사상을 반영하는 한 방법이라고 말한다. 포스트모더니즘은 보편 인간성의 가능성을 부정하며 대신 새로운 부족주의를 옹호한다. 오늘날 두드러진 복음주의 하위문화가 이런 경향을 반영하고 있다.

비이스는 이러한 종류의 복음주의 하위 문화 없이는 모든 기독교 문화가 소멸될 수 있기 때문에 그런 하위 문화를 반대하는 것은 위험한 일이라고 계속해서 말한다. "포스트모더니스트의 압력이 거세지는 상황에서 이미 포진한 기독교 대응 제도들은 그리스도인들이 효과적으로 저항하는 데 아주 중요한 자산으로 입증될 것이다"(*Postmodern Times*, p. 210). 그는 더 나아가 문제는 그리스도인들이 그들 자신의 문화를 가지고 있다는 것이 아니라 주위의 세속 문화와 매우 비슷한 문화를 가지고 있다고 말한다. "복음주의 하위문화에서 나온 사고 방식은 종종 세속적인 포스트모

다룰 것이며 책의 마지막 부분은 특별히 교육에서의 기독교적인 방법들을 다룰 것이다.

4장 가르침과 배움 그리고 하나님

기독교 의식의 관점에서 볼 때 가르침은 다이아몬드의 면과 같이 여러 면으로 되어 있다. 어떻게 가르침과 배움이 인간의 마음과 지성 안에 임재하시는 하나님과 연관되어 있는가? 여기에서 어떠한 대안 의식이 우리에게 가능한가? 어떠한 마음의 갱신이 요구되는가?

사람들은 보통 학습할 수 있는 능력은 인간의 유전인자, 은사나 아동기의 배경의 문제라고 전제한다. 어떤 학생은 쉽게 배운다. 다른 사람은 그렇지 않다. 어떤 학생들은 학습 장애를 가지고 있거나 가정의 열악한 조건 때문에 충격을 받아서 학습이 거의 불가능하다. 어떠한 경우에나 우리는 무의식적으로 학습을 학교에서 책으로 배우는 것으로 정의한다. 많은 종류의 학습이 있다. 학구적인 공부에서 잘 못하는 학생들은 사업이나 외판원으로 취직한다. 예술 방면에서의 성공은 논리적-언어적 학습과는 관련되어 있지 않다. 예술가, 음악가, 가수는 꼭 학문에서 뛰어날 필요는 없다. 아인쉬타인이나 토마스 에디슨은 학교에서 잘 하지 못했다. 하워드 가드너(Howard Gardner)는 적어도 일곱 종류의 지능이 있음을 밝혔으며, 그것들은 어린이들이 다른 방법으로 배운다는 것을 말해준다고 주장한다(*The Unschooled Mind*, 1장). 그래서 우리는 학습이 무엇을 의미하는가를 자세히 알아 볼 필요가 있는데, 그 이유는 학습은 많은 형태를 가지고 있으며 사실과 기술의 습득 이상의 것이기 때문이다.

가르침도 간단히 파악될 수 있는 것이 아니다. 오늘날 가르침은 전문 직종으로 여겨지고 있으며, 가르치기 위해서는 기술을 많이 배워야 한다. 그리고 그 기술들 중 많은 것은 매우 유용하다. 그러나 가르침은 단순히 전문 기술인가? 부모들, 특별히 어머니들은 어린이들이 5세가 되기 전에 그들이 미래에 알게 될 것의 절반을 가르쳐야 한다는 말을 듣는다. 장인은 도제를 가르친다. 그리고 사업가는 종업원을 가르친다. 그래서 가르침과 학습을 어떻게 정의하는가가 문제가 된다. 그리고 우리는 하나님이 가르침과 학습의 과정 안에 내재하고 계시는지, 그렇다면 어떻게 내재하고 계시는가 하는 이슈를 아직 다루지 않았다.

바울이 "우리가 그를 힘입어 살며 기동하며 있느니라"(행 17: 28)라고 말했을 때, 그는 하나님이 가르침과 학습 과정 안에서 일하고 계심을 의미하고 있다. 이러한 활동은 단순히 "자연법칙"과 인간의 재주에 의해 일어나는 것은 아니다. 가르침은 직접적으로 혹은 매개체를 통해서 하나님이 하시는 것이다. 학습은 항상 하나님이 가능케 하시는 것이다. 인간의 경험에 대한 현대적 이해는 하나님과의 어떠한 접촉 없이 일어난다는 점에서 세속적이다. 가르침은 항상 하나님께 대한 반응을 구해야 하며, 학습은 항상 하나님께 대한 반응을 포함하여야 한다.

가르침을 시작하며 성경은 놀라운 선언을 한다. 출애굽기 31장 2절에서 6절에 하나님은 모세에게 말씀하신다.

보라 내가 유다 지파 훌의 손자요 우리의 아들인 브사렐을 지명하여 부르고 하나님의 신을 그에게 충만하게 하여 지혜와 총명과 지식와 여러 가지 재주로 공교한 일을 연구하여 금과 은과 놋으로 만들게 하며 보석을 깎아 물리며 나무를 새겨서 여러 가지 일을 하게 하고 내가 또 단 지파 아히사막의 아들 오홀리압을 세워 그와 함께 하게 하며 무릇 지혜로운 마음이 있는 자에게 내가 지혜를 주어 그들로 내가 네게 명한 것을 다 만들게 할찌니(출 31:2-6).

이 말씀의 의미는 분명하다. 그들의 태생이나 도제 제도가 그들의 능력과 어떤 관계에 있든지 간에 그러한 능력은 동시에 하나님이 주신 것이다. 하나님의 성령이 그들의 예술적 기술의 원천이었다.

이것은 사막에서 성막을 짓는 일에서 오직 한 번 있었던 하나님의 간섭이었는가? 우리가 우리 생활을 거룩한 영역과 세속적인 영역으로 구분하는 경향은 이러한 해석을 가능케 한다. 그러나 이것은 우리가 대안 의식을 필요로 한다는 것을 말한다. 우리가 할 수 있는 한 하나님을 그가 만드신 세상으로부터 효과적으로 배제하도록 만드는 것은 하나님으로부터 독립하려는 우리의 죄악된 성향 때문이다. 그러나 실제로 인간의 은사는 항상 성령님에 의해 가르쳐지는 것이다. "모든 영혼이 다 내게 속한지라"(겔 18:4). 모든 영혼을 창조한 하나님은 그들에게 은사를 주시고 가르치신다. 모든 가르침은 궁극적으로 하나님 자신의 행위를 포함한다. 이것을 우리가 인식하게 되면 우리는 하나님과 더 가까운 관계를 갖게 될 것이다.

이사야 28장 23절에서 29절은 출애굽기가 숙련공에 대해 말하는 것을 농사에 비유하여 말한다.

너희는 귀를 기울여 내 목소리를 들으라. 자세히 내 말을 들으라 파종하려고 가는 자가 어찌 끊이지 않고 갈기만 하겠느냐 그 땅을 개간하며 고르게만 하겠느냐 지면을 이미 평평히 하였으면 소회향을 뿌리며 대회향을 뿌리며 소맥을 줄줄이 심으며 대맥을 정한 곳에 심으며 귀리를 그 가에 심지 않겠느냐 이는 그의 하나님이 그에게 적당한 방법으로 보이사 가르치셨음이며 소회향은 도리깨로 떨지 아니하며 대회향에는 수레 바퀴를 굴리지 아니하고 소회향은 작대기로 떨고 대회향은 막대기로 떨며 곡식은 부수는가 아니라 늘 떨기만 하지 아니하고 그것에 수레 바퀴를 굴리고 그것을 말굽으로 밟게 할지라도 부수지는 아니하나니 이도 만군의 여호와께로서 난 것이라 그의 모략은 기묘하며 지혜는 광대하니라(사 28:23-29).

이것은 농부가 그의 아버지나 지방관으로부터 배우지 않는다는 것을 의미하지 않는다. 그러나 새 식물이 자라도록 씨를 사용하며 자손을 생산하려고 부모를 사용하는 하나님은 창조주며 교사임을 말해준다.

지혜(wisdom)가 "내게는 도략과 참 지식이 있으며 나는 명철이라. 내게 능력이 있으므로 나로 말미암아 왕들이 치리하며 방백들이 공의를 세우며 나로 말미암아 재상과 존귀한 자 곧 세상의 모든 재판관들이 다스리느니라"(잠 8:14-16)고 말하는 것처럼, 잠언은 경영 기술에 대해서도 같은 것을 말한다. 여기서 지혜는 의심할 바 없이 삼위일체의 두번째 인격이신데 지혜와 하나님의 말씀이시다. 역시 이 의미도 매우 분명하다. 하나님은 그가 없는 동안에도 그의 피조물이 스스로 똑딱거리며 가도록 놓아두는 시계공이 아니다. 하나님은 경영과 통치의 기술을 실행하는 것과 신비롭고도 매우 밀접한 관련이 있다.

예수님이 그의 열두 제자를 그의 교회의 주춧돌로 삼기위해 불렀을 때, 주님은 3년의 학교 프로그램으로 그들을 초대하셨다. 그 안에서 그들은 예수님과 함께 살고 일하였으며, 예수님은 그들을 가르치셨다. 더 일반적인 초대에서 예수님은 힘들고 무거운 짐진 자들을 불러서 자기에게 배우라고 하신다(마 11: 28-30). 그러나 그는 "그 안에 지혜와 지식의 모든 보화가 숨겨져 있는 분이시다"(골 2:3). 비록 우리가 그것을 인식하지 못하거나 믿지 못하더라도 모든 학습은 예수님과 관련되어 있다. 가르치는 것은 주님의 사역이다. 골로새인들을 위한 바울의 기도는 "이로써 우리도 듣던 날부터 너희를 위하여 기도하기를 그치지 아니하고 구하노니 너희로 하여금 모든 신령한 지혜와 총명에 하나님의 뜻을 아는 것으로 채우게 하시고 주께 합당히 행하여 범사에 기쁘시게 하고 모든 선한 일에 열매를 맺게 하시며 하나님을 아는 것에 자라게 하시고"(골 1: 9-10).

　이러한 성경 말씀이 소위 "영적"인 것에 제한되어 있다고 가정하는 것은 현대의 교회 안에 편만해 있는 우상숭배적인 이원론을 영속시키며, 새로운 이교도 세상 안에서 교회가 힘을 발휘하지 못하게 한다. 존재하는 모든 것은 살아 계신 하나님의 말씀의 명령에 의해서만 존재하기를 지속한다. 하나님은 그가 세상을 만드셨기 때문에 유지하시는 것이 아니다. 하나님은 세상을 좋아하시며 세상을 통해 그 자신을 드러내고, 그의 형상을 따라 만든 인간이 하나님께 대한 반응으로 예배하고 봉사하도록 하기 위한 매개체로 세상을 제공하셨다. 모든 가르침은 궁극적으로 하나님의 일이다. 실재에 대한 이러한 인식은 하나님을 경외하고 갈망하는 마음을 우리의 마음 속에서 자라게 한다. 이것이 오늘날 우리에게 매우 필요한 대안 의식이다.

　이것은 하나님이 그리스도인만을 가르치고 다른 사람은 가르치지 않는다는 것을 의미하는가? 분명히 아니다. 바울은 아레오바고의 이방 그리스인들에게 이렇게 말했다. "그 안에서 우리가 살고 기동하며 존재하느니라." 솔로몬이 여호와의 성전을 짓기를 바랐을 때, 그는 두로의 왕인 히람에게 필요한 재목을 보내줄 것을 요청하였다. 왜냐하면 두로 사람들은 이스라엘 사람보다 벌목하는 법을 더 잘 알았기 때문이다. 히람 왕은 납달리 지파의 과부와 두로인 아버지 사이에서 태어난 히람을 보내서 청동 주물 만드는 것과 다른 필요한 예술 작업을 하도록 하였다. 하나님이 유대 농부에게만 곡물을 자라게 하는 기술을 가르쳤던 것은 아니었으며,

통치할 수 있는 지혜를 오직 이스라엘인들만이 하나님으로부터 받는 것은 아니다.

우리가 우리 자신을 하나님이 선호하는 사람이라고 생각하고, 하나님이 다른 인간들과 맺고 있는 관계를 최소화하려는 우리의 복음주의적인 경향은 아마도 요나가 니느웨 사람들에 대해 가졌던 적의감과 비슷할지 모른다. 비그리스도인들이 그들의 은사의 근원을 인식하지 못하고 있는 것은 사실이다. 그런데 그리스도인들도 자주 그렇다. 그것은 하나님이 인간에게 주신 은사를 무효로 만들지 않고, 우리에게 주어진 더 무거운 책임이라는 것을 인식하는데 실패한 것이다. 심판의 날에 발견할 가장 놀라운 것은 아마도 사람들이 학문, 정치, 전문적인 영역이나 사업의 세계에서 탁월할 수 있도록 하는 지적인 능력이 하나님이 부어주시는 끊임없는 은사라는 점일 것이다. 죄악은 우리로 하여금 이것을 억누르도록 한다(롬 1:18). 가르침은 하나님에 의해서 직접적으로 이루어지든지 인간 교사를 매개로 하여 일어나든지 항상 하나님의 일이다.

만일 가르침이 근본적으로는 하나님의 일이라면 학습은 항상 하나님을 포함하는 것인가? 성경은 이 문제에 답을 주는가? 어른들이 무색할 정도로 어린이들은 열심을 가지고 배우려고 한다는 것을 우리는 모두 알고 있는데, 그러한 학습의 열기는 일단 어린이들이 학교에 들어가면 사라지기 시작하는 것 같다. 마태복음 18장의 천국에서의 관계성에 대한 설교에서 예수님은 그의 제자들에게 어린이들을 실족케하거나 멸시하지 말 것을 명령하셨다. 예수님은 그에 대한 세 가지 이유를 드셨다. 첫째, 어린이들은 그들의 복지를 끊임없이 염려하는 천사들을 가지고 있다. 둘째, 이 천사들은 하나님의 얼굴을 항상 뵈옵고 있다. 그래서 하나님과 천사들은 어린이들에게 관심을 갖고 있다. 세째, 양을 치는 목자들은 모든 양들을 똑같이 염려한다. 어린이들이 세상을 게걸스럽게 배우고 부모들에게 애착을 형성하는 것은 하나님이 그들에게 관심을 두기 때문에 가능하다. 학습은 어린이들에게 자동적으로 혹은 기계적으로 일어나지 않는다. 그것은 모든 어린이들에게 태어날 때부터 주어진 매우 은혜로운 은사이다.

이러한 결론은 다른 성경 말씀에 의해서도 충분히 지지된다. 예수님은 사람들에게 그의 멍에를 지고 그에게 배우라고 부르신다(마 11:29). 요한복음 17장에 있는 예수님의 매우 목회자적인 기도는 이러한 말씀을 포함하고 있다. "영생은 곧 유일하신 참 하나님과 그의 보내신 자 예수 그리스도를 아는 것이니이다"(요 17:3). 아마도 창조계 안에서 어떤 것을 아는 것은 궁극적으로는 창조주를 아는 것을 포함한다. 우리의 죄악됨 안에서 우리는 격렬하게 이러한 진리를 억누르고 있다. 그러나 그것은 실재를 변화시키지 않는다. 인생은 상층부의 영적인 수준과 하층부의 자연적 수준으로 분리되지 않는다. 인생은 천국으로 가는 철로 위에 있는 돔 지붕을 가진 2층 열차가 아니다. 인생은 총체적인 것이다. 인간 존재는 통합적이다. 우리는 동물의 몸에 구속되어 있는 이성적인 영혼으로서, 죽음에 의해 물리적 속박으로부터 자유로와지는 존재가 아니다. 우리는 총체적인 존재이며, 우리의 삶의 모든 측면들은 직접적이고 즉각적으로 우리를 창조하고 유지시키는 살아 계신 하나님과 관련되어 있다.

모든 진정한 학습은 하나님에 의해 가능할 뿐 아니라 동시에 하나님을 알기 위한 배움이다. 우리는 성경과 예수 그리스도의 인격을 통해 하나님을 아는 것을 배운다. 그러나 그리스도인은 자주 하나님이 그 자신을 우리에게 알리는 세 번째 방법이 있다는 것을 잊어버린다.

창세로부터 그의 보이지 아니하는 것들 곧 그의 영원하신 능력과 신성이 그 만드신 만물에 분명히 보여 알게 되나니 그러므로 저희가 핑계치 못할 것이니라(롬 1:20, 이탤릭은 저자에 의함).

우리가 성경과 구원의 주이신 예수 그리스도의 말씀을 통해서 하나님을 알 수 있는 것은 성령의 힘을 통해서이다. 그러나 만일 우리가 전적으로 창조계로부터 끌어낸 학교 공부를 마치 하나님과 아무 관계가 없는 것처럼 다룬다면 성령에게 어떠한 영광도 돌리지 않는 것이다. 학교 공부는 하나님이 그 자신을 우리에게 알림으로써 우리에게 자신을 주시는 방법이기에 의미를 가지고 있다. 만일 우리가 일상적인 것들을 거룩하지 않은 것으로 여기기를 고집한다면, 우리는 우리의 출생권을 거부하고 기꺼이 거지로 돌아다니는 것과 마찬가지이다. 나중에 우리는 학교의 교과목이 하나님을 드러내는 방식을 논의할 것이다. 지금은 우리가 교과목 안에서 그리고 그것을 통해 하나님을 알 수 있음을 단언하는 것으로 충분하다.

이것은 매우 파격적인 생각이므로 더 많은 설명이 필요할 것이다. 학교 교육 과정을 위한 자료를 공급하는 창조세계에 대한 공부를 통해서 하나님을 더 잘 알 수 있다는 것이 진정으로 가능한가? 우선 에덴 동산 안에 있는 아담에게 하나님이 동물들의 이름을 지으라고 요구하신 것을 생각해 보라. 이 사건에 대해 알렉산더 쉬메만(Alexander Schme-mann)은 이렇게 말한다.

지금, 성경에서 이름은 어떤 것을 다른 것과 구별하기 위한 수단 이상의 것이다. 이름은 사물의 본질, 혹은 하나님의 선물로서 그것의 본질을 드러낸다. 어떤 것의 이름을 부르는 것은 하나님이 그것에게 준 의미와 가치를 표현하는 것이며, 그것이 하나님으로부터 온 것임을 아는 것이며, 하나님에 의해 창조된 우주 안에서의 그것의 위치와 기능을 아는 것이다.

이름을 부르는 것은 다른 말로 그 행위 때문에 그리고 그 행위 안에서 하나님께 영광을 돌리는 것이다. 그리고 성경에서 하나님께 영광을 돌리는 것은 '종교'나 '예배'의 행위가 아니라 바로 삶의 방법이다. 하나님은 세상을 축복하셨고, 사람을 축복하셨고, 일곱 번째 날(즉 시간)을 축복하셨으며, 이것은 하나님이 그의 사랑과 선으로 존재하는 모든 것을 채우셨으며, '매우 좋게' 만드셨음을 의미한다. 그래서 오직 인간의 '자연적'(그리고 '초자연적'이 아닌) 반응은 하나님께 영광을 드리는 것이며, 하나님이 보듯이 세상을 보기 위해 하나님께 감사하는 것이며, 이러한 감사와 숭배의 행위 내에서 세상을 알고 이름 부르고 소유하는 것이다. 다른 피조물로부터 인간을 구별되게 하는 인간의 모든 이성적, 영적, 그리고 다른 특질들은 하나님께 영광을 돌리는 이러한 능력 안에서 그들의 초점과 궁극적인 충족을 가진다. 그의 인생을 구성하는 목마름과 배고픔의 의미를 아는 것이다(*For the Life of the World*, p. 15).

기독교 학교의 과업은 어린이들에게 동물의 이름을 부르는 것의 의미를 가르쳐야 한다는 것이다. 즉, 그것은 어린이들이 창조계 안에서 그리고 그것을 통해 하나님을 알도록 이끄는 것이다. 이것은 기독교 학교가 하나님에 관해 새롭고 신비로운 신학적인 개념을 전하는 것을 의미하지 않는다. 그리고 그것은 각 교과목 공부에서 도덕성을 가장 강조하는 것을 의미하지 않는다. 지식의 각 영역을 공부하는 것에는 윤리적인 측면이 있다. 윤리적인 측면은 적절한 시기에 제시될 필요가 있다. 그러나 이것이 최우선의 개념은 아니다. 하나님을 아는 것은 하나님과 관계하고 있음을 의미하며, 그 안에서 우리는 회개하며 믿고 순종한다. 그것은 하나님이 새롭고 놀라운 방법으로 우리와 함께 거하러 오심을 의미한다. 여기에서 창조된 세계에 대한 공부가 하나님과의 관계를 깊게 하는데 직접적이고도 강력하게 기여할 수 있으며, 그렇게 의도된 것임을 단언한다.

성경은 하나님을 아는 지식보다 더 중요한 것은 아무 것도 없다고 말한다. "영생은 유일하신 참 하나님과 그의 보내신 자 예수 그리스도를 아는 것이니이다"(요 17:3). 칼빈은 그의 저서 『기독교 강요』를 세상에 있는 가장 중요한 두 가지의 지식은 하나님의 지식과 우리 자신의 지식이라고 단언함으로써 시작한다. 그러나 그는 두 종류의 지식이 매우 밀접히 연관되어 있어서 어떤 것이 먼저 오는 것인지를 알기는 어렵다고 말하였다. 즉 하나님을 알지 못하면 우리는 우리가 누구인가를 알 수 없다. 그리고 만일 하나님을 알면 우리는 우리가 누구인지를 알 것이다. 이것은 심리학이 하나님을 아는 지식과 분리될 수 없다는 것을 의미한다. 그러나 인간은 하나님의 피조물의 절정이다. 그리고 피조물로서 우리에게 진리가 되는 것은 우리 아래에 있는 창조세계에도 진리가 된다. 창조세계를 통해 우리는 하나님을 알고 봉사할 수 있다. 만일 우리가 창조계를 이런 식으로 사용하지 못한다면 우리는 초점을 놓치고 있는 것이다.

그것은 교과목 공부에 영적인 중요성을 짐지우는 것인가? 이것은 학교 공부에 음침한 휘장을 드리우는 것인가? 물론 이것과는 거리가 멀다. 이것은 문을 열고 방으로 빛이 들어오도록 하는 것이다! 평범한 사실이 의미를 전달하는 것으로 여기는 것은 그것들을 성스런 빛으로 빛나게 하고 영혼 안의 마음의 양식으로 변형시키는 것이다. 우리가 주저하는 이유는 우리가 잘못된 현대적 인식으로 사고하고 있기 때문이다. 우리는 육의 마음으로 생각하고 있으며 성령의 마음으로 생각하고 있지 않다. 우리가 학습을 이러한 진실한 빛 안에서 보기 시작할 때 이것은 흥미를 잃는 것이 아니라 흥미를 얻는 것이다. 공부는 계시와 반응이 계속 오르내리는 양방향의 야곱의 사다리와 같다. 공부는 우리가 우리의 마음을 두어야 하는 천국에 있는 보물의 일부분이다.

초기 2세기 동안의 기독교 교회 역사 중에 있었던 가장 심각한 이단은 영지주의이다. 영지주의의 가장 나쁜 특징은 창조세계를 모욕하는 것이다. 영지주의자들은 물리적 세계를 더러운 것으로 여겼으며, 하나님과의 접촉으로부터 가능한 멀리 제거해야 될 것으로 여겼다. 오늘날 조금 변형된 형태이지만 우리는 그러한 이단의 부활을 보고 있다. 폴 브랜드(Paul Brand)와 필립 얀시(Philip Yancey)의 공저인 *Fearfully and Wonderfully Made*에서 얀시는 체스터톤(G. K. Chesterton)의 말을 인용한다. 그는 중세의 그리스도인들은 자연이 이방 종교와 신화로 더럽혀졌다고 생각했기 때문에 자연을 하나님의 자기 계시의 부분으로 보지 않았다고 한다. 그래서 그리스도인들은 하나님과 접할 수 있도록 꽃도 없는 사막과 별도 보이지 않는 동굴로 들어가야만 했다. 자연은 하나님과 분리되어 생각되었다. 얀시는 계속 말한다.

오늘날 비슷한 과정이 일어나고 있다. 창조된 세계는 그것의 성스러움을 잃어버렸다. 그리스도인들은 그것을 이방주의가 아니라 물리학, 지리학, 생물학, 화학에게 내주었다. 우리도 자연을 초자연적인 것으로부터 떼어내 버렸다(p. 10).

이 모든 것이 의미하는 것은 만일 하나님이 각 순간마다 그 과정에 즉각적으로 참여하지 않으신다면 우리 중 누구도 아무 것도 가르치거나 배울 수 없다는 것을 의미한다. 우리는 하나님 안에서 살고 움직이고 우리의 존재를 갖는다. 만일 하나님이 한순간이라도 자신의 말씀을 거두신다면 우리는 단순히 존재하기를 멈출 것이다. 유진 피터슨(Eugene Peterson)은 이렇게 표현하였다.

하나님의 말씀은 생성하게 하고, 시작하며, 모양을 만들고, 제공하며, 순서 짓고, 명령하며, 축복한다.

하나님의 말씀은 그로 인해 모든 것이 존재할 수 있는 창조적인 수단이다. 하나님의 말씀은 우리가 그 안에서 우리 자신을 발견할 수 있는 실재를 이룬다. 우리가 보고 느끼고 다루는 것, 즉 하늘과 바다, 대구와 명금, 무화과와 홍당무는 이 말씀에 의해서 생겨난다. 모든 것, 절대적으로 모든 것은 말씀으로 존재한다(Working the Angels, p. 33).

이것은 기독교 학교의 학생들과 교사 모두에게 풍부한 함의를 준다. 학생에게 있어서 다양한 교과목과 기술을 배운다는 것은 하나님과 교제하고 서로 교제할 수 있는 경험으로 나아갈 수 있음을 의미한다. 그 가능성은 깜짝 놀랄 정도로 너무나도 좋은 진실이다. 그것은 성령의 임재와 일하심을 새롭게 경험하는 것을 의미한다. 그것은 사랑, 기쁨, 평화, 상호간의 섬김과 세워줌을 포함한다. 그것은 학급에 새로운 감사의 경험을 소개한다. 그것과 함께 기도와 찬양의 새로운 경험이 오며, 그것들은 특별히 예배나 종교적 행위뿐 아니라 평범한 매일의 삶의 측면들이다.

평범한 학급을 운영하고 있는 우리에게 이것은 너무 이상적이라 가능하지 않을 것처럼 여겨진다. 이것은 새로운 교수기법에 의해 이루어질 수 있는 것은 아니다. 그것은 하루나 일주일 또는 일년 안에 일어나지 않는다. 그것을 가능케 하는 것은 성령의 조용한 역사이며, 교사와 학생이 함께 기도하고 새로운 방법으로 함께 일하기를 배움에 따라 천천히 이루어질 것이다. 비록 의심할 바 없이 그것이 학급에서 일어나는 학습의 종류들을 확장시키지만, 학생이 가지고 있는 은사를 충분히 이끌어 낸다는 목표를 버리는 것을 의미하는 것이 아니다. 그것은 각자가 자부심을 갖는 영성을 발달시키는 자기 의식적인 과정은 아닐 것이다. 그리고 그것은 학급의 교수-학습 과정을 기계적이며 조작적으로 변경시키는 것은 아니다. 예수님의 비유처럼 그것은 하나님과의 관계에서 더 많이 배우려고 하는 학생들에게는 하나님과 더 가까와지는 방법에 대한 힌트를 담고 있는 매력적인 이야기의 시리즈와 같을 것이다. 그것은 분명히 학습을 하면서 기도하고 상호간의 도움을 주고받는 것을 형식적이며 가끔 일어나는 연습 이상의 것으로 만들 것이다.

교사에게 주는 함의는 풍부하다. 교사는 그 자신이 하나님과 친밀한 관계를 유지하고 하나님을 신뢰하고 그에게 순종하면서 하나님을 알아가지 않는다면, 이러한 종류의 학급을 만들어가지 못할 것이다. 만일 교사가 가르침과 학습에서의 하나님의 역할을 기초로 삼지 않는다면 학생들이 그러한 방법으로 그들 자신을 보도록 이끌지 못할 것이다. 이것은 가르침을 인간 교사의 약함이 살아 있는 하나님과의 반복적인 접촉점이 되도록 하는 예언자의 임무가 되게 할 것이며, 그러할 때 하나님의 강함이 교사의 약함 안에서 완전해질 것이다. 그것은 교사가 그 전보다 더 기도와 믿음의 사람이 되어야만 한다는 것을 의미한다. 그러나 그것은 가능하다. 왜냐하면 하나님께서 힘을 주시겠다고 하는 약속이 항상 그가 약속한 방법으로 봉사하라고 하는 그의 명령과 함께 하기 때문이다.

만일 하나님이 인간의 가르침과 학습에서 일하시는 부분이 인식되어야만 한다면, 우리는 소위 세속적 교과목 연구를 살아 있는 하나님과의 교제로부터 분리시키려고 하는 습관을 포기해야만 한다. 우리는 우리의 마음을 변혁함으로 갱신을 추구해야 할 것이다. 그것은 우리에게 하나님 자신의 임재 안에서 그분의 축복을 받으며 풍부한 학습을 하도록 이끌 것이다. 그때 우리는 하나님을 그들의 생각 밖으로 내어버린 세상에서 더 효과적인 증인의 역할을 감당하기 시작할 것이다. 우리는 그 세상과 함께 생각과 행위를 타협하고 협력하면서 충분히 오래 살아 왔다. 우리는 이제 대안 의식을 기를 필요가 있다.

5장 기독교 학교에서의 찬양과 감사

우리는 기독교 학교 교육의 다양한 측면에서 근본적인 측면들을 생각해 왔다. 그러한 생각들은 현대 의식과 포스트모던 의식을 대조하고 성경적 기독교 의식을 대조시키는 것을 포함한다. 그 다음에 우리는 그리스도인이든 아니든 간에 가르침과 배움이 직접적으로 살아있는 하나님에게 의존하고 있다는 주제를 생각해보았다. 우리는 철저하게 세속적인 문화에서 생각하고, 우리의 교육 문제에 대한 답을 과학적이고 기술적인 발전에 의존하는 것에 익숙해 있으므로 앞의 장들은 지나치게 비현실적으로 혹은 이상적으로 보일지 모른다. 기독교 학교는 세속적인 학교와 어떻게 다르며, 또한 기독교 학교의 졸업생들이 어떻게 우리 문화에서 일하게 할 수 있을 것인가? 그 질문에 대한 답은 학교의 교사와 행정가와 후원자가 가진 기독교 교육의 비전에 직접적으로 의존하고 있다. 모세와 다니엘과 바울은 모두 지금의 대학 수준이었던 그 시대의 지적인 관점을 알고 있었으며, 동시에 그들의 동시대인들이 몰랐던 세상에 대해 많이 알고 있었다. 기독교 학교는 세속적인 학교와 매우 다를 수 있지만 동시에 그들의 학생을 교회와 문화 모두에 기여할 수 있도록 교육시킬 수 있다. 그것은 비전의 문제이다. 그러나 이 장에서 그 이상의 근본적인 면을 고려하는 것은 가치있을 것이다.

이상의 관점에서 만일 이러한 기독교 학교의 면모가 가능하다면 놀라울 것이다. 이것은 기도와 감사는 학교에서 진지하고 가치로운 일로서 여겨져야 한다는 주장이다. 기도와 감사는 아마도 모든 학교의 활동 중에서 가장 중요하고 하나님이 기뻐하시는 것이다. 이것은 교육 과정에 새로운 강의나 단원을 더하는 것을 의미하지 않는다. 그 주장은 학과 공부를 새로운 기반 위에 세우고, 학과 공부에 새로운 정신을 불어넣어야 한다고 말하는 것은 아니다. 이것은 오직 성령이 교사와 학생들의 마음에 역사하셔서 대안 의식을 발달시킬 때에만 일어날 수 있다.

찬양이 일(work)일 수가 있는가? 터무니 없는 생각이라고 생각할 것이다. 성경적인 찬양은 영적인 것과 동일시된다. 그것은 기도와 찬양, 명상과 메시지를 포함하지만 일과는 반대편에 있는 것으로 보일지 모른다. 일은 훨씬 가볍게 다루어진다. 일은 손톱 밑의 때 같이 지저분하게 여겨진다. 혹은 그것은 지적이며 어떠한 성공의 보장도 없다. 스트레스를 준다는 생각을 포함하고 있다. 그것은 확실히 하나님을 찬양하는 것으로부터 먼 것이다.

정말 그러한가? 만일 당신이 이사야가 선지자의 사명을 감당하고 있었을 때, 성전에 있던 천사들에게 바쁘게 어떤 가치 있는 일을 해야만 한다고 말했다면 그 천사들은 매우 성을 냈을 것이다. 당신은 천사의 날개 짓에 의해 멀리 던져졌을지도 모른다. 각 천사는 여섯 개의 날개를 가지고 있었다. "스랍들은 모셔 섰는데 각기 여섯 날개가 있어 그 둘로는 그 얼굴을 가리었고 그 둘로는 그 발을 가리었고 그 둘로는 날며 서로 창화하여 가로되 거룩하다 거룩하다 거룩하다 만군의 여호와여 그 영광이 온 땅에 충만하도다"(사 6: 2-3). 그들은 온전히 예배하고 하나님을 찬양하는 일에 몰두하고 있었다. 그것은 한 시간, 하루, 혹은 일년의 일이 아니었다. 하나님의 존재의 신비로움은 천사들에게까지도 알려지지 않았다. 어떠한 피조물도 하나님의 핵심의 깊이를 알 수 없을 것이다. 동시에 어떠한 일도 살아 있는 하나님을 알고 섬기고 찬양하며 감사하는 노력만큼 잘 사용되고 풍성하게 보상받는 것은 없다.

일이란 무엇인가?

분명히 신앙인들도 일을 하고 있음에도 불구하고 현대의 세속 정신은 일과 영성이 아무런 관계가 없는 것처럼 여긴다. 현대인에게 일은 우리가 주말에 휴식을 취하고 즐기기 위해 주중에 해야 하는 것이다. 삶의 진정한 목표는 즐거움이며, 일은 그것을 성취하기 위한 것이다. 소유물은 사람들에게 가장 중요한 것이며, 일은 우리의 소유물을 늘릴 수 있는 방법이다. 자연과 사람들을 통제할 수 있는 힘은 현대인에게 우선되는 또 다른 목표이며, 일은 우리의 힘을 증가시킬 수 있는 방법이다. 그러나 이 모든 것은 하나님이나 하나님을 찬양하는 것과 아무런 관계가 없다. 그래서 그리스도인들에게 시급한 일은 세상과 그들의 일을 지각하는 완전히 새로운 방식을 발달시키는 것이다. 육신의 생각은 찬양을 무한한 가치와 끝없는 보상을 가진 일로 받아들이지 못한다. 이것이 비그리스도인들이 자주 천국을 그저 하아프나 연주하고 노래하는 장소라고 심심풀이 삼아 말하는 이유이다. 그러한 생각은 일을 오직 창조세계로부터 끌어낸 기쁨, 소유물, 힘을 갖는 열쇠라고 생각하는 마음에는 호소력이 없다. 하나님은 그러한 마음과 전혀 교류하지 않으신다. 그리스도인들은 성령의 마음을 가지도록 부름받았다. 성령의 영향 아래에 있을 때 일과 찬양을 보는 관점은 매우 달라진다.

일과 찬양을 동일시하는데 있어서 우리의 문제는 일의 개념이 철저히 세속화되어 있어서 어떤 영적인 것도 일과 관련시킬 수 없다는 것이다. 이것은 현대 그리스도인의 사고에 있어서 극단적인 이원론을 보여준다. 성경은 이러한 문제를 가지고 있지 않다. 일은 에덴 동산에서의 타락 이전에 인간에게 부과된 것이므로, 비록 죄가 끝없이 복잡하게 했을지라도, 죄의 결과는 아니다. 출산과 청지기직(창 1:26-28)과 같은 인간의 일은 그 자체가 하나님께 드리는 경배와 봉사의 형태이다. 신약성경은 로마서 12장 1절과 2절에서 이러한 개념과 병행한다. "그러므로 형제들아 내가 하나님의 모든 자비하심으로 너희를 권하노니 너희 몸을 하나님이 기뻐하시는 거룩한 산 제사로 드리라. 이는 너희의 드릴 영적 예배니라." 우리는 우리의 몸으로 일을 한다. 분명히 우리의 (두뇌를 포함하여) 몸이 하는 일은 하나님께 예배드리고 찬양하고 있는 상태에 있는 것이다. 이러한 관점에서 시편과 요한계시록이 모든 구속된 인간의 활동이 하나님을 찬양하는 것이라고 한 이유를 알 수 있다. 개혁의 가장 큰 산물 중의 하나인 웨스트민스터 소요리 문답은 이러한 질문으로부터 시작한다. "무엇이 인간의 가장 중요한 목적인가?" 그 대답은 "인간의 가장 중요한 목적은 하나님께 영광을 드리고 그를 영원히 즐거워하는 것"이다. 우리는 찬양과 일을 연속선상의 양끝에 놓는 개념을 뒤집어야 할 필요가 있다. 찬양은 일이며 가장 좋은 일은 찬양이다.

 성경은 이러한 대안적인 노동관을 지지하는데 인색하지 않다. 위에서 언급한대로 이사야서 6장의 천사들은 하나님을 찬양하는 그들의 일에 몰두해 있었고 충만해 있었다. 천사들은 그것을 누가복음 2장 13절과 14절에서 다시 말한다. "홀연히 허다한 천군이 그 천사와 함께 있어 하나님을 찬송하여 가로되 지극히 높은 곳에서는 하나님께 영광이요 땅에서는 기뻐하심을 입은 사람들 중에 평화로다." 예수님도 일을 회피하지 않으셨다. 일은 그를 유지하였다. "예수께서 이르시되 나의 양식은 나를 보내신

이의 뜻을 행하며 그의 일을 온전히 이루는 이것이니라"(요 4:34). "… 내 아버지께서 이제까지 일하시니 나도 일한다 하시매"(요 5:17). 그는 또한 그의 제자들에게 일의 필요성을 가르치셨다. "때가 아직 낮이매 나를 보내신 이의 일을 우리가 하여야 하리라. 밤이 오리니 그때는 아무도 일할 수 없느니라"(요 9:4). 그러한 생각은 빌립보서 2장 12절과 13절에서 다시 나타난다. "… 두려움과 떨림으로 너희 구원을 이루라 너희 안에서 일하시는 이는 하나님이시니 자기의 기쁘신 뜻을 위하여 너희로 소원을 두고 행하게 하시나니." 또 다시 골로새서 1장 29절에는 "이를 위하여 나도 내 속에서 능력으로 역사하시는 이의 역사를 따라 힘을 다하여 수고하노라." 이러한 명령은 다음 말씀에서 보는 것처럼 "영적인" 일로 불릴지도 모르는 것에만 제한된 것은 아니다. "너희는 먹든지 마시든지 무슨 일을 하든지 하나님의 영광을 위하여 하라"(고전 10:31). "또 무엇을 하든지 말에나 일에나 다 주 예수의 이름으로 하고 그를 힘입어 하나님 아버지께 감사하라"(골 3:17). 우리가 일을 세속적인 일과 성스런 일로 나누는 것이 성경에 반대되는 것임을 깨닫게 됨에 따라 일에 대한 기독교적인 개념과 세속적인 개념이 반대되는 것임이 분명해진다.

일의 가치는 무엇인가?

현대인들에게 일은 자주 긍정적인 가치보다 부정적인 가치를 지닌다. 대부분의 사람들은 생활비를 벌기 위해 하는 일을 좋아하지 않는다. 현대인들이 일을 가치있게 여길 때라도 일에 대한 이해는 자신이 하고 있는 일에 의해서 자아가치가 향상된다거나 자신이 평가된다는 개념 이상의 것은 아니다. 이것은 내가 만난 어떤 주유소 주인이 내게 들려준 이야기를 설명하는 것이다. 그와 그의 부인은 은퇴하기 전에 지금 하고 있는 일과는 다른 여행이나 다른 활동들을 하기로 결정했다고 말하였다. 그가 그렇게 결정한 이유는 그의 많은 고객들이 은퇴한 직후 죽었기 때문이라는 것이다. 만일 우리가 하고 있는 일이 우리의 자아 개념을 떠받치는 모든 것이라면 일을 멈추는 것은 인생의 마지막에 다가가는 것일 것이다. 삶을 살 가치가 있게 하는 것은 일 이상의 것이다.

그리스도인들에게도 일은 자기 정체성과 관련되어 있지만 비그리스도인들과는 다른 식으로 관련되어 있다. 그리스도인들의 정체성은 하나님의 형상을 지닌 것에서 발견된다. 그리스도인들은 자신이 하는 일이 무엇이든지 간에 하나님에 대한 사랑의 섬김으로서 일을 하기 때문에 하나님의 형상을 지닌 자로서 하나님과 동일시된다. 그는 하나님으로부터 다음과 같은 칭찬을 듣는다. "잘했다, 착하고 충성된 종아." 그리고 "지극히 크고 영원한 영광의 중한 것을 우리에게 이루게 함이니"(고후 4:17). 일은 그리스도인들에게 가치로운 것이다. 왜냐하면 청지기적인 창조세계의 탐구와 경영이 하나님을 닮도록 자랄 수 있게 이끌기 때문이다. 그것은 가장 높은 찬양과 예배의 형태이다.

토마스 머튼(Thomas Merton)은 거짓 자아와 참자아에 대한 논의에서 두 종류의 일의 차이를 지적한다. 그는 거짓 자아의 실재의 근원은 충동과 욕구라고 제시한다. 그러므로 거짓 자아는 충동과 욕구의 노예가 된다. 거짓 자아는 자신의 욕구를 충족시키면 시킬수록 자신이 더 성숙했다고 생각한다. 거짓 자아는 죽음의 공포와 그 자신을 확인하려는 필요에 의해 이끌린다. 그 결과는 그가 만나는 모든 사물이나 사람들을 지배하거나 회유하려고 노력하는 것이다. 그리고 이러한 종류의 행위는 사회의 성격에 반영된다. 머튼의 참 자아의 개념은 거짓 자아의 개념과 매우 다르다. 참 자아는 어떤 사람이 되기 위해서 지배할 필요가 없다. 참자아는 매우 활동적이나, 참자아의 활동은 거짓 자아의 활동과는 다르다.

그 차이는 그 행위가 사랑에 의해 동기가 유발된다는 것이다. 그러므로 참자아의 삶은 자유롭다. 참자아는 그 자신을 객체로서의 세상 위에 군림하려고 하지도 않고, 세상과 적대하여 확인하지 않으며 세상을 소유하려고 하지도 않는다. 참자아는 세상을 사랑이신 하나님의 임재의 살아있는 표현으로 이해한다(*Thomas Merton and the Education of the Whole Person*, p. 325-40).

머튼이 여기에서 말하고자 하는 것은 하나님과 이웃을 사랑하라는 가장 큰 계명에 순종하는 자아에 대한 정의이다. 그것은 현대의 서구 문화의 개인적이고 소비자 지향적인 인간의 특질과는 근본적으로 맞지 않는 개념이다. 이것은 대안 의식이 필요함을 제안한다.

머튼은 교육이 진실한 자아의 발달에 기여해야 한다고 주장하면서 거짓 자아와 참자아의 차이점을 교육에 적용한다. 그러나 만일 교육이 단순히 사실이라는 지식을 제공한다면 이것을 이룰 수 없다. 그러한 지식은 수용자에게 어떤 인격적인 참여를 요구하지 않는다. 그것은 차갑고 생명력이 없는 것이다. 그것은 인간 자신의 진실한 자아를 인식하도록 이끌지 않는다. 그것은 자아가 삶을 주는 근원, 즉 창조세계에서 자신을 드러내고 있는 창조주를 만날 때만 일어난다. "참된 자아인식은 그 자아와 삶에서 창조적이며 생명을 주는 사건, 즉 근원적 만남을 주는 사건이다" (Ibid., p. 41). 머튼이 말하는 것은 칼빈이 두 가지 가장 중요한 지식은 하나님의 지식과 자신의 지식이며 그 둘은 매우 밀접히 관련되어 있어서 어떤 것이 먼저 오는지를 말하는 것이 어렵다고 주장한 것과 일치한다. 문제는 우리가 학교 교육을 우선적으로 참 자아에 대한 지식의 발달과 관련된 것으로 생각하지 않는다는 점이다. 이것은 학교 학습을 창조세계 안에서 그리고 창조세계를 통해서 살아 계신 하나님을 대면하고 그의 형상대로 자라는 곳이라고 우리가 생각하지 않았기 때문이다. 머튼이 말하는 자기 발견 혹은 자기 인식을 목표로 하는 기독교 학교를 성취하기 위해서는 찬양과 감사가 학교 경험의 일부분이 될 필요가 있다.

찬양, 감사, 그리고 기도

찬양과 기도를 일로서 따로 논의하기 전에, 기도 안에서 그들 상호간의 협조를 고려하는 것이 좋겠다. 그러기 위해서 우리는 기도에 대한 우리의 개념을 다시 생각할 필요가 있다. 우리는 자주 기도를 우리의 필요를 충족시키기 위해 하나님께 가지고 가는 쇼핑 목록처럼 여기는 경향이 있다. 이것은 간구의 기도이다. 그러나 다른 종류의 기도도 있다. 기도는 회개, 중보, 경배, 찬미, 믿음의 표현, 명상일 수 있다. 기도는 사실상 삶의 방법이다. 헨리 나우웬(Henri Nouwen)은 『영적 발돋음』(*Reaching Out*)에서 하나님과의 관계 안에서 그리스도인의 삶으로 나아감을 환영(illusion)으로부터 기도로 옮겨가는 것으로 묘사한다(pp. 80 ff). 성령의 인도와 능력으로부터 멀어진 인간 삶의 많은 부분이 과거와 미래와 현재에 대한 환영적인 사고로 소비되고 있다. 우리가 하나님과 구속된 우정의 관계로 들어가게 될 때, 삶은 하나님과 지속되는 우정이 된다. 그 우정은 쉬지 않고 기도하라는 신약 성경의 명령을 완성한다. 이것은 우리가 항상 말로 기도를 하고 있으라는 것을 의미하지 않는다. 그것은 삶이 하나님과의 교제 안으로 들어가야 한다는 것을 의미한다. 기도는 구어적인 표현 없이도 일어날 수 있다. 찬양과 감사는 이러한 기도 생활에서 중요한 요소이다.

루이스(C. S. Lewis)는 이러한 종류의 기도의 예를 제공한다. 예배 혹은 숭배로서 기도를 논하면서 그러한 기도를 어느 장소에 있을 때 시작해야 하는지에 대한 친구의 제안을 언급한다. 그의 친구는 그의 땀난 손과 얼굴을 작은 폭포에 닦을 때의 기쁨을 언급하고 있다.

> 그 부드러운 이끼, 그 차가움, 그리고 소리와 반짝거리는 빛은 '은혜의 풍부함'과 '영광에 대한 소망'과 비교하면 의심할 바 없이 매우 작은 은혜이다. 그러나 그때 그것은 일목요연하게 되었다. 그것들에 관한 한, 광경이 믿음을 대신하였다. 그들은 영광의 소망이 아니라 영광 그 자체를 보여주었다.
> 그러나 당신은 나에게 '자연'이나 '자연의 아름다움'이 영광을 분명히 해 준다고 말하고 있지 않았다. '자연'이 영광 안으로 들어오는 것도 아니다. 영광이 우리의 감각을 건드릴 때, 기쁨은 영광의 끝채라는 훨씬 더 비밀한 교리를 나는 배우고 있었다. 기쁨이 우리의 의지나 이해에 영향을 줄 때, 우리는 기쁨을 선이나 진리 혹은 좋아하는 것 등과 같은 다른 이름으로 부른다. 그러나 우리의 감각과 기분에 비취는 빛은 기쁨이다(*Letters to Malcolm, Chiefly on Prayer*, p. 90).

루이스는 어떻게 모든 기쁨을 찬미의 통로로 만들려고 노력하는지를 말하면서 논의를 계속한다. 그는 단순히 그 경험에 감사를 드리는 것이 아니라 무엇인가를 더 말하고 있다. 그는 찬양과 감사가 그것을 표현하는 말 없이도 기도의 형태가 될 수 있는 방법을 묘사하고 있다.

> 기쁨을 '갖는 것' 뿐만이 아니라 '읽는 것'도 가능하다. 혹은 '… 뿐만 아니라 … 도' 조차도 아니다. 그 구별은 불가능해야만 하며 때때로 그러하다. 그것을 수용하고 그것의 성스런 근원을 인식하는 것은 하나의 경험이다. 이

러한 천상의 열매는 그것이 자랐던 과수원의 즉각적인 향기이다. 이러한 달콤한 공기는 그것이 불어오는 시골에 대해 속살거리며 말한다. 그것은 메시지이다. 우리는 영원한 기쁨이 있는 오른손에 의해 건드려지고 있음을 안다. 감사와 찬양에 대한 질문이 분리된 사건일 필요는 없다. 신의 현현을 경험하는 것은 그 자체가 찬미하는 것이다(Ibid., p. 91).

일은 찬양이 될 수 있으며 찬양은 일이 될 수 있는가?

그 대답은 명백히 그렇다이다. 그러나 이것을 인정하기 위해서는 변화된 관점을 필요로 한다. 우리가 일을 세속적인 관점으로 생각하는 한 죄의 저주는 일을 기껏해야 피곤한 것, 가장 나쁘게는 의미없는 것으로 제한시켜 버렸다. 우리가 일을 찬양과 동일시하기 시작하는 것은 골로새서 3장 17절과 같은 말씀의 관점에서이다. "또 무엇을 하든지 말이나 일에나 다 주 예수의 이름으로 하고 그를 힘입어 하나님 아버지께 감사하라." 예수는 그의 일을 하나님의 일과 동일시했으며, 그가 하는 모든 것은 아버지께 드리는 찬양이었다(요 5:17). 우리도 같은 일을 해야 한다. 만일 우리가 하는 모든 것이 예수의 이름으로 하는 것이라면, 그것은 하나님께 드리는 찬양과 그에게 향하는 예배이다.

사실, 찬양은 가장 지고한 형태의 일이다. 현대인들은 일을 생계를 위한 직업(vocation) 정도로 여긴다. 그러나 "직업"의 어원은 라틴어로 "소명"(calling)이다. 우리의 소명은 온몸을 가지고 하나님을 찬양하는 것이다. 찬양은 단순히 고개를 숙이거나 무릎을 꿇는 문제가 아니다. 찬양은 단순한 언어 행위 이상의 노동이다. 찬양은 인생의 진실한 목표이다. 찬양은 우리를 지치게 하지 않고 원기를 준다. 그러나 우리는 로마서 12장

1절과 2절에서 말하는 새로운 마음과 함께 오는 변화의 경험을 가질 때까지 찬양을 이러한 방식으로 보지 않을 것이다. 찬양의 일은 영생의 일부이다. 그것은 육체의 죽음으로 끝나지 않으며 영원히 지속한다. 우리 앞 저기 밖에 놓여있는 하나님에 관한 지식을 다 꺼내는 것이 아니다. 초기 기독교의 교부들이 지적하였듯이 우리는 하나님의 본질 안에서 하나님을 알 수 없다. 우리는 하나님의 행위 안에서 그를 안다. 그리고 하나님의 본질을 완전히 알지 못해도 우리는 영원토록 계속 그에 대해 더 많이 배울 수 있을 것이다.

일로서의 감사

시편 100편 4절과 5절은 찬양과 감사를 연결한다. "감사함으로 그 문에 들어가며 찬송함으로 그 궁정에 들어가서 그에게 감사하며 그 이름을 송축할지어다. 대저 여호와는 선하시니 그 인자하심이 영원하고 그 성실하심이 대대에 미치리로다."

히브리서 13장 15절과 16절은 시편과 병행한다. "이러므로 우리가 예수로 말미암아 항상 찬미의 제사를 하나님께 드리자. 이는 그 이름을 증거하는 입술의 열매니라. 오직 선을 행함과 서로 나눠주기를 잊지 말라. 이같은 제사는 하나님이 기뻐하시느니라."

감사의 결정적인 중요성은 로마서의 첫 장에서 나타난다. "하나님을 알되 하나님으로 영화롭게도 아니하며 감사치도 아니하고 오히려 그 생각이 허망하여지며 미련한 마음이 어두워졌나니"라는 말씀에 이어 끔찍한 죄악성의 목록이 나온다. 감사함이 없는 것은 산비탈 아래로 눈사태를 촉진하는 눈 덩어리의 첫 번째 작은 조각과 같다. 감사의 시급함은 빌립보서 4장 6절과 7절에서 반복된다. "아무것도 염려치 말고 오직 모든 일에 기도와 간구로 너희 구할 것을 감사함으로 하나님께 아뢰라. 그리하면 모든 지각에 뛰어난 하나님의 평강이 그리스도 예수 안에서 너희 마음과 생각을 지키시리라." 그것은 골로새서 2장 6절과 7절에서 다시 강조된다. "그러므로 너희가 그리스도 예수를 주로 받았으니 그 안에서 행하되 그 안에 뿌리를 박으며 세움을 입어 교훈을 받은 대로 믿음에 굳게 서서 감사함을 넘치게 하라." 감사는 그리스도인의 삶과 일에서 지극히 중요한 요소이다.

이것이 어떻게 기독교 학교와 관련되는가?

기독교 학교와 세속 학교의 교육과정은 전적으로 창조세계로 이루어져 있다. 그러나 하나님은 그가 주무시고 계시는 동안에 창조계가 존재하도록 숨을 불어넣거나 뚜렷한 목적도 없이 그것을 만들지 않으셨다. 성경은 우리에게 하나님이 그 자신을 우리에게 계시하시려는 특별한 목적으로 창조계를 만드셨다고 말한다(롬 1:20; 시 8:1; 19:1-6; 욥 42:5-6). 성경은 또한 우리에게 하나님이 세계를 창조하시고 계속 붙들고 계셔서 그것을 통해 우리가 하나님과 사랑의 관계 안에서 하나님을 섬기고 교제할 수 있게 하였다고 말한다. 창조세계의 이 두 가지 목적은 오늘날의 교회가 거의 다 잊고 있는 것이다. 그래서 일은 우리에게 세속적인 것이 되었다.

만일 창조세계가 하나님의 계시이고 그에게 반응하는 통로가 된다면, 우리가 그것을 연구하는 것과 그것을 사용하는 것이 어떻게 하나님께 영광드리고 찬양하고 감사드리는 방법 이외의 것이 될 수 있을까? 그러나 창조계를 연구하고 사용하는 것은 지식과 기술로서 여겨진다. 이것은 어떤 사람의 견해에서건 교육의 중심이 되어왔다. 만일 하나님의 지식이 영생(요 17:3)이고 기독교 학교가 하나님을 계시하는 창조계에 관심을 둔다면, 공부하는 일은 성령의 인도를 받을 때 예배와 봉사와 찬양으로 전환될 수밖에 없다. 우리는 여기 교실에서부터 미래에 다가올 세상에서도 계속할 일을 시작할 수 있다. 그때 우리에게 도래할 삶의 한 부분으로 여겨지는 찬양은 오늘날의 기독교 학교의 경험으로 시작될 수 있다. 이것은 사실상 학교에서 a-b-c를 공부하는 평범한 일과 같은 것에 매우 높은 가치를 둔다. 그리고 그것은 하나님을 아는 것과 하나님과 함께 동행하는 교사를 요구한다. 이미 그것을 배운 교사들에 의해 인도될 때 학생들은 매일의 학교 공부 안에서 하나님께 봉사하고 예배하고 찬양하는 것을 배울 것이다. 그때 기독교 학교는 그 존재의 목적대로 행하는 기관이 될 것이며, 그 졸업생들은 세상에서 그들의 삶과 말로 더 적극적인 증인이 될 수 있도록 준비될 것이다. 그들의 공부에서 하나님을 찬양하는 것은 공부를 단조롭고 고된 일로부터 기쁜 일로 바꿀 것이다. 이것은 우리의 학교가 진정한 기독교 학교가 되기 위해 필요한 중요한 비전의 일부분이다.

II부

기독교 철학의 기초

6장 기독교 철학

몇 년 전 아내와 나는 건축 초기 단계에 있던 별장의 구조를 염려스럽게 살펴 본 적이 있었다. 기초 없이 언덕 위에 세워진 그 집은 몇 개의 기둥들과 받침들에 의해 지탱되고 있었다. 십자형의 버팀목도 최소한의 것이었고, 전체적인 모양은 특히 위험스럽게 보였다. 시 건축 담당 감독관의 생각도 우리와 같았으며, 얼마 되지 않아서 "공사 중지"라는 빨간 표시가 건물 위에 걸리게 되었다. 마침내 건물 전체가 철거되었고, 그 자리에는 건축물 규정을 만족시킨 조립식 건물이 세워졌다.

위의 예가 제시하듯이, 건축 재료로 만들어졌든지 아니면 눈에 보이지 않는 사상들로 만들어졌든지 간에, 기초란 건축 프로젝트(건물이나 사상 체계 등을 세우는 작업: 편집자 주)에 있어서 매우 중요하다. 다른 경우와 마찬가지로 기독교 학교의 경우에도 이것은 진리이다. 그렇다면 학교를 위해서는 어떤 종류의 기초가 필요한가라는 질문이 곧 바로 제기된다.

가장 간단하게 말해서, 이 질문에 대한 대답은 "세계관"이다. 교과 과정의 선정, 교수 방법, 인간적·행정적 결정, 운영자의 통제와 지시 등의 문제들은 모두 설립자의 세계관에 의해 대답되어질 것이다.

그러나 학교와 관련해서 세계관이 중요하게 생각되는 경우란 거의 없다. 그 이유는 어떤 사회에서든 세계관은 무의식적으로 형성되기 때문이다. 각 사람은 주어진 공간과 역사적인 여건 속에서 사회를 유지하기 위해서 기본적인 일들을 어떻게 수행할지를 알고 있다고 생각한다. 오늘날 그리스도인들은 기독교 학교를 어떻게 시작하고 운영해야 하는지를 안다고 생각한다. 교과목에 대해서 생각할 때 어느 정도가 성경이 아닌 현대 사회로부터 나왔는지를 그들은 거의 인식하지 못한다. 그러나 세계관은 공동체의 모든 발달에 영향을 미친다. 앞에서 일본인과 캐나다인의 아기 목욕법의 차이에 대해 지적한 바가 있다. 그리고 이것은 두 사회의 다른 세계관을 반영해 준다는 것을 살펴보았다. 이 저자들은 북부 캐나다 인디언들과 남쪽 백인 캐나다인들이 각기 다르게 생각하는 토지 소유권 문제를 계속해서 지적한다. 미국에 살고 있는 사람들과 마찬가지로 남부 캐나다인들은 땅 소유권이란 사적이고 개인적인 소유의 문제로 생각한다. 그러나 인디언들은 전적으로 다른 견해를 갖고 있다. 그들은 개인적으로 땅을 소유하거나 파는 것을 믿지 않는다. "땅은 우리의 어머니이다. 너는 너의 어머니를 팔아 먹느냐?" 이처럼 세계관이란 매우 파급적이고 능력이 있다.

　세계관이란 일반적으로 의식 수준 아래에 있기 때문에 기독교 학교의 설립 기초는 기독교적 철학이어야만 한다는 주장을 보다 분명히 해야 할 필요가 있다. 어떤 기본적인 세계관이 의식의 밝은 빛 안에서 가르쳐지고 또한 그것이 일련의 개념들 속에서 논리적으로 작용하게 되면서 만들어지는 것이 철학이다. 기독교적 철학에 대한 연구가 성경적으로 정당성이 있는가의 여부에 대한 질문은 나중에 살펴 볼 것이다. 그러나 어떤 기독교적 철학이 존재할 수 있으며, 그것은 기독교 교육 프로그램의 세부적인 면을 형성하는 기초를 제공할 수 있다는 입장을 잠정적으로 받아들이도록 하자. 그러나 우리는 먼저 20세기 서양 철학 발달의 역사적인 배경과 기독교 세계관이 그 역사 가운데 겪었던 문제들을 살펴 볼 필요가 있다.

기독교 세계관의 상실

　바벨탑 사건 이후 인간이 하나님의 말씀을 순종하지 않을 때, 하나님께서는 인간이 삶과 세계에 대한 통일된 견해를 가지는 것을 허락하지 않으셨다. 예를 들면 그리스인들은 통합된 세계관을 가질 수가 없었다. 그들은 실재에 대해서 이원론적인 견해를 갖고 있었다. 그들은 물질의 세계는 그 뒤에 놓여 있는 보이지 않는 이상의 세계보다 덜 중요하다고 생각했다. 나무들, 집들, 의자들, 침대들 같은 물질적인 것들, 심지어는 인간의 육체까지도 영원한 것이 아니기 때문에 상대적으로 중요하지 않았다. 물질 세계 뒤에는 영원한 이상의 영역이 놓여 있고, 물질적인 것들은 영원한 이상의 영역을 단지 일시적으로 유형화시킨 것에 지나지 않았다. 이러한 생각은 그리스인들로 하여금 인간의 이성은 사람 가운데 있는 신적인 요소이며, 인간의 마음은 육체에 갇히지 않는 자유로운 것이라는 결론에 이르도록 했다. 실재에 대한 이러한 이원론적 접근은 형상/질료라는 견해로 알려진다. 이러한 사상은 고대 그리스의 두 가지 종교에서 보여지는데, 그것은 땅의 어머니(Earth Mother)라는 어두운 자연 종교와 올림피아의 신들에 관한 좀더 이상적인 종교이다. 자연 종교는 이원론적 접근의 질료 측면에서 나타나는 표현이다. 인간의 몸은 "어머니 자연"(Mother Nature)의 정점에 서 있다가 죽음을 통해서 어머니 자연에게 되돌아가게 된다(결국 어머니 머리 위에 서 있다는 생각은 별로 좋은 생각이 아니다). 영원한 이데아의 측면은 이원론적인 관점의 형상 측면과 연결되어 있다. 그리스인들은 실재의 두 차원이 어떻게 효과적으로 서로 연관되는지를 결코 밝혀 낼 수 없었다. 몸은 네모난 원자들로 구성되어 있고, 영혼이나 이성은 둥근 원자들로 구성되어 있다고 그들은 생각했다. 사람이 죽을 때, 육체가 그것이 왔던 곳에서 땅으로 되돌아가는데 반해, 그 네모난 원자들은 연결 부위로부터 분리되어 영원한 이데아의 영역으로 되돌아간다고 보았다. 이처럼 그리스인들은 전체 실재에 대한 어떤 통합된 개념에 도달할 수 없었다.

물론 히브리인들은 전혀 다른 견해를 가지고 있었다. 그들은 일상 세계 속에서 활동할 뿐만 아니라 그것을 초월하여 살아 계신 한 하나님을 믿었다. 또한 그들은 인간은 하나님께 범죄했다는 것과 그럼에도 하나님은 그의 피조물을 위해 구원의 계획을 마련하고 계신다고 믿었다. 예수 그리스도의 삶, 죽음, 그리고 부활과 더불어 기독교적 세계관의 구성 요소인 창조, 타락, 구속은 신약의 교회가 철학을 정교하게 인식하고 산출해 내는데 있어서 충분하고도 필요 불가결한 것이 되었다.

처음 3세기 동안 교회는 그들의 생존을 위해 한편으로는 영지주의라는 이단에 대항해서, 다른 한쪽으로는 로마 제국의 종교에 대항해서 싸워야만 했다. 초기에 교육받은 그리스도인들의 수는 얼마 되지 않았지만, 학자의 신분으로서 그리스도에게로 온 그들은 당시 널리 유행하던 그리스 철학들의 용어로 사색하였으며, 성경의 계시와 이방의 철학들과 조화를 시도하는 경향을 지니고 있었다. 예를 들면 대교부였던 성 어거스틴은 플라톤의 이론에 깊이 영향을 받았으며, 그 이론은 플로티누스(Plotinus)의 저술들을 통해 어거스틴에게 영향을 주었다. 그래서, 예를 들자면, 어거스틴은 몸과 육체적인 노동을 경시하는 견해를 전개시켰으며, 성관계를 전혀 경건하지 않은 하찮은 것으로 여겼다.

세월이 지나면서, 이와같은 이원론적인 견해는 기독교 신학에 점점 더 확고하게 고착되었다. 이것은 스콜라주의라고 알려진 것이다. 의학과 법학을 위해 대학이 서유럽에 세워진 13세기에 사고의 유형 가운데서 하나의 새로운 위기가 생겨났다. 이때 플라톤보다 훨씬 더 경험주의적인 아리스토텔레스의 작품들이 아라비아의 학문 공동체에 의해서 유럽에 전해졌다. 아리스토텔레스의 견해로 사고할 수 있는가에 대한 기독교 사상가들의 의문은 파리 대학의 아퀴나스에 의해 해결되었다. 아퀴나스는 수학, 과학, 정치학과 같은 일반 영역에서는 아리스토텔레스를 따를 수 있지만 구원, 천국, 지옥과 같은 영적인 상위 영역에서는 따를 수 없다고 주장했다. 그래서 아퀴나스는 실재를 자연적인 영역과 초자연적 또는 은혜의 영역으로 나누었다. 가톨릭 신학은 인간 이성은 타락에 의해 손상되지 않았으며, 단지 인간의 의지만 손상을 입게 되었고, 그 결과 아담과 하와가 무죄 상태에서 받았던 특별 은총을 잃어버렸다고 주장했다. 따라서 아퀴나스는 실재를 자연과 은혜의 영역으로 나누었다. 자연이라는 저급한 영역에서 사람이 필요로 하는 것은 논리적인 사고였다. 가톨릭 신자이든, 유대인이든, 무슬림이든 또는 심지어 무신론자일지라도 논리적인 사고를 가질 수 있다. 은혜라는 상위 영역에서는 단지 성경과 예수 그리고 교회만이 필요할 뿐이다. 이리하여 중세 역사는 서유럽으로 하여금 이원론적인 견해를 갖게 만들었다. 토미즘(아퀴나스의 사상)으로부터 벗어나서 은혜 중심과 성경 중심이라는 통합된 견해를 주장했던 종교개혁조차도 교회를 이러한 이원론으로부터 해방시키지 못했다. 루터 학파를 만든 멜랑히톤(Melanchton)이나 칼빈 학파를 만든 베자(Beza) 등의 사람들조차도 아퀴나스의 철학과 스콜라주의에 근거해서 그 학파를 세웠다. 초기 미국 대학들의 기록들은 이러한 사고 유형의 지속성을 보여 주고 있다.

계몽주의와 과학 혁명이 서구 세계를 휩쓸면서 은혜라고 하는 상위 영역에 대한 관심은 약화되어 갔다. 비록 초기의 많은 과학자들이 개인적으로는 그리스도인들이었지만, 이성주의가 지배적인 세계관이 되어 버렸고, 학문 세계는 점차 종교로부터 멀어졌다. 프란시스 쉐퍼(Francis Schaeffer)는 자연이 은혜를 삼켜 버렸다고 말한다. 이러한 전개는 지식 통합에의 길을 열어 놓은 것처럼 보일지도 모른다. 그러나 하나님은 그렇게 쉽게 속아넘어갈 분이 아니다. 서구 사회에서 사고의 두 축이 발달되었다. 하나는 과학의 축으로서, 그것은 물질 세계를 아주 성공적으로 다루었고, 모든 실재를 이해하는 열쇠로서 간주되었다. 그러나 이것은 인간은 단지 고등 동물일 뿐이라는 결론을 낳았다. 많은 비그리스도인 사상가들도 이러한 결론을 거부했으며, 그들은 세계를 이해하는 열쇠로서 인간의 자율적인 인격의 축이라는 것을 개발하였다. 이 두 축은 서로 배타적이었다. 동시에 둘을 고수할 수는 없었다. 두 흐름들을 다 포함하는 어떤 통합된 견해를 통해서 그들 사이의 긴장을 제거할 만한 입장은 없어 보인다. 현재 서구 세계는 자연과 자유라는 관점으로 짐을 분담하는 것처럼 보이지만, 그 둘은 통합될 수 없다.

18세기 초, 계몽주의의 시작과 더불어 인간 이성의 능력을 깊이 확신하는 시대가 서구 사회를 장악하였다. 이러한 경향은 2세기 가량 지속되다가 낭만주의의 생성에 의해서 어느 정도 저지되었다. 이성주의의 두 세기는 자연과 자유라는 현대 이원론의 발달을 가져왔지만, 형이상학이나 실재에 대해 통합된 개념을 가지려던 현대 철학자들에 의해 궁극적으로 포기되고 말았다. 이로 인하여 쉐퍼는 20세기 중엽에는 보다 진정한 철학이 전문적인 철학자들 사이에서보다는 시인과 성악가들 사이에 행해지고 있다고 말하게 되었다. 그래서 20세기는 비합리적인 세기로 알려지는데, 이것은 철학자들이 더 이상 논리적으로 생각하지 않기 때문이 아니라 그들의 관심 분야가 형이상학에서 인식론과 가치론으로 옮겨졌기 때문이다.

인식론의 분야에서 가장 중요한 인물 중 한 사람은 존 듀이(John Dewey)이다. 그의 중요한 공헌 가운데 하나는 진리란 실재의 '저 편'에 존재하는 것이 아니라 사상가들이 과학적인 방법을 사용함으로써 얻어진 개념들로 구성되어 있다는 것이다. 이러한 개념은 항상 새로운 과학적 발전에 의해 재조명되어야 할 주제이기 때문에, 진리는 전적으로 상호작용적이며, 따라서 절대적인 존재가 아니라는 것이다. 가치론의 분야에서 중요한 변화는 실존주의에서 일어났다. 실존주의는 인간이란 그들 자신의 가치를 수립해야 하도록 운명 지워졌다고 주장한다. 문제는 그들이 확신하고 있는 가치가 실제로 가치 있는지를 알 수 있는 방법을 모른다는 것이다. 결국 모든 인간은 죽음을 경험하게 되고, 이것은 모든 인간사는 어쨌든 하나의 어설픈 웃음거리임을 시사한다.

이 세기에는 절대적인 것으로서의 진리와 가치에 대한 개념은 이미 심하게 손상되었기 때문에 더 이상 두 주제에 대한 유력한 공감대란 존재하지 않는다. 21세기에 들어서면서 포스트모더니즘의 강력한 영향력은 서구 사상계를 휩쓸고 있다. 이것은 절대적인 진리나 가치를 부정할 뿐만 아니라 인간의 인격 자체가 독립적 존재라는 확신을 무너뜨리고 있다.

기독교회는 이러한 발달에 대해서 바르게 대처해 오지 못했다. 바르트(Barth)와 같은 유능한 신학자들도 거의 대처를 못하였고, 심지어 바르트는 철학을 다루는데 있어서 매우 심각한 문제를 안고 있었다. 그리스도인 철학자들은 소수였고, 또한 세속 사상의 흐름에 도전하기 위해 통합되고 규모가 큰 개신교 기독교 철학이 나타나지 않았다. 대부분의 개신교와 카톨릭 학자들은 신스콜라주의(neoscholaticism)나 신토마스주의(neo-Thomism)를 따르고 있다. 이것은 은혜/자연 관점의 현대화된 형태이다. 신토마스주의는 현대의 세속 사상의 형태를 효과적으로 맞설 수 없는 아킬레스건을 갖고 있다. 신토마스주의에 따르면, 은혜/자연 관점 가운데서 은혜 측면만이 성경과 성령 그리고 예수를 필요로 한다. 자연의 측면은 단순히 명확하고 논리적인 마음만을 필요로 한다. 이 논리적인 마음은 초기에는 신 존재 증명이라는 논리 논쟁을 정당화하기 위해서 지지되었다. 그러나 계몽주의는 이성주의를 강조하여, 신을 사실이라는 논증 가능한 공공의 영역에서 개인적 가치의 영역으로 밀어내 버렸다.

신의 존재를 증명하기 위한 주장들은 현대 정신에 있어서 그리 중요하지 않다. 놀이터는 고르지 않게 마련이다. 모든 인간은 어떤 형태로든 중립적인 상식이나 이성을 갖고 있으며, 그것은 그들로 하여금 하나님과 관계 없이도 세상을 이해할 수 있다고 하는 가정을 만들어 냈다. 이러한 가정은 에덴 동산에서의 인간의 타락이 그들의 이성뿐 아니라 다른 모든 것에 영향을 미쳤다고 하는 성경의 계시를 손상시킨다. 이성은 항상 참 하나님이거나 아니면 어떤 우상에 대한 깊은 신앙적 신뢰에 근거하고 있다. 이와같은 일반적인 관점을 설명하는데 있어서 그리스도인들은 그것이 시작되기도 전에 철학적인 게임을 포기하였다. 분명한 기독교 철학을 위한 외로운 외침은 로이 클라우저(Roy Clouser)의 *The Myth of Religious Neutrality*라는 최근의 책에서 발견된다.

기독교 철학 추구의 정당성

많은 그리스도인들에게 있어서 이 제목은 용어에 있어서 모순처럼 보일 것이다. 많은 기독교 대학과 대학교들이 철학을 분명히 세속적인 과목으로서 가르쳤다. 이것은 인간의 논리라는 수단으로 세상을 이해하려는 인간의 노력에 대한 연구이다. 그러나 이것은 물샐 틈 없는 장벽에 의해 기독교로부터 차단되어 버렸다. 계시된 진리와 같은 개념들을 그렇게 소개하려는 것이 잘못되었다. 이러한 관점에서 볼 때, 지식의 근원으로서 신앙에 대한 고찰, 그리고 창조·타락·구속과 같은 성경적 개념들에 대한 고찰은 신학에 속하지 철학에 속하는 것은 아니기 때문에 정당화 되지 않는다. 학문이 지적이라면 신앙은 인격적이며, 그것은 키플링(Kipling; 영국의 시인이며 소설가(1865-1936) — 편집자 주)의 동과 서와 같이 "둘은 결코 만날 수 없는" 것이다.

성경 자체는 기독교 철학을 서술하기 위한 어떤 시도도 금한다고 생각하는 그리스도인들이 분명히 있다. "누가 철학과 헛된 속임수로 너희를 노략할까 주의하라 이것이 사람의 유전과 세상의 초등 학문을 좇음이요 그리스도를 좇음이 아니니라"(골 2:8). 이 말씀은 그리스도인들은 철학적 사색으로부터 떨어져 있으라고 하는 경고의 메시지인가? 아니다. 그렇지 않다. 마지막 구절의 "그리스도를 좇음"을 주의깊게 살펴 보라. 이것은 그리스도를 좇는 철학이 있음을 암시한다. 골로새서 2장 3절을 보라. 모든 지혜와 지식의 보고가 그리스도 안에 감추어져 있지 않은가? 금지된 것은 "불의로 진리를 억압"하는 사람들의 지혜를 받아들이는 것이다.

철학 그 자체가 죄성을 지녔기 때문이 아니라, 사고하는 것이 어렵기 때문에 그리스도인들에게 등한시되어 왔다. 철학을 회피하는 것이 잘못이라고 하는 몇 가지 이유가 있다. 첫 번째, 교회는 초기부터 철학과 더불어 지내 왔다. 우리가 앞에서 보았듯이, 그것이 전적으로 성경적인 철학은 아니더라도, 거의 2천년 동안 교회와 함께 해 왔다. 만일 전통이 무엇인가를 의미한다면, 우리는 그 기초 위에서 기독교 철학을 개발하기 위한 노력을 비난하지 말아야 한다.

더 나아가, 이 단어의 어원은 그와 같은 노력이 암암리에 승인되었음을 의미한다. "철학"은 지혜에 대한 사랑을 의미한다. 그리스도인들은 반드시 지혜를 추구하고 사랑해야 한다고 성경은 분명히 말하고 있다. 예를 들어 잠언 8장 10절과 11절은 지혜에 대해 다음과 같이 언급한다. "너희가 은을 받지 말고 나의 훈계를 받으며 정금보다 지식을 얻으라 대저 지혜는 진주보다 나으므로 무릇 원하는 것을 이에 비교할 수 없음이니라." 신약에서도 그리스도인들은 지혜를 사랑하고 추구할 것을 강조하고 있다. 이러한 견지에서 정의해 볼 때, 그리스도인이 된다는 것은 철학자가 된다는 것을 의미한다.

다시 말하면, 철학은 복음과 상관없는 것을 얻으려고 하는 세속적 추구라고 하는 주장은 기독교의 진리를 파괴하는 이원론의 형태를 아무런 저항 없이 받아들이는 행위이다. 만일 기독교가 철학이나 철학 연구에 대해서 아무런 할 말이 없다면, 그것은 우리가 예수 그리스도가 주(主)가 아니라는 사상과 그러한 삶의 영역을 인정하는 셈이다. 이러한 가능성을 우리는 반드시 거부해야만 한다. 왜냐하면 그리스도는 모든 것의 주가 되기 때문이다. 만약 그리스도가 철학의 주가 아니라면, 그 어떤 다른 것이 철학의 주가 될 것이다. 그것은 인간의 이성이나 과학적인 방법, 또는 다른 피조물일 수도 있다. 그러나 이와같은 입장을 따르는 것은 우상숭배를 인정하는 것이다. 다시 한 번 말하지만, 그리스도인으로서 우리는 성경적인 철학을 개발해야 한다는 입장으로 되돌아가야만 한다.

마지막으로, 오늘날 그리스도인들은 기꺼이 여러 세계관들이 존재한다는 것과 또한 기독교 세계관이 있다는 것을 받아들이고 있다. 세계관들은 사람 속에 아주 깊게 배어 있으며, 그것은 일반적으로 잠재의식 속에 있다. 이러한 의식은 우리가 인식하는 것보다 훨씬 깊게 우리의 삶을 형성한다. 그러나 우리가 이들을 의식의 수면 위로 끌어올려서 그것들을 사고의 체계로 만들 때, 우리는 하나의 철학을 만들어 내게 된다. 세계관의 정당성을 받아들인다는 것은 이미 철학이 발전하고 있음을 절반 정도는 인정하는 셈이다. 이러한 이유로 인해서 그리스도인들이 함께 일하는 것은 옳다.

최근 몇 년 동안 미국에서, 특히 그리스도인 학자들 사이에서 철학에 대한 관심에 의미있는 발전이 있었음을 언급해야 한다. 그러나 이러한 새로운 관심은 여전히 탁월한 개신교 기독교 철학을 개발해야만 한다. 대부분의 개신교 학자들은 로마 카톨릭의 신스콜라주의 철학에 만족하고 있는것 같다.

현대의 여러 가지 압박들 때문에 소망 그 자체가 희생이 되어 버린 시대에, 지식의 근본으로서의 신앙과 성경과 피조물 가운데 나타난 하나님의 자기 계시와 예수 그리스도의 성육신의 개념이 매우 의미가 깊다는 것을 그리스도인들이 주장할 만한 적절한 때가 되었다. 이러한 전반적인 질문에 대한 탁월한 주장은 레슬리 뉴비긴의 *The Other Side of 1984*와 그의 최근의 다른 출판물들과 더불어 *Foolishness to the Greeks*에서 발견된다. 다음 장들은 이러한 필요에 수반되는 노력으로 나타난 것이다.

기독교 철학의 기본 요소들

이것은 우리로 하여금 철학 분야의 일상적인 내용들을 빠르게 이해하도록 도와준다. 방어라고 하는 단어가 가장 먼저 요구된다. 현재 로마 카톨릭, 개신교 등을 망라한 기독교 학자들 대다수는 신스콜라주의적 토대 위에서 활동하고 있다. 즉 그들은 살아 계신 초월자 하나님의 도움이나 제한 없이도 인간의 이성에 근거해서 일반적인 일들을 설명하는 것이 정당하다고 주장한다. 이와 함께 그들은 영적인 일은 하나님의 계시 신앙에 의해서 이해되어야 한다고 주장한다. 그렇지만 그때문에 그들은 어쩔 수 없이 이원론적이다. 그러나 인정을 받지도 못하고 특별한 철학자도 아닌 주제에 대다수의 의견과는 달리 통합적인 기독교 철학을 주장한다는 것은 주제넘어 보일 것이다.

내가 할 수 있는 방어란 나의 주장들이 나의 발명품들이 아니라는 것이다. 이와같은 생각은 화란의 정치가이고 신학자이며 철학자인 아브라함 카이퍼(Abraham Kuyper)의 견해에 근거를 두고 있는데, 그의 사상은 금

세기에 헤르만 도예베르트(Herman Dooyeweerd)와 볼렌호벤(Th. Vollenhoven)에 의해 발전되었다. 카이퍼의 견해는 칼빈, 어거스틴, 바울의 저술과 신구약 성경에 차례로 그 근거를 두고 있다. 전체 철학은 우주적인 철학이나 법철학이라는 이름으로 통한다. 지난 몇 십년 동안 기독교 학교의 역할을 이해하기 위한 나의 노력 가운데서 이 철학만큼 도움을 주는 것은 없었다. 그래서 내가 말하고자 하는 것은 이 철학은 적어도 관대하게 고려되기를 바란다는 것과 기독교 학교의 성격과 내용 때문에 어려움을 겪고 있는 사람들에게 이 철학이 도움이 되기를 바란다는 것이다.

철학 체계의 일반적인 내용들을 간략하게 서술함으로써 이 단락이 무엇을 다룰 지에 대한 그림을 제공하려고 한다. 조지 나이트(George Knight)는 그의 책 *Philosophy and Education*에서 철학 연구의 세 가지 기본 범주를 다음과 같이 정의하였다(p. 9).

(1) 형이상학(metaphysics); 실재의 본성에 관한 연구, (2) 인식론(epistemology); 진리와 지식의 본질에 관한 연구와 이러한 것들이 습득되는 방법, 그리고 (3) 가치론(axiology); 가치의 질문에 대한 연구.

나이트는 형이상학을 네 가지 분야로 나누었는데, 우주론, 신학, 인류학, 그리고 존재론이다. 형이상학은 "물질 저 넘어"(beyond physics)란 뜻을 지닌 두 개의 희랍어로부터 나왔다. 이것은 실재의 본질과 의미에 대한 사색과 관련된 것이다. 우주론은 우주의 시작과 생성 그리고 발달을 다룬다. 신학은 세속 철학자들이 대체로 연구하기를 꺼리는 학문으로서 하나님에 관한 질문을 다루며, 인류학은 인간성에 관한 것들을 다룬다. 존재론은 존재에 해당하는 희랍어에서 유래된 것으로서 존재의 본질과 의미에 대한 고찰이다.

인식론이란 무엇이 진리이며, 우리가 아는 것은 무엇이며 어떻게 그것을 알게 되는가를 다룬다. 가치론은 무엇이 선한가 하는 윤리학과 무엇이 아름다운가 하는 심미학을 모두를 포함한다. 이것은 약간 주저되기는 하지만 앞으로 언급될 것이다. 여기서 나에게 문제가 되는 것은, 실재의 사실들이 그들의 가치나 의미로부터 분리되어서 적절히 논의될 수 있을 것이라고 하는 가정이다. 이것은 계몽주의가 현대인들에게 부과해 놓은 중요한 기만들 가운데 하나이다. 사실들은 이제 공적인 것으로 간주되며, 가치로부터 자유롭거나 의미가 없는 것으로 생각해 왔다. 가치는 개인적이며 전적으로 상대적이다. 이러한 견해를 받아들인다는 것은 하나님이 만든 세상이 가치 없으며, 하나님도 어리석은 존재라고 말하는 것과 같다. 그래서 문제는 윤리학이나 심미학과 같은 주제가 존재하느냐가 아니라 단지 실재에 대한 우리의 이해로부터 가치나 의미를 분리시키는 것이 옳은 것인가 하는 것이다.

하나님은 이 세상에 있는 그 어느 것도 의미가 없거나 아름답지 않게 만들지 않으셨으며, 그렇게 유지하지도 않으신다. 우리 인간의 죄성 때문에 그것들은 의미 없고(이것은 구약의 "허무"의 개념이다) 추하게 되었을 뿐이지, 하나님은 세상을 이러한 식으로 운행하시지 않는다. 이 문제에 관해서는 나중에 좀더 다룰 것이다.

결론적 도전

이 장의 주제를 벗어나기 전에, 기독교 철학을 연구하는 것이 시급하다는 데 대한 몇 가지 주장을 정리하고자 한다. 기독교 철학을 탐구하는 것은 가능할 뿐만 아니라, 그것은 20세기 후반의 문화적 상황으로 인해 우리가 해야 할 가장 절실한 문제이다. 이것에 대한 세 가지 이유를 제안하면 다음과 같다.

첫째, 신학은 철학의 위치를 갖지 않는다. 중세로부터 신학은 학문의 여왕으로 간주되어 왔다. 오늘날 많은 그리스도인 사상가들은 여전히 이러한 견해를 견지하는 것 같다. 신학이 실제로 하나의 학문이라 하더라도 학문들은 여왕을 가질 수 없고 왕만을 갖는데, 그 왕은 예수이다. 그러나 신학은 철학이 다루는 문제의 대답과는 잘 어울리지 않는다. 신학이 형이상학, 인식론, 가치론에 대해 언급을 하는 한, 그 중요한 강조점은 인간 역사에 있어서 하나님의 구속사에 있다. 철학은 좀더 다양한 영역을 다룬다. 기독교 철학이 우리의 성경 신학과 조화를 이룬다고 확신하는 일은 매우 중요하지만, 철학의 문제에 대해서 신학이 대답을 하도록 하는 것은 현명하지 않다. 그러한 질문에 대해 성경적인 대답을 추구할 필요는 있지만, 그렇다고 해서 우리의 신학으로 하여금 철학의 핵심 문제를 다루도록 강요하기 위해 틀에 짜 맞출 필요는 없다. 철학은 우리가 신학을 포함해서 여러 가지 학문을 추구하고 정립할 수 있는 하나의 관점을 제공한다.

복음주의 그리스도인들은 진지하고 깊이 있는 생각을 피하려는 경향의 사람들로 알려져 있기 때문에, 기독교 철학을 추구하는 일은 중요한 일이다. 심지어는 반지성주의에 대해 자부심을 갖고 있는 그리스도인 집단들도 있다. 그들은 주장하기를 "내게 필요한 모든 것은 나의 성경뿐이며, 내가 그것을 연구하는 중에 기댈 수 있는 울타리가 필요할 뿐이다"라고 한다. 물론 합리적인 가정보다 기독교적인 견해가 더 중요하다는 것은 사실이다. 신학조차도 단순히 명제적인 주장들로 축소될 수는 없다. 신앙은, 그리고 그 신앙을 낳게 하는 지식(히 11:4)은 이성적으로 설명될 수 있는 범주에 제한될 수는 없다. 성육신과 구속 그리고 인간의 개성 속에는 경험적인 증거와 인간의 논리의 영역을 뛰어넘는 신비스런 요소가 많다.

　그러나 이것이 그리스도인에게는 인간 이성의 중요성을 비웃거나 깎아 내릴 자유가 있다는 것을 뜻하지는 않는다. 성경과 성령의 인도를 받으면서, 할 수 있는 한 우리는 이성을 철저히 사용해야 할 필요가 있다. 미국 기독교 고등교육의 방향에 대해 쓴 최근의 책들이 제시하는 불안한 증거들에 의하면, 기독교 학교들은 기독교 교육의 특수성을 상실할 우려가 있을 정도로 세속 학문의 방향을 따르고 있다고 한다. 우리는 좀더 사색을 해야만 하며, 기독교 철학에 대해서 좀더 주의깊은 서술을 이끌어 내야만 한다.

　마지막으로, 만일 우리가 통합된 기독교 철학을 찾기에 실패한다면, 우리는 무의식적으로 가장 위험한 이원론에 빠져 있는 우리 자신을 발견하게 될 것이다. 우리는 신학에서 그 답들을 찾을 것이며, 다른 분야에서는 비기독교적인 전제인 세속에 지배받게 될 것이다. 이렇게 함으로서 그리스도인으로서의 특권이자 의무인 그리스도의 통치권을 드러내는데 실패한 우리의 모습을 확인하게 될 것이다. 따라서 기독교 철학을 추구해야 한다고 하는 강력한 논증이 존재하는 것이다.

7장 하나님의 말씀

하나님의 말씀은 모든 실재를 조성하시고, 우리는 그 안에서 우리 자신을 발견한다. — 유진 피터슨

월터 브루지만은 오늘날 미국 교회는 소비자 중심적인 미국의 풍조에 너무 깊이 영향을 받아서 실제로 믿거나 행동할 수 없을 지경이라고 주장한 적이 있다. "우리의 의식은 왜곡된 인식의 영역과 언어와 수사학이라고 하는 우상숭배적인 제도에 의해 장악되어 왔다." 이어서, 서론에서 인용했던 것처럼, 그는 이렇게 말한다.

예언자적 목회의 과업은 우리를 둘러싸고 있는 지배 문화의 의식과 지각에 대안이 되는 의식과 지각을 기르고 자양분을 공급하고 고취시키는 것이다(*The Proghetic Imagination*, pp. 11, 13).

만일 그의 말이 옳다면, 기독교 철학에 대한 제안은 우리가 살고 있는 이 세상의 본질에 전혀 다르게 접근을 함으로써 시작해야만 한다는 것은 이상한 일이 아닐 것이다.

오늘날 북미의 그리스도인들은 현대 과학적 세계관에 의해 철저하게

세뇌된 의식을 갖고 성장해 왔다. 우리는 세계를 '자연 법칙들'에 의해 움직여지는 원자들과 분자들로 구성된 거대하고 복잡한 하나의 구조로 본다. 이것은 우리에게 위험성과 함께 풍부한 가능성을 제공한다. 위험성을 피하고 또한 물질적 우주 속에 숨겨져 있는 자원을 가능한 보다 많이 확보하기 위해서 우리는 우리의 사고 능력을 사용한다. 그러나 피터 버거의 주장처럼, 세상은 창문이 없는 하나의 세상일 뿐이다. 초월적인 것은 세상 속으로 들어가지도, 세상으로부터 나오지도 않는다. 그리스도인들은 창조를 믿는다고 고백하지만, 실제적인 면에 있어서 그리스도인들의 세계관은 그들을 둘러싸고 있는 세속 세계의 세계관과 별로 다르지 않다.

기독교 세계관은 세 가지 요소를 포함하고 있는데, 그 중 첫 번째는 창조이다. 그러므로 기독교 철학은 하나님의 말씀 안에서 그리고 그 말씀을 통해서 모든 것이 존재하게 된다는 주장으로부터 시작된다. 존재하는 모든 것은 하나님에 의해 존재하도록 말씀되어졌다. 창세기를 보면 창조에 대해서 "하나님이 말씀하시니"라는 기록이 반복적으로 나타나고, 이어서 그 말씀하신 대로 존재하게 되었다는 말씀이 매번 뒤따라 나오고 있다. V. S. 오웬(Virginia Stem Owen)은 그것을 이렇게 표현한다.

> 우리는 단어들을 말하지만 하나님은 사물들을 말씀하신다. 우리가 하나님의 입이라고 은유적으로 부르는 그 입을 그분이 여시면, 나무들이 뿌리째 뽑히기도 하고, 병균들이 혼란을 일으키기도 하며, 달이 뒤집히기도 한다. 그의 입술로부터 피와 불과 구름 조각들이 쏟아져 나온다. 파리와 새들은 하나님의 말씀에 따라 여행을 한다. 우리가 단지 '이다'나 '같다'라는 말을 할 때, 하나님은 필수적인 동사인 '있으라'는 명을 내리신다. 하나님은 그가 말씀하시는 것에 의미를 부여하시며, 그가 의미하는 것을 말씀하신다(*God Spy*, p. 50).

기독교 철학은 하나님의 말씀으로부터 시작한다. 기독교 철학을 바로 이해하게 되면 우리는 곧 바로 대안 의식을 갖게 된다. 이 장에서는 하나님의 말씀은 무엇이며, 무슨 일을 하시며, 우리에게 무엇을 말씀하시고, 그리고 우리에게 어떻게 다가오시는지를 살펴보고자 한다.

말씀이란?

하나님의 말씀을 정의하라는 질문을 받을 때, 대부분의 그리스도인들은 '성경'이라고 대답할 것이다. 그 말은 옳다. 그러나 오직 부분적으로만 그렇다. 이 질문에 대해서 성경만이 전부라고 할 수는 없다. 성경은 기록된 하나님의 말씀이다. 예수님 역시 하나님의 말씀이다. 그는 살아 계신 하나님의 말씀이다. 성경은 이 용어의 용법을 한층 더 확장한다.

여호와의 말씀으로 하늘이 지음이 되었으며 그 만상이 그 입 기운으로 이루었도다 저가 바닷물을 모아 무더기 같이 쌓으시며 깊은 물을 곳간에 두도다 저가 말씀하시매 이루었으며 명하시매 견고히 섰도다(시 33:6-9).

그 명을 땅에 보내시니 그 말씀이 속히 달리는도다 눈을 양털 같이 내리시며 서리를 재같이 흩으시며 우박을 떡 부스러기 같이 뿌리시나니 누가 능히 그 추위를 감당하리요 그 말씀을 보내사 그것들을 녹이시고 바람을 불게 하신 즉 물이 흐르는도다 저가 그 말씀을 야곱에게 보이시며 그 율례와 규례를 이스라엘에게 보이시는도다(시 147:15-19).

분명 하나님의 말씀은 한 권의 책 이상이다. 하나님의 말씀을 정의할 때 성경에 제한함으로써 야기되는 한 가지 문제는, 성경은 한 권의 책이며, 그러므로 우리가 독파해서 다루고 통제할 수 있는 그러한 정도의 한 권의 책이라고 무의식적으로 생각하게 된다는 것이다. 그러나 우리는 하나님의 말씀을 정복할 수 없다. 우리는 성경 위에 서도록 허락되지 않았으며, 또한 성경에 순종할 지의 여부를 결정하기 전에 그것을 평가하는 것을 허락 받지도 않았다. 설혹 어떤 순종이 꼭 필요한 순간이라 하더라도, 순종할 준비가 되어 있지 않으면 우리는 그 말씀을 듣기조차도 못한다. 요한복음 7장 17절을 보면, 우리가 하나님의 뜻을 행하려고 하면 그 교훈이 하나님으로부터 왔는지를 알 수 있다고 하였다. 소년 사무엘의 이야기를 생각해 보라. 사무엘이 "여호와여 말씀하옵소서 주의 종이 듣겠나이다"(삼상 3:9)라는 말을 한 후에야 하나님의 말씀이 그에게 주어졌다. 히브리어로 '듣는다' 는 말은 순종할 준비가 되어 있다는 의미이다.

그렇다면 우리는 하나님의 말씀을 무엇이라고 말해야 하는가? 히브리서 4장 12절은 하나님의 말씀은 살아 있고 운동력이 있다고 말한다. 히브리서 1장 3절은 하나님의 말씀이신 그리스도는 그의 능력의 말씀으로 모든 것을 붙드시는 분이라고 말씀하고 있다. 하나님의 말씀은 세상을 창조하시고 붙드시고 구속하심에서 나타난 하나님 자신의 능력이라고 하는 것이 아마도 적절한 정의가 될 것이다. 이것은 하나님께서 그의 피조물인 인간에게 자신을 드러내심을 의미한다. 그렇게 함으로써 하나님은 자신을 우리에게 주셨으며, 우리를 실현할 수 있는 최상의 길을 열어 놓으셨다. 우리를 창조하고, 붙드시고, 구속하심과 자기 계시를 통해서 하나님은 그의 사랑을 나타내셨으며, 하나님을 떠나 멸망으로 빠져 버린 세상을 구속하기 위해서 성육신하신 성자의 인성을 십자가에 달기까지 하면서 그의 사랑을 나타내셨다.

하나님의 말씀이 하시는 일

하나님의 말씀이 하시는 첫 번째 일은 모든 것을 존재하게 하는 것이다. 주님의 말씀이 없으면 존재할 것은 아무 것도 없다. 어떤 찬송가 작가는 다음과 같이 말한다.

> 당신이 주신 모든 생명,
> 큰 생명에게든 작은 생명에게든.
> 당신이 거하시는 모든 생명 속에,
> 모든 참된 생명이 있기를.
>
> — Walter Chambers Smith

비록 무생물이라도 하나님의 말씀에 의해서만 존재 가능하다. 바울은 사도행전 17장 28절에서 인간에 대해서 이렇게 말한다. "우리가 그를 힘입어 살며 기동하며 있느니라." 만일 주께서 말씀을 거두신다면, 아무 것도 계속 존재할 수 없을 것이다. 하나님께서 휴가를 가지 않으신 것에 대해서 우리는 감사해야 할 것이다! 우리의 일상과 매일의 활동 속에서 우리 가까이 계신 하나님을 우리는 경외할 수 있다. 만일 하나님께서 그의 말씀으로 우리를 붙들지 않으신다면 아무 것도 가능하지 않을 것이다. 그리고 우리가 살고 있는 세상이 단순히 자연의 법칙에 의해 굴러간다고 생각하게 하는 우리의 타락의 근원에 대해서 경악하게 될 것이다.

창조의 교리란 진화론적 진행의 과정을 통해서가 아니라 인격적인 어떤 창조주의 신중한 창조적 행위를 통해 우주가 시작되었다고 하는 단순한 가정이 아님을 인식하는 일이 매우 중요하다. 창조는 일회적이면서 또한 계속적이다. 즉 우리 자신의 존재가 살고 있는 현 세계는 단순히 어떤 상상된 자연 법칙의 결과는 아니다. 그것은 항상 하나님의 말씀의 창조적인 능력의 직접적인 결과이다. 조나단 에드워즈(Jonathan Edwards)는 "하나님께서 창조한 것들을 보존하시는 것은 하나의 계속적인 창조와 완전히 동등한 것이며, 또는 매 순간마다 무에서 또는 존재하고 있는 것으로부터 계속해서 창조하고 있는 것과 완벽하게 동등한 것이다"(V. S. Owens, God Spy, p. 58, 재인용)라고 말한다. 오늘날 흔히 창조에 대한 믿음이라고 생각되어지는 것은 아마도 이신론(理神論)의 형태와 매우 비슷할 것이다. 이신론이란 시계처럼 우주에 태엽을 감으신 다음에는 하나님께서 우주를 그 시각부터 스스로 작동하도록 내버려두었다고 하는 견해이다. 다시 말하지만, 기독교 철학은 심원한 결론을 지닌 대안적인 의식을 필요로 한다.

하나님 말씀은 존재의 부여 그 이상의 일을 한다. 하나님의 말씀은 한계를 설정하고 생명을 제공한다. 사과 씨가 자두나무를 생산하지는 못한다. 사과 씨들은 자라서 사과나무가 되는데, 이것은 하나님의 말씀에 의해서 그렇게 된다. 말은 망아지를 낳고, 사람은 인간 아기를 낳는다. 이것은 '자연'이나 '자연 법칙'의 결과가 아니다. 이것은 하나님의 말씀에 의한 것이다! 생명은, 그것이 채소이거나 동물이거나 아니면 사람이거나 간에, 우연의 산물이 아니다. 그 생명은 하나님의 말씀에 의해서 주어진다. 그리고 같은 방법으로 유지된다. 하나님은 인간을 땅의 흙으로 그 형태를 만드셨지만, 살아 있는 생명체로 만드신 것은 인간의 코에 불어넣어진 그 분의 숨결 때문이었다. 그 이후로 모든 생명체가 태어나는 것과 그 생명체들 속에서 순간 순간 생명이 보존되는 것도 이와 동일한 원리이다. 이러한 일들을 주의깊게 생각하다 보면 우리는 놀랍게도 하나님께 대한 겸손과 경외심과 사랑을 표현하지 않을 수 없다.

다시 말하지만 하나님의 말씀은 그의 피조물에게 요구사항들을 부과

하신다. 하나님은 피조물과 언약을 맺으셨고(창 9:15; 렘 33:25), 피조물은 그 언약에 절대적으로 순종한다. 연어는 그들이 태어난 시내에서 알을 낳기 위해 바다에서 돌아오고, 나비와 새들은 수천 마일의 땅과 바다를 건너서 집으로 돌아오는데, 이 모두는 하나님의 말씀에 의해서 이루어진다. 하나님의 말씀에 대한 불순종은 단지 인간 공동체에서만 존재한다. 그 말씀은 인간 공동체 내에서 마음과 뜻과 정성과 힘을 다하여 하나님과 이웃을 사랑하기를 우리에게 요구하신다. 그러나 우리는 이것을 따르지 않고 있으며, 이러한 우리의 실패는 그리스도의 구속 사역이 필요한 근거가 되는데, 그리스도의 죽음과 부활에서 정점에 이른 이 구속 사역은 주님께서 영광 중에 재림하실 그 날에 완성될 것이다.

말씀이 하시는 일에는 한 가지 측면이 더 있다. 하나님의 말씀은 우리에게 요구 사항을 부과하실 뿐만 아니라, 그 요구 사항을 수행할 수 있는 능력도 제공하신다. 피조물은 하나님의 말씀이 주시는 능력으로 인하여 하나님과의 약속을 준수하게 된다. 만약 인간이 하나님의 선한 명령에 응답하거나 응답하려고 한다면, 그것은 예수 그리스도 속에서 성육신 하시고 성령에 의해 우리와 교통하시는 그분의 말씀의 능력 안에서만 그렇게 되는 것이다. 이 속에 복음의 약속과 위로가 존재한다. 하나님은 우리가 하나님을 사랑하도록 부르셨을 뿐 아니라, 또한 성령으로 말미암아 그의 사랑을 우리 심령에 부어 주시겠다고 약속하신다(롬 5:5). 죄는 우리를 지배하는 힘을 지녔으나 하나님의 은혜는 그것보다 더 강하다.

하나님의 말씀이 말씀하는 것

우리가 하나님의 말씀의 메시지에 대해서 말할 때, 가장 먼저 그리고 적절한 것으로 생각하는 것은 성경이다. 그러나 이것과 더불어 창조세계가 말하는 것에 대한 이해를 회복해야 할 필요가 있다. '자연'과 '자연 법칙'에 대한 계몽주의적 개념에 의해 눈이 멀어 버린 그리스도인들은 오늘날 창조세계의 계시적 특성에 대한 감각을 거의 다 잃어버렸다. 초대교회의 그리스도인들로 하여금 물질 세계는 추하고 하나님에게서 멀리 떨어져 있는 것으로 생각하도록 만든 이교 영지주의의 재생을 우리는 현대적인 방식으로 색다르게 경험하고 있다. 그러나 하나님이 말씀하시매 눈이 내리며, 하나님 말씀에 의해 눈이 녹으며, 또한 야곱에게 그의 말씀을 주신다고 하는 시편 147편을 주목하라. 마지막 구절들 사이에 '속도 충돌'은 없다. 하나님은 똑같은 방식은 아닐지라도 성경에서 말씀하신 것처럼 실제로 창조세계 안에서 말씀하신다. 성경은 우리에게 신학적 명제를 준다. 창조세계는 하나님의 사랑과 능력 그리고 신실함을 계시한다. 따라서 하나님께 응답하고 하나님을 알도록 우리를 부르셨다. 시편 19편과 로마서 1장 20절과 다른 성경 구절들의 경우처럼 창조세계는 실로 주님에 관해서 말하고 있다.

　창조세계와 성경 그리고 그리스도의 인격을 통해서 말씀은 우리에게 무엇을 말하는가? 그것은 긍정적이면서도 부정적으로 말하고 있다. 긍정적인 면에서 볼 때, 가능한 수많은 대답들 가운데서 받아들여 질 수 있는 것은 그것이 하나님의 위대하심을 우리에게 말한다는 것이다. 예를 들면, 그 메시지는 이사야서 후반부에 잘 나타나 있다.

　　모든 육체는 풀이요 그 모든 아름다움은 들의 꽃 같으니 풀은 마르고 꽃은 시듦은 여호와의 기운이 그 위에 붊이라 이 백성은 실로 풀이로다 풀은 마르고 꽃은 시드나 우리 하나님의 말씀은 영영히 서리라(사 40:6-8).

너는 알지 못하느냐 듣지 못하였느냐 영원하신 하나님 여호와 땅 끝까지
창조하신 자는 피곤치 아니하시며 곤비치 아니하시며 명철이 한이 없으시며
(사 40:28).

나는 여호와니 이는 내 이름이라 나는 내 영광을 다른 자에게 내 찬송을
우상에게 주지 아니하리라(사 42:8).

나 외에 신이 있겠느냐 과연 반석이 없나니 다른 신이 있음을 알지 못하노
라(사 44:8).

나는 만물을 지은 여호와라 나와 함께 한 자 없이 홀로 하늘을 폈으며 땅
을 베풀었고(사 44:24).

나는 여호와라 다른 이가 없느니라 나는 빛도 짓고 어두움도 창조하며 나
는 평안도 짓고 환란도 창조하나니 나는 여호와라 이 모든 일을 행하는 자니
라 하였노라(사 45:6-7).

남북 전쟁 때, 남부의 시인이었던 시드니 래니어(Sidney Lanier)는 그
의 시 "Glynn의 늪지들"의 한 절에서 이 개념을 강력하게 채택했었다.

늪지의 암탉이 물기 머금은 잔디 위에 은밀하게 집을 짓듯이
보라, 나는 하나님의 위대함 위에 나의 둥지를 세우리라.
늪지와 창공 사이의 공간을 자유롭게 활개치는 늪지의 암탉처럼
나는 하나님의 위대한 품에서 날게 될 것이다.
늪지의 잔디가 땅 속에 많은 뿌리를 내리듯이

나는 실로 하나님의 위대함 위에 굳게 설 것이다.
하나님의 위대함과 같이
오, Glynn의 자유로운 늪지여, 그 영역 또한 대단하다.

하나님의 말씀에 대한 긍정적인 메시지는 하나님은 위대한 하나님이시라는 것이다. 그는 그의 사랑과 지혜, 능력과 선하심에 있어서 위대하시다. 그는 창조하심과 피조물을 유지하심에서 그리고 구속하심에 있어서 위대하시다. 그와 같은 다른 신이 없다.

한편, 하나님의 말씀은 부정적인 메시지도 갖고 있다. 이것은 긍정적인 메시지의 필연적인 결과이다. 십계명의 첫 두 계명 속에서와 다른 성경 구절들 속에도 나타나는 그 말씀은 이러하다. 우상을 섬기지 말라. 하나님만 섬기라. 어떤 우상도 하나님의 자리에 두지 말아라.

구약 이스라엘의 비극적인 이야기는 이 메시지의 중요성을 잘 설명해 준다. 출애굽 이후, 심지어는 그 이전에도, 이스라엘 백성들은 여호와 한 분만을 잘 섬기지 못했다. 결국 왕국이 둘로 나눠진 후, 그 두 왕국들은 동일한 죄에 대한 징계로 포로가 되었다. 그들은 하나님과 우상을 동시에 섬기려고 했다. 하나님은 그렇게 하게끔 내버려 두지 않으셨다. 포로 귀환 후 이스라엘 민족은 더 이상 그 지역의 우상에게로 돌아가지는 않았지만, 구약 계시의 문자를 강조하여 그 정신은 잊어버렸다. 그래서 메시아가 오셨을 때 그들은 그를 알아보지 못하였다(요 5:37-39). 이것은 새로운 형태의 우상숭배일 뿐이었다. 신약 성경도 우상에게 절하지 말고 경배하지 말라는 교훈을 강력하게 반복하고 있다.

오늘날의 교회는 어떠한가? 그때와 별로 다른 것처럼 보이지 않는다. 우리는 제3 세계의 국가들 가운데서 숭배되는 물리적 대상물들을 우상숭배와 동일시하는 경향이 있다. 실제로 서양의 문화 속에도 우상숭배가 가득 차 있다. 그리스도인들도 이 문제를 인식하지 못한 채 그 속에 연루된다. 예를 들면, 자크 엘룰은 현대의 큰 몰록이나 우상의 존재에 대해서 말한다.

현대에는 무엇이든 간에 이미 입증된 사실은 최종적인 이성이며, 진리의 준거이다. 모든 사실은 사실이기 때문에 정당화된다. 사람들은 자신들에게는 사실을 판단할 권리가 없으며, 단지 그들이 할 수 있는 것은 그것을 받아들이는 일뿐이라고 생각한다. … 현대인은 사실들에게 엎드려 경배할 준비가 되어 있다. 모든 사람들은 사실과 진리는 하나라는 생각을 당연시하며, 오늘날 하나님이 더 이상 진리로 간주되지 않는 것은 그가 사실로 보이지 않기 때문이다(*The Presence of the Kingdom*, p.37).

이것은 과학주의라고 하는 우상이다. 그러나 왈쉬와 미들톤은 기술주의, 민주주의, 그리고 경제주의 역시 우상이라고 지적한다. 하나님만을 경외해야 할 인간의 마음속에 기술주의, 민주주의, 그리고 경제주의가 자리잡고 있다. "우리의 의식은 왜곡된 인식의 영역과 언어와 수사학이라고 하는 우상숭배적인 제도에 의해 장악되어 왔다"고 한 이 장의 서두에 나오는 브루지만의 말을 주목해 보자. V. S. 오웬스는 다시 다음과 같이 말한다.

우리는 과학의 열매들을 낭비해 버림으로써 물질은 의미를 갖고서 침투한다는 사실의 인식에 실패했으며, 또한 세상을 죽음 가운데 내버려두는 과학을 묵인해 왔다(*God Spy*, p. viii).

제자들이 호수 한 가운데서 폭풍을 만나서 물속에 빠질까 봐 두려워하면서 주님을 깨웠을 때, 바람과 파도를 향해 하신 주님의 말씀을 생각해 보라. 주님은 마치 바람과 파도가 죽은 것처럼 대하지는 않으셨다. 도로시 세이어스(Dorothy Sayers)의 마지막 인용구는 다음과 같다.

> 탐욕에게 매력을 부여하고, 깃발처럼 꽂을 수 있는 그럴싸한 이름을 주는 것이 이 시대에는 널리 퍼져 있다. 어떤 사람은 그것을 사업이라고 부르기도 한다. … 교회는 탐욕을 가리켜서 죽음에 이르는 죄라고 하지만 정말 그렇게 생각하는가? … 적어도 당신과 내가 탐욕을 싫어한다고 하는 가식 속에 있지는 않는가?(The Whimsical Christian, pp. 167-168).

우상숭배는 그것이 고대 이스라엘의 경우에서처럼 현대 서구 문화에서도 큰 문제가 된다. 그리고 이것을 인식한다는 것이 어렵기 때문에 더 큰 문제가 된다.

하나님의 말씀은 어떻게 우리에게 오는가

하나님의 말씀은 그의 창조세계에서, 그리고 그 창조세계를 통해서 그의 형상을 지닌 인간에게 그 자신을 주시고 계시하시는 하나님의 능력의 방법이다. 말씀은 세 가지 방법을 통해 우리에게로 오는데, 창조와 성경 그리고 그리스도의 인격을 통해서이다. 위 세 가지 방법 안에서 하나님의 말씀은 성령의 능력을 통해 온다. 복음서에 나오는 동방박사의 이야기는 이 세 가지를 한꺼번에 설명해 준다고 누군가가 말한 적이 있다. 동방박사들은 어떤 별에 의해 팔레스틴으로 인도된다. 이 때 그 별은 피조물의 일부이다. 어리석게도 그들은 이스라엘의 새로운 왕에 대해서 물으려고 예루살렘에 있는 헤롯 왕을 찾아 갔다. 역사에서 가장 질투가 많은 군주 가운데 한 사람인 헤롯은 굳은 얼굴을 하고 메시아가 태어날 곳에 대해서 그 자리에 모인 랍비들에게 물었다. 그들은 성경에서 말씀한 대로 그곳을 베들레헴이라고 말했다. 그래서 동방박사들은 피조물과 성경에 의해 인도함을 받는다. 그들은 베들레헴으로 가서 성육신 하신 하나님의 말씀께 경배했다. 하나님의 말씀은 창조세계와 성경 그리고 그리스도의 인격을 통해서 우리에게 오신다. 유진 피터슨이 말한 대로 우리가 거주하는 전 실재는 살아 계신 하나님의 말씀이다(*Working the Angles*, p. 33)

기독교 철학에 있어서 이와같은 요소들은 매우 중요하며, 특별히 기독교 학교를 위해서 그러하다. 교과과정을 위해 우리가 가지고 있는 모든 자원들은 하나님의 말씀에 의해 창조되었다. 그러나 우리는 아직도 하나님의 말씀을 그 자체로서만 어떤 실체를 지니고 있으며, 말씀은 첫 번째 창조라고 하는 까마득한 과거 속에서만 하나님과 관계가 있는 것처럼 이해하고 가르친다. 만약 우리가 교과과정을 제대로 다루기만 한다면, 우리 자신들의 의식의 급격한 변화를 경험하게 될 것이며, 그 다음에는 우리의 학생들 가운데서 그렇게 되는 것을 보게 될 것이다.

실재의 본질이 무엇인가라는 질문에 대한 기독교 철학적 대답은 다음과 같다. 즉, 자연주의 철학이 주장하는 것 같이 그것은 질료의 원자나 분자가 아니다. 이상주의자들이 지니고 있는 진리에 대한 영원한 개념도 아니다. 물질적인 것은 인간 이성에 의해서, 영적인 것은 신앙에 의해서 이해된다고 주장하는 신스콜라주의의 진리 강령도 아니다. 사물들은 그들이 존재하는 방식 그대로이며, 그대로 계속 존재한다. 왜냐하면 그들은 하나님의 말씀에 의해 창조되었으며 하나님의 말씀에 의해 계속적으로 존재가 유지되기 때문이다. 우리가 그리스도인이든 아니든, 그를 힘입어 "살고 기동하고"(행 17:28) 있다. 말씀의 유용성은 대화에 있다. 이것이 의미하는 바는 우리가 말씀을 듣기 위해 우리의 마음을 열기만 한다면, 하나님은 창조세계 안에서 그리고 그 창조세계를 통해서 우리에게 말씀하시려고 한다는 것이다. 떨기나무 가까이서 모세가 들었던 "너의 신을 벗으라. 네가 선 곳은 거룩한 땅이니라"(출 3:5)와 같은 말씀을 우리는 교실 문 위에다 붙일 수도 있다. 이것이 교실을 어두컴컴하고 침울하게 만들지 않는다. 이것은 교실을 최대한으로 자유롭고 행복한 장소로 만들 수 있다. "주의 앞에는 기쁨이 충만하고 주의 우편에는 영원한 즐거움이 있나이다"(시 16:11). 그리스도인 교사로서 우리가 이 대안 의식을 내면화시키고, 우리의 학생들에게 그것을 전달하는 것을 시작할 수 있다면, 기독교 학교의 가능성은 실로 손에 땀을 쥐게 할 정도로 흥미진진하게 될 것이다.

8장 창조

　기독교적 우주관은 창조의 계시 개념과 함께 시작해서 또한 그것으로 끝난다. 그것은 첫 번째 창조로 시작해서 새 창조로 완성된다. 새 창조란 이미 시작된 파멸이 예수 그리스도의 구속 사역과 그의 영광스러운 재림에 의해서 완전히 회복된다는 것이다. 복음 역시 창조와 함께 시작되는데, 이는 복음이 단순히 인간 영혼의 구원 이야기만은 아니기 때문이다. 복음은 창조세계에 대해 하나님이 의도하셨던 원랭의 모습으로 창조세계를 회복시키는 이야기이다. 창조는 또한 기독교 세계관에 있어서 첫 번째 요소이다. 이미 언급했듯이, 창조가 또한 기독교 철학에서도 근본적인 요소가 된다는 것은 매우 타당하다.

창조의 개념은 무엇인가?

　창조를 믿지 않는 그리스도인을 찾는다는 것은 어려운 일이다. 그렇지 않은가? 예와 아니오 둘 다 가능하다. 그것은 당신이 생각하는 창조가 무엇을 의미하는가에 달려 있다. 만약 태도와 행동이 무엇인가를 의미한다면, 훌륭한 신앙을 고백하는 많은 그리스도인들이 있지만, 실상 그들은 이신론자들이다. 그들은 하나님께서 세상을 만드셨다고 믿지만, 그 하나님은 시계처럼 세상에 태엽을 감으시고는 하늘로 가 버리셨으며, 세상이 스스로 움직이도록 내버려두셨다고 한다. 이러한 개념은 하나님의 어떤 개입도 염두에 두지 않고 일상사를 연구하는 계몽주의 사상과 멋지게 조화를 이룬다.

창조 개념은 두 가지 측면을 지닌다. 이 두 가지 측면에서 볼 때 창조는 하나님의 말씀 사역이다. 첫 번째 측면은 우주의 기원에 관한 것이다. 기독교적 견해는 태초에 하나님께서 우주를 존재하라고 말씀하셨다는 것이다. 창세기 1장에는 창조를 논하면서 "하나님께서 가라사대"라는 말씀이 아홉 차례나 나타난다. 그때마다 창조세계의 새로운 국면이 발생된다. 모든 활동은 말씀 사역이었고, 모든 피조물은 존재하도록 말씀되어졌다. 유진 피터슨은 이것을 다음과 같이 표현한다.

> 하나님의 말씀은 모든 것을 존재하게 하는 창조적인 수단이다. 우리가 보고 느끼고 다스리는 모든 것, 즉 바다와 하늘, 고기와 지저귀는 새, 무화과와 당근 등 이 모두가 말씀이라는 수단에 의해 기원한다. 모든 것, 절대적으로 모든 것은 존재하도록 말씀되어진 것이다. "저가 말씀하시매 이루어졌으며 명하시매 견고히 섰도다"(시33:9)(*Working in Angels*, pp. 32-33).

창조 개념의 다른 측면은 창조의 진행 과정과 관련된 것이다. 이것은 이신론자들이 생략하는 부분이다. 그것은 때때로 섭리라는 교리로 일컬어지는데, 그렇기 때문에 그 분명한 의미를 잃어버리게 된다. 창조는 단회적이면서도 지속적인 개념이다. 태초에 하나님의 말씀 사역에 의해 창조가 이루어졌듯이, 지금 이 순간에도 하나님의 말씀 사역으로 인하여 우주가 계속되고 있다. 골로새서 1장 17절은 하나님의 말씀이신 예수 그리스도 안에 "만물이 함께 섰느니라"고 말한다. 히브리서 1장 3절은 "그의 능력의 말씀으로 만물을 붙드시며"라고 말씀한다. 우리가 이 말씀을 읽을 수 있는 것도 우리의 눈과 마음이 하나님의 말씀의 능력에 의해 순간순간 붙잡힌 바 되기 때문이다.

앞 장에서 보았듯이, 18세기 미국의 신학자인 조나단 에드워즈는 창조의 개념이란 생각을 잘 떠오르게 해 주고 통찰력을 열어 주는 말씀이라 했다. "하나님께서 창조한 것들을 보존하는 것은 하나의 계속적인 창조와 완전히 동등한 것이며, 또는 매 순간마다 무에서 또는 존재하고 있는 것으로부터 계속해서 창조하고 있는 것과 완벽하게 동등한 것이다"(V. S. 오웬스, God Spy, p. 58에서 재인용). 이러한 성경적 창조 교리를 이해하게 되면, 매일 일상의 일들에서 하나님의 임재와 간섭하심을 발견하고 놀라게 된다. 전에는 메마른 심령이 찬양과 감사가 넘쳐나기 시작한다.

창조세계는 어떤 의미를 가지는가?

실제로 위의 제목이 썩 좋은 표현은 아니다. 그러나 가장 좋은 방법은 그것이 쉽게 이해되기 전에 어떤 설명을 필요로 한다. 피조물은 그것이 의미하는 것 이상의 의미를 지니지 않는다. 피조물은 의미가 있든지 없든지 간에 실체를 지니는 어떤 것이 아니다. 피조물은 하나님의 말씀의 표현이다. 만약 하나님께서 존재하라고 계속 말씀하시지 않는다면 그것은 존재할 수 없었을 것이다. 피조물은 하나님께서 의미를 부여한 실체가 아니다. 창조세계 그 자체가 메시지이다. 하나님께서는 피조물을 통해서 그리고 그 안에서 우리에게 말씀하신다. 창조세계는 하나님의 일부가—이것은 범신론이다—아니다. 하나님은 무의미한 말씀은 하지 않으신다. V.

S. 오웬스가 말한 것처럼, 하나님은 그가 의미하는 것을 말씀하시며 그가 말씀하신 것에 의미를 부여하신다. 우리의 과제는 창조의 본질 혹은 창조세계가 지니는 의미를 이해하는 것이다.

그런데 창조세계는 하나님을 계시한다. 이것은 피조물의 본질과 목적이다. 우리의 잘못된 상상력으로 인하여 우리가 창조세계의 규약을 파괴하여 그것이 우리를 섬기도록 만들 수 있다면, 우리는 우리 개인의 목적을 위해서 창조세계를 자연적인 자원들을 유용하게 쓰기 위한 하나의 커다란 복주머니로 바꾼 셈이 된다. 이와는 반대로, 성경은 하나님께서 우리와 대화하기 위한 매개체로 창조세계를 만드셨다고 분명히 말하고 있다. "창세로부터 그의 보이지 아니하는 것들 곧 그의 영원하신 능력과 신성이 그 만드신 만물에 분명히 보여 알게 되나니 그러므로 저희가 핑계치 못할지니라"(롬 1:20). 이사야가 선지자로 부름 받을 때 그는 다음과 같은 스랍들의 외침을 들었다. "거룩하다 거룩하다 거룩하다 만군의 여호와여 그 영광이 온 땅에 충만하도다"(사 6:3). 시편 8편은 다음과 같이 시작한다. "여호와여 우리 주의 이름이 온 땅에 어찌 그리 아름다운지요 주의 영광을 하늘 위에 두셨나이다." 시편 19편은 이렇게 선언한다. "하늘이 하나님의 영광을 선포하고 궁창이 그 손으로 하신 일을 나타내는도다." 이 주제에 관한 가장 분명한 구절은 아마도 욥기 42장 5절과 6절에서 발견될 것이다. 욥은 무서운 재난을 만났다. 그의 세 친구들과 엘리후는 모두 욥을 돕는데 실패했다. 그때 하나님께서는 네 장에 걸쳐서 욥에게 말씀하셨다. 하나님은 우리가 영적인 것이라고 생각하는 것에 대해서 말씀하지 않으셨다. 그가 말씀하신 것은 땅의 기원, 바다와 홍수, 별들, 빛과 비, 그리고 동물 등 모두 창조에 관한 것이었다. 욥은 끝을 맺으면서 이렇게 말한다. "내가 주께 대하여 귀로 듣기만 하였삽더니 이제는 눈으로 주를 뵈옵나이다 그러므로 내가 스스로 한탄하고 티끌과 재 가운데서 회개하나이다"(욥 42:5-6). 이것은 어느 한 고등학교 자연과학 수업 시간에 학생들이 내린 결론이 될 것이다. 그렇지 않은가? 이것은 분명 창조의 계시적 특성에서 나온 메시지이다.

하나님의 존재는 우리에게는 완전한 신비이다. 우리는 그가 어떤 분인지를 발견할 방법이 없다. 여기서는 과학도 전혀 어쩔 도리가 없다. 하나님은 인격적인 분이시며, 삼위의 인격들은 단지 그들이 우리에게 기꺼이 자신들을 계시하실 때만 알려질 수 있다. 하나님은 자신을 우리에게 알릴 필요가 없었다. 그는 자신을 우리에게 계시하는 방편으로 세상 창조라는 방법을 임의로 선택하셨다. 에덴 동산에서 아담이 범죄하기 전에 아담은 동물들의 이름을 지을 수 있었다. 즉, 아담은 하나님께서 하나님 자신에 대해 무슨 말씀을 하시는지를 각 피조물들 속에서 알 수 있었다. 범죄 후 아담은 더 이상 그 일을 할 수 없었다. 그래서 하나님은 구약 성경을 통해서 그의 기록된 말씀을 주셨다. 그러나 우리는 그것도 이해하지 못했다. 그래서 하나님은 궁극적인 걸음을 옮기셨다. 그의 아들 예수 그리스도의 인격 속에서 하나님은 세상을 구속하기 위해 세상을 찾아 오셨다. 인간적인 측면에서 볼 때, 예수는 참되고 완전하신 인간이었다. 신적인 측면에서 볼 때, 그는 참되고 완전하신 하나님이셨다. 그러나 그는 한 인격이셨으며, 하나님 아버지를 완전하게 계시하셨다. 이것은 하나님께서 창조세계에 나타내신 자기 계시의 절정이었다.

우리는 지금까지 하나님의 자기 계시의 이와 같이 놀랍고도 영감 있는 신비의 깊이를 충분히 이해하지 못했었다. 이것은 성경적 사랑에 대한 최고의 증거를 제공한다. 제임스 마틴(James E. Martin)은 성경적인 사랑은 "사랑하는 사람을 위해서 스스로 노예가 되고, 또한 스스로 얽어매는 자유로운 선택적 행동"이라고 말한다("Toward an Epistemolo-gy of Revelation" in *The Reality of Christian Learning*, Heie & Wolfe, p.151).

이러한 사랑은 예수의 고난과 죽음에서 그 절정에 이른다. 하나님이 어떤 분인지는 예수님의 고난과 죽음에서 가장 분명하게 나타난다. 이것은 창조의 휴식, 하나님이며 인간이신 그리스도의 휴식이 그 절정인데, 역시 하나님의 사랑을 계시한다는 것을 의미한다. 따라서, 나중에 토론되겠지만, 이것이 우리가 학습에서 사랑의 자리를 인식하고 다뤄야 하는 이유이다.

하나님의 자기 계시에 대한 예들은 일상사들 속에서 풍부하게 나타난다. 기독교 학교 교사가 갖는 책임과 기쁨 가운데 하나는 새로운 예들을 인식하는 것이다. 예를 들면, 탐 하워드는 다음과 같이 말한다.

> 우리가 매일 신성한 일들 가운데 살아간다는 것을 발견하기란 쉽지 않다. 마치 우리의 삶이 강력한 신비의 현존 속에 있으면서도 무미건조한 일상의 틀에 박혀 살다가 그 일상의 너울이 갑자기 벗겨져 버릴 때, 그것이 우리를 황홀하게 하면서도 두렵게 하는 것처럼 어려운 일이다.
>
> 예를 들면, 식사와 같은 일들을 생각해 보라. 이것은 일상적인 틀에 박힌 일들 가운데 하나이다. 우리는 많든 적든 하루에 식사를 세 번 하고, 우리는 주로 라이스 크립스의 상자를 여는 것을 생각하거나, 또는 볼로냐의 플라스틱 껍질을 벗기거나, 또는 얼린 시금치를 소스 팬에 넣는 것을 생각한다. 음식을 먹을 때 와서 앉아 있는 바보 같은 신은 없다. 부엌에 있는 딱딱한 플라스틱 제단 위에서 우리가 성찬과 관련된 어떤 일을 하고 있었다고 말한 사람이 있다면 우리는 그를 멍청하게 쳐다 볼 것이다. 뭐라고? 성찬과 관계된 일이라고? 중요한 것은 우리는 결코 그것을 그러한 방식으로 생각한 일이 없다는 것이다. 우리는 교회에서 '우리의 눈에서 도저히 숨겨질 수 없는 빛 속에' 거주하시는 하나님께 노래하며, 떡을 나누는 가운데서 하나님의 백성들에게 찾아오신 하나님께 노래한다(*Hallowed be This House*, p. 3 이하).

하워드가 그의 마음속에 생각하고 있었던 것은 분명히 부활 주일 아침 이야기일 것이다. 예수님이 부활하신 아침에 낙심한 두 제자들이 예루살렘에서 엠마오를 향해 걸어가고 있었다. 그들은 완전히 풀이 죽어 있었다. 하늘이 무너지는 것 같았다. 그들이 메시아라고 믿었던 예수가 돌아가셨다. 그들이 걷고 있을 때, 낯선 어떤 사람이 그들에게 낙심한 것처럼 보인다고 말하면서 무슨 일이냐고 물어 보았다. 제자들의 반응은 "당신이 예루살렘에 우거하면서 근일 거기서 된 일을 홀로 알지 못하느뇨?" 라는 것이었다. "무슨 일이뇨?" 라고 하신 그분의 반응은 하나님의 놀라운 유머 감각을 보여준다. 그러자 제자들은 십자가의 사건과 예수가 이스라엘의 구원자이셨기를 그들이 얼마나 소망했는지에 대해서, 그리고 심지어는 부활에 관해서 떠도는 소문까지 예수께 말하였다. 예수는 선자자들의 말을 믿지 못하는 제자들을 꾸짖고, 구약에 나오는 자신과 관련된 말씀을 말씀하기 시작했다. 그들의 여정이 끝나고, 예수는 더 가시려고 하자 그들은 주님을 저녁 식사에 초대하였다. 식탁에서 주님이 축사하시고 음식을 제자들에게 나누어주실 때, 비로소 그들의 눈이 떠져 그가 누군지를 알게 되었다. 그때 주님은 그들의 시야에서 사라지셨다. 하워드는 계속해서 말한다.

그러나 우리의 수많은 일상적인 식사에서는 이러한 일이 결코 일어나지 않을 것이다. 그것은 오직 교회에서 가능하다. 그렇다고 해서 이것이 결코 문자적인 의미는 아니다. 우리는 현재 떡을 떼고 있다. 어떤 의미인가, 성례전적인 의미인가?(*Hallowed Be This House*, p. 9-10).

이와같은 다른 예들이 많이 있지만, 단지 우리가 그것을 찾는 습관이 되지 않았을 뿐이다. 예를 들어 C. S. 루이스는 이렇게 말한다.

우리가 하나님의 임재를 무시할지라도 그 임재로부터 결코 피할 수는 없다. 세상은 하나님으로 충만하다. 그는 어디든지 잠행하신다. 그리고 그 잠행은 언제나 드러나는 것이 아니다. 진짜 일은 주의를 기울이는 것, 깨어 있는 것, 더 분명히 깨어 있는 것이다.

이와 관련된 더 많은 예증들은 3부의 "학교 공부의 회복된 의미"라는 장에서 나올 것이다.

창조세계의 의미에 관한 두 번째 측면이 있다. 그것은 하나님께서 우리에게 말씀하시는 수단일 뿐 아니라, 또한 우리가 찬양과 경배와 헌신으로 하나님께 응답하는 수단도 된다. 우리가 교회에서 성만찬에 참여할 때마다, 우리는 아마도 거의 언제나 무의식적으로 이러한 실재를 경험하게 된다. 작은 떡 한 조각을 먹고 포도주나 포도 주스를 작은 잔으로 한 컵을 마시거나 보통 컵으로 마신 후 우리는 하나님과 교제했다고 말한다. 떡이나 포도주와 같은 물질을 통해서 과연 하나님과 교제한다고 말할 수 있을까? 물론이다. 그러나 그것은 단지 빙산의 일각일 뿐이다. 모든 피조물은 성례전이 되도록 의도되었다. 피조물을 다루는 우리의 자세는 그리스도 안에서 하나님께 경건하게 순종하든지, 아니면 우리 자신이 선택한 어떤 우상을 섬김으로써 반역적인 독립을 하든지 하는 것이다. 로마서 12장 1절과 2절에서 우리가 우리 몸을 산 제물로 드려야 하는 이유를 말하고 있다. 우리가 하는 모든 일은 피조물을 다루는 일과 관련되어 있으며, 그 모두는 하나님을 섬기는 데 사용된다. "그러므로 먹든지 마시든지 무슨 일을 하든지 하나님의 영광을 위하여 모든 일을 하라"(고전 10:31). "또 무엇을 하든지 말에나 입에나 다 주 예수의 이름으로 하고 그를 힘입어 하나님 아버지께 감사하라"(골 3:17).

성례전 명부에 이름을 올리지 않고도, 이것은 피조물의 성례전이라는 교리로 불리워질 수 있다. 나의 경험으로 볼 때, 알렉산더 쉬메만이 쓴 책만큼 이것을 명확하게 표현한 것은 없다.

성경에서 볼 때, 인간이 세상에서 생존하기 위해서 반드시 먹어야 하는 음식은 하나님께서 주신 것이며, 또한 그것은 **하나님과의 교제의 수단**으로서 주어진 것이다. 인간의 음식으로서의 세상은 "물질" 적인 것만이 아니며 물질적인 기능에만 제한된 것이 아니다. 그러므로 음식으로서의 세상은 인간에게 하나님과 관계를 맺게 하는 '영적' 인 기능과 대립되거나 반대되지 않는다. 존재하는 모든 것은 인간에게 주신 하나님의 선물이며, 인간에게 하나님을 알리기 위해 그리고 인간의 삶이 하나님과 교제하도록 하기 위해 존재한다. 인간을 위해 음식과 인생을 만드신 것은 하나님의 사랑이다. 하나님은 그가 만드신 모든 것을 축복신다. 그리고, 성경적인 언어로 말하자면, 하나님이 모든 것을 창조하심은 그의 현존과 지혜, 사랑과 계시에 대한 징표와 증거를 의미한다. "너희는 여호와의 선하심을 맛보아 알지어다"(*For the Life of the World*, p. 2).

이러한 측면에서 볼 때, 예수께서 자신의 이름으로 어린아이 하나를 영접하는 것이 곧 그를 영접하는 것과 같다고 하신(마 18:5) 의미를 이해하게 된다. 그리고 배고픈 자에게 음식을 주고 목마른 자에게 마실 것을 주고 벌거벗은 자에게 옷을 입히고 병들고 감옥에 갇힌 자를 방문하는 것은 그분 자신에게 그렇게 하는 것과 같다고 하신 이유를 알게 된다. 우리가 피조물을 대하는 일은, 비록 우리가 그것을 인식하든지 못하든지 간에, 언제나 하나님께 대한 반응이다. 학교 수업도 학급이나 교사나 학부모를 위해서가 아니라 하나님을 위해서 행해질 수 있다. 하나님을 위해 일을 할 때 우리는 하나님으로부터 "착하고 충성된 종아, 잘 하였도다"라는 가장 영광스러운 상을 받을 수 있다. 모든 인생은 이와 같이 살 수 있다. 피조물은 우리가 생각하는 것보다 훨씬 더 성례전적이다. 이것은 하나님과 교제하기 위한 통로이다.

창조세계에 대한 우리의 이해

신화에 대한 신앙은 제3 세계 국가들이나 낙후된 사회에나 있는 것은 아니다. 현대성은 신화로 가득 차 있다. 단지 그것들이 신화라고 불려지지 않을 뿐이다. 그러므로 현대인들은 그들 자신을 계몽된 사람들이라고 당당하게 생각한다. 계몽주의의 가장 잘못된 신화 가운데 하나는 사물을 바르게 인식할 수 있는 유일한 방법은 과학적인 방법을 통해서라고 하는 생각이다. 오직 과학만이 우리 현대인에게 진리를 가져다 줄 수 있다는 것이다. 이 견해가 갖고 있는 문제는 모든 인간이 소유하는 실재에 대한 근본적인 경험을 완전히 무시한다는 것이다. 이러한 과학 이전의 경험은 하나님에 의해서 주어진다. 만일 우리가 이것을 그렇게 이해할 만한 준비가 되어 있다면, 그것은 전체적이며 풍성하고 의미 있게 될 것이다. 하나님은 세상과 우리를 만드시되, 세상은 하나님에 대해 우리에게 말해 주며, 우리가 하나님과 교제할 수 있는 통로가 되도록 하셨다. 과학적인 발명들은 두 번째 단계에 속한다. 과학적 발명들이 하나님께 대한 우리의 사랑과 경외심과 존경심을 더 깊게 해 준다면, 그것들은 정당하고 유용하며 축복 받은 것이다. 만약 과학적인 발명들이 그 반대로 사용된다면 그들은 악한 것이다.

몇몇 사상가들은 창조세계에 대한 우리의 경험에는 여러 차원의 가치의 수준들과 의미의 영역들이 존재한다고 주장했다. 폴 테일러(Paul W.

Taylor)는 여덟 개의 기본적인 영역이나 관점이 있다고 보았는데, 그것은 도덕적, 심미적, 지적, 종교적, 경제적, 정치적, 법적, 그리고 예의나 전통 등이다. 그는 이것들을 모든 사람들에게 적용된다고 보았다. 그 외에 가치에 있어서 공감대를 지니지 않는 영역은 한 사회 내의 특별한 집단과 연관이 있거나, 또는 전문적인 집단, 예를 들면 정당이나 군대와 같은 것과 연관되어 있다("Realms of Value" in *Theories of Value and Problems in Education*, Philip G. Smith ed., pp. 49-50).

필립 피닉스(Philip Phenix)는 인간은 의미를 경험할 수 있는 피조물이며, "일반적인 교육은 본질적인 의미를 발생시키는 과정"이라고 주장한다. 그는 의미를 여섯 가지 영역으로 발전시킨다. (1) 상징은 언어, 수학, 그리고 몸짓 언어와 같은 상징적인 형태들인데, 의미들은 그 상징을 통해 표현된다. (2) 경험주의는 물리적 세계, 생물, 인간에 대한 학문을 포함한다. 여기서 의미란 경험적인 진리를 말한다. (3) 심미학은 예술을 포함한다. (4) 직관력은 "개인적인 지식"의 영역이며, 직접적인 앎의 형태의 영역이다. (5) 윤리학은 행위에 대한 도덕적 의미나 책임의 영역이다. (6) 개요학이란 철학이나 종교, 역사와 같은 통합적인 의미의 영역이다(*Realms of Meaning*, pp. 5-7) 이러한 두 분류들은 훌륭한 교육자들이 의미를 교육의 과정과 동일시한다는 것을 보여준다.

화란의 기독교 철학자 헤르만 도예베르트는 또 하나의 의미에 관한 분류를 제시한다. 그는 의미란 인간 경험의 측면들이나 형태들이며, 각 영역은 그 나름대로의 원리와 법칙이 있다고 믿었다(피닉스도 이 견해에 동의할 것이다). 도예베르트는 시간의 프리즘을 통과하는 빛의 광선과도 같이 하나님의 말씀도 색깔처럼 인간의 15가지 경험의 측면 속으로 분광되어 나간다고 믿는다. 의미의 이러한 측면들의 각 영역들은 모든 사물, 인간, 사건과 혹은 인간의 삶 가운데서 마주치는 사상 속에 존재한다. 각 영역은 하나님의 말씀에 의해 창조되었으며, 그것은 그 자체의 핵심적인 의미와 법칙을 갖는다. 이것들을 열거하자면 수리적, 공간적, 운동적, 물리적, 생물적, 감각적, 논리적, 역사적, 언어적, 사회적, 경제적, 심미적, 정의적, 윤리적, 신앙적 또는 신앙 고백적인 영역 등이다(아래 도표 참조). 이 책에서는 이 관점을 따른다. 이 분류가 잘못이 없거나 변화될 수 없다는 것은 아니지만, 성경의 빛에 비추어 우리의 경험을 이해하는데 도움이 되는 방법을 제공한다.

다음 장들에서 이러한 경험의 영역들과 학교 교과목들과의 관계를 자세하게 논하게 될 것이다. 여기서는 이와 관련해서 두 가지 다른 생각들을 논의해야 할 필요가 있다. 하나는 일자(the one)와 다자(the many)에 대한 고대의 철학적 질문과 이 영역들의 관련성이고, 다른 하나는 '주의들'(isms)의 기원에 있어서 그 영역들의 위치이다.

고대로부터 실재가 일자냐 다자냐에 대해 많은 논란이 있어 왔지만 실제로 만족할 만한 대답은 얻지 못했다. 아래 도표는 경험의 측면들이 기독교적인 대답을 제공하는데 어떤 도움을 주는지를 보여준다.

도표가 보여주듯이, 하나님의 말씀은 모든 실재를 하나로 통합시키는 요소이다. 그것은 하나이며, 우리가 우리 자신을 발견할 수 있는 총체적 실재를 구성한다. 그러나 우리는 실재에 대해 다른 많은 측면들과 의미를 발견할 수 있으며, 그렇기 때문에 세상에는 여러 종류의 다원론이 있다. 만약 우리가 하나님의 말씀을 마치 프리즘을 통과해서 여러 가지 색깔과 의미를 지닌 통합된 스펙트럼으로 분광되는 빛의 광선처럼 생각한다면, 우리는 일자와 다자를 연결시킬 수 있는 성경적인 방법을 이미 발견한 셈이다. 각 측면들은 경험의 연결성이 사라지지 않도록 주의를 기울여야만 하지만, 그것 자체만으로도 연구되거나 훈련되어질 수 있다. 그때 한 측면에 관한 연구는 실로 우리 경험의 그런 특별한 측면에 대한 하나님의 법칙을 이해하려는 노력에 달려있다. 이러한 연구는 살아 계신 하나님께 대한 우리의 사랑과 경외심 그리고 존경심을 심화시키기 위해서 우리의 마음에 반영할 수 있고 또 그렇게 하는 것을 의미한다. 과학적인 질문이 이와는 전혀 상반되게 사용되어 왔다는 것은 비극이다. 그것은 사람들로 하여금 세상에 대해 책임을 지는 신은 없다는 생각을 하도록 해 왔다. 그러나 그러한 방식으로 이끌 필요는 없다.

"주의들"(-isms)의 기원이라는 또 하나의 주제는 만약 사람이 전혀 하나님을 믿지 않는

신앙 - 신학, 성경
도덕적 - 윤리, 가치
법률적 - 정치학
심미적 - 예술
경제적 - 경제학
사회적 - 사회학
언어적 - 언어학
역사적 - 역사학
논리적 - 논리학
감각적 - 심리학
생물적 - 생물학
물리적 - 화학
운동학적 - 물리학
공간적 - 지리학
수리적 - 수학

다면 어떻게 될 것인가에 대한 질문에서 비롯된다. 그 질문자는 그 자체로서 독립적이면서도 또한 다른 모든 측면들이 의존하고, 모든 것의 기반이 될 만한 경험의 어떤 측면을 찾게 될 것이다. 사상가들마다 각기 다른 측면들을 선택했지만, 그 각각은 인간 경험의 전체 구조를 떠받치기에는 충분하지 않은 "주의"(-ism)가 되고 말았다. 장님들과 코끼리에 대한 옛날 이야기가 우리의 마음에 와 닿는다. 장님들은 각각 코끼리의 다른 부분을 만졌다. 그리고 나서 각 사람들은 코끼리의 참 모습을 발견했다고 생각했다. 꼬리, 다리, 몸, 그리고 몸통은 코끼리를 하나의 줄, 나무, 벽, 그리고 한 마리의 뱀으로 착각하게 했다. 그러나 그들은 모두 틀렸다. 그래서 현대에 와서 마르크스는 경제적인 측면을 실재의 본질로 간주했다. 스키너는 생물학적 측면, 프로이드는 감각, 그리고 다른 사람들은 다른 측면을 그렇게 간주했다. 그러나 이들 여러 측면들 가운데 어느 것도 실재에 대한 우리의 전체적인 경험의 근거를 제공해 주기에는 충분치 않다. 마르크스주의, 프로이드주의, 스키너주의, 그 외의 다른 어느 주의도 충분하지 않다. 오직 하나님의 말씀만이 충분한 근거가 된다.

    기독교 학교를 위한 여러 측면들의 중요성은 3부 15장에서 논의될 것이다. 다만 여기서는 창조세계란 성례전적이며, 그 피조물을 통해서 하나님께서 우리에게 자신을 계시하시고 하나님과 이웃을 사랑하게 하시는 수단이라는 것을 우리가 알아야만 할 뿐 아니라 반드시 알아야 한다는 것을 마음에 새기는 것으로 충분하다. 하나님의 말씀에 의한 창조는 우리의 구원의 근거일 뿐 아니라 우주론의 근거가 된다.

9장 인류학

　인류학은 오늘날 대학 사회에서 매우 잘 확립된 학문이다. 그러나 일반적으로 이것이 전문적인 철학의 한 분야로 간주되지는 않는다. 세속 철학자들은 흔히 신학이나 인류학을 분리된 분야로 다루지 않는다. 신학은 과학적 조사를 위한 분야로 생각되지 않았기 때문에 오랫동안 잊혀져 왔다. 인류학은 생물학적 진화론에 근거해서 인간을 동물 세계에서 가장 고등한 존재로 간주해 왔다. 그러나 기독교 철학을 만들어 내기 위해서는 신학과 인류학 둘 모두를 그 속에 포함시켜야 할 것이다. 이미 앞 장에서 살펴 본 바와 같이, 신학의 근거는 분명하다. 학문의 한 분야로서의 신학은 인간 경험의 신앙적인 차원에 대한 연구로서 다루어 질 것이다. 반면, 계시의 빛에 비춰 볼 때 전 우주 속에서 인간이 지닌 중요한 위치 때문에 인류학은 분리해서 다뤄질 만한 가치를 지닌다. 따라서 이 장에서는 인류학을 구분해서 다루려고 한다.

　형이상학의 한 분야로서 우주론(Cosmology)은 우주의 기원, 성격, 발달, 그리고 목적을 다룬다. '코스모스'(cosmos)라는 단어는 희랍어를 거의 그대로 직역한 것으로, 이것은 '카오스'(chaos)라는 단어와 상반된 질서 있고 조화로운 조직적인 우주를 뜻한다. 앞 장 창조에서 우주에 대해서는 이미 다루었기 때문에 우주론에 대한 별도의 장이 필요하지는 않다.

그러나 인간에 대한 부분만은 다룰 필요가 있다.

앞 장에서 이미 다루었듯이, 성경에 비춰 볼 때, 인간성에 대한 논의는 창조와 함께 시작되지만 그것과 함께 죄와 구속에 대한 주제도 포함시키지 않을 수 없다. 따라서 이 논의는 인류의 창조에서 시작하여, 인류에 대한 하나님의 의도, 그 다음에는 타락과 구속이라는 주제를 인간 자신과 창조세계 전체와의 관련성 속에서 연구하게 될 것이다.

인간의 창조: 그들의 본성과 소명

과거에는 알지 못했던 우주의 광대함을 알게 되면서, 기독교 우주론이 지구라고 불리는 작은 혹성에 주된 관심을 쏟아야만 한다는 것이 이상하게 보일지도 모른다. 이렇게 강조하는 것이 실제로 이상한 것이 아니다. 사실 모든 철학적인 사고들은 그 안에서 이루어진다. 기독교적 관점에서 볼 때 하나님께서 친히 그의 아들 예수의 인격 속에서 인간의 몸을 입으셨다는 사실과 인간이 하나님의 형상을 지녔다는 사실은 올바른 것이다. 어떤 경우에라도 기독교 철학은 우선적으로 이 혹성의 환경과 그 거주자들에게 관심을 기울인다. 그 환경이란 지구에 사는 거주자들에게 지구가 적합한 거주지가 되도록 하기 위한 지질학적, 지리적인 특성들을 포함한다. 지구에 사는 거주자들은 크게 세 부분으로 나눠지는데, 식물과 동물 그리고 인간 자신이다. 그러나 인간을 세상에 대한 권위와 책임을 지닌 특별한 위치에 올려놓은 것이 어떤 현대 사상가들에게는 오만하게 보일지도 모른다. 그러나 이러한 견해는 아주 오래된 전통에 의해서, 그리고 인간은 전능한 하나님의 형상을 지녔으며 그들이 거주하고 있는 지구 전역에 대한 청지기의 역할로 부름 받았다고 하는 성경적 주장에 의해 지지

된다.

하나님께서 태양계와 지구를 만드셨을까 하는 전반적인 질문은 제쳐놓고서라도, 최초의 한 쌍의 인간은 매우 특별한 존재였다고 하는 성경의 주장에는 의문의 여지가 없다. 그들의 독특성은 아마도 그들의 관계성이라는 용어 속에서 가장 잘 서술될 수 있을 것이다. 인간들은 그들이 살고 있는 환경과의 관계, 인간 상호간의 관계, 그리고 하나님과의 관계를 갖고 있는데, 그 관계들은 지구상의 어떤 다른 그룹에서는 있을 수 없는 관계들이다. 인간은 탁월한 위치를 누리고 있고, 지구를 다스리고 있으며, 다른 어떤 동물들이 감히 견줄 수 없는 삶을 영위한다. 실로 원자의 파괴와 유전자의 개조가 진행됨으로써, 어느 선에서 통제를 해야 하느냐 하는 범주의 분별과 그 윤리성에 대해 문제를 제기할 근거가 생겼다. 그러나 그러한 종류의 통제를 할 수 있는 것은 오직 인간뿐임은 분명하다. 인간은 또한 상호간에 매우 특별한 관계를 갖는다. 그들은 가족, 씨족, 종족, 그리고 국가라는 끈에 의해 함께 연결된다. 그들은 고독한 고립 속에서 깊은 소외감을 느낀다. 인간은 분명 사회적인 존재들이다. 더욱이 그들은 하나님과 특별한 관계를 가질 수 있는 존재들이다. 그들은 하나님의 형상과 모양으로 만들어졌다. 이것은, 인간을 위해, 살아 계신 하나님과 친밀하고 의존적이며 섬기는 관계를 가질 수 있는 가능성을 분명히 하며 이에 대한 책임이 있음을 말해준다. 성경적인 관점에서 볼 때, 인간의 삶에서 사회적, 환경적인 관계에서 큰 어려움이 생기는 까닭은 하나님과의 관계가 잘못되었기 때문이다.

하나님의 형상으로 지음 받았다는 것은 무엇을 의미하는가? 그 형상은 피조된 인간의 어떤 측면에 들어 있는가? 베르코우워(Berkouwer)는 스킬더(Schilder)의 말을 인용하여, 하나님의 형상이란 인간 속에 있는 정적인 것보다는 동적인 것이라고 주장한다. 무엇보다도 인간은 하나님을 비추거나 반영할 수 있는 존재로 창조되었고 오늘도 계속해서 그렇게 창조되고 있다.

그 실제적인 형상은 하나님을 위해서 활동적이며 역동적인 봉사를 하는 과정에서 이러한 창조된 특성들을 사용할 때 발견된다. 그러므로 오직 인간만이 하나님을 반영할 수 있으며, 나타낼 수 있고, 하나님의 형상으로 존재할 수 있다. 하나님의 형상은 그들 자신들의 고유한 특성 속에 있지 않고 피조된 인간의 생활, 즉 활동과 기능 속에 있다(Man: The Image of God, p. 55).

인간이 하나님의 형상을 지녔다는 사실을 신약에서는 단지 두 곳에서만 뒷받침해 준다. 에베소서 4장 24절과 골로새서 3장 10절을 보면, 의와 거룩과 참된 지식이라는 특성들은 사람들 속에 있는 하나님의 형상의 재생과 동일시된다. 성경적인 용어로 말하자면, 지식은 단순히 정보의 축적이 아니라 오히려 진리의 행함에 있다(요일 1:6)는 사실을 기억해 볼 때, 그 형상이란 활동적인 것이며, 매일의 삶의 일상적인 사건 가운데 일어나는 것임이 분명하다.

20세기 중엽 기독교 학교의 적극적인 주창자였던 마크 파케마(Mark Fakkema)는 하나님의 형상이 창조의 실례임을 상기시킴으로써 그의 많은 청중들의 이해를 도와주었다. 그는 인간의 본성을 수은과 같이 반사되는 액체로 채워져 있으면서 매우 좁은 받침대 위에서 균형잡힌 상태에 있는 그릇과 비교한다. 균형잡힌 상태에 있는 한, 그것은 그 위에 있는 하늘의 별이나 구름을 그대로 잘 반영한다. 그가 이 장치에 부여한 이름은 인간이 양면성을 지니고 있음을 시사해 주는 "오리지날 · 이미지"(original-IMAGE)였다. 한편으로, 인간의 양면성이란 거울처럼 그 앞에 무엇이 놓여 있든지 간에 자동적으로 그것을 반사한다. 다른 한편으로, 그것은 독립성을 갖고 있어서, 엄격하게 제한되긴 하지만, 그들로 하여금 창조적인 존재가 되도록 한다. 이 "오리지날"이라는 단어는 인간이 하나님처럼 절대적인 의미에서 창조적이지 않기 때문에 소문자로 쓰여져 있다. 하나님은 단순히 말씀으로 창조하신다. 인간은 창조하기 위해서는 도구, 재료들, 시간, 그리고 기술을 가져야만 한다. 그러나 인간의 능력 가운데 창조적이고 독창적인 면에서는 하나님을 닮은 그 무엇이 있다.

각각의 끝을 조절하는 두 개의 동등한 힘에 의해 그 거울이 균형을 유지하게 된다고 하는 주장에 의해 이 예는 강력히 지지될 수 있다. 이미지(IMAGE) 쪽에서는 "해야만 하는" 힘이다. 왜냐하면 거울은 그것이 받아들이는 것만을 반향하기 때문이다. 오리지날(original) 쪽에서는 "하려고 하는" 힘이다. 왜냐하면 인간이란 해야만 하는 것을 하고 싶도록 만들어졌기 때문이다. 인생에서 이와같은 종류의 역사적인 예가 주어진 경우는 매우 드물다. 타락 전의 아담과 하와 그리고 땅에서 성육신의 삶을 사신 예수 그리스도만이 오직 정확한 예들이다. 특히 예수님은 이것을 이루셨다. 그는 자신을 보내신 자의 뜻을 이루는 것이 그의 양식이라고 말씀하셨다. 그는 마치 자신이 그렇게 할 책임을 지니기나 한 것처럼 철저히 아버지의 뜻을 이루고자 했다. 그러므로 그는 "나를 본 자는 아버지를 보았느니라"(요 14:9)라고 말씀하심으로 빌립의 질문에 대해 답하셨다. 아담과 하와의 문제들은 그들이 했어야 하는 일을 하려고 하지 않은 데서 시작되었다. 하나님께서 그들에게 주신 소명은 창세기 1장과 2장에 나타나 있다.

하나님이 그들에게 복을 주시며 그들에게 이르시되 생육하고 번성하여 땅에 충만하라, 땅을 정복하라, 바다의 고기와 공중의 새와 땅에 움직이는 모든 생물을 다스리라 하시니라(창 1:28).

여호와 하나님이 그 사람을 이끌어 에덴 동산에 두사 그것을 다스리며 지키게 하시고(창 2:15).

피조물을 통치하라는 명령과 에덴 동산을 경작하고 지키라는 명령 속에 포함된 의미는 인간의 문화 창조의 책임과 환경 보호의 책임에서 찾을 수 있다. 인간은 하나님과 서로에 대한 사랑 안에서 일하도록 지구의 청지기로 만들어졌다.

이것은 하나님이 주신 소명이 성직자들이나 선교사들에게만 제한되지 않음을 뜻한다. 모든 인류는, 강조해서 말하자면 그리스도인들은, 하나님을 섬기며 또한 하나님의 나라를 확장시키는 삶을 위해 하나님의 부르심을 받는다. 창조세계는 우리가 일하는데 필요한 재료들을 제공한다. 피조된 세계, 우리의 시간, 기술과 잠재력을 지닌 우리의 몸, 마음, 심령이라는 우리의 환경은 하나님과 이웃에게 우리의 사랑을 나타내기 위한 통로로서 우리에게 제공되어진 것이다(롬 12:1-2, 고전 10:31; 골 3:17). 이것은 하나님께서 세계를 창조하신 목적의 두 번째 측면이다. 한편으로 창조세계는 하나님을 계시하며, 다른 한편으로는 하나님을 예배하고 섬기는 매체이다. 만약 그리스도인들이 자신들의 소명을 삶 속에서 좀더 일관되게 수행하려고 한다면, 그것이 세상을 향한 교회의 증거에 많은 차이를 가져올 것이다.

이 소명을 현대적인 용어로 해석하면, 그리스도인들은 창조세계를 이해하고, 그것을 하나님과 이웃에 대한 사랑을 위해 사용하고, 그리고 그것을 향유하기 위해 부름 받았다고 말할 수도 있을 것이다. 이러한 이해는 창조세계를 우리의 이기적인 사용을 위해 쾌락과 소유 그리고 권력으로 이해하는 것이 아니라, 하나님 자신을 우리에게 말씀해 주시는 책으로, 그리고 하나님께 대한 우리의 청지기직을 수행하게 하는 수단으로 해석하는 것을 의미한다. 하나님께서 우리 각자의 관할 하에 두신 피조물들을 우리가 돌보고 사용할 때 우리는 청지기직을 수행하는 것이다. 그리고 우리는 이러한 봉사를 통해서 참된 기쁨을 발견하도록 만들어졌다. 그러므로 웨스트민스터 소요리 문답의 제 1 문항 "사람의 첫 번째 목적은 무엇인가?"에 대한 대답은 "인간의 주된 목적은 하나님을 영화롭게 하고 그를 영원토록 즐거워하는 것이다" 이다.

타락: 인간의 독립선언

기독교 세계관에서 첫 번째 요소는 창조이고, 두 번째는 전 피조계를 속박하는 인간성의 타락이다. 이것은 모든 비성경적인 세계관의 취약 부분이다. 인간성의 타락을 치료하기 위한 현대적인 처방이 안고 있는 문제는 인간이 생명의 근원이신 살아 계신 하나님으로부터 멀리 떨어져 있다는 것을 인식하지 못하는 데 있다. 이것은 인간의 죄 문제에 직면하는데 실패했음을 의미한다. 타락이라는 주제는 '유혹과 타락 그 자체' 라는 하위제목에 의해서 쉽게 이해될 수 있다.

유혹이 우리의 첫 번째 부모의 외부로부터 주어졌다는 것은 중요한 사실이다. 하나님께 반역하려는 생각은 그들 자신에게서 나오지는 않았다. 그것은 제3자에 의해 도입되었다. 뱀을 통해서 말하는 사탄은 아담과 하와에게 하나님을 믿지 말라고 했고, 또한 하나님께서 금하신 명령을 무시하면 하나님처럼 될 것이라고 속였다. 여기서 마귀는 소위 거짓말장이였다. 이 말은 마귀가 하나님으로부터 독립해서 창조계 외부의 어떤 위치를 차지하고 있다는 것이다. 만약 아담과 하와가 마귀의 제안에 순종한다면, 그들 역시 독립적인 존재가 되며 피조성의 한계를 벗어나게 된다는 것이다. 문제는 마귀가 피조성에서 완전히 벗어나 있지 않다는 것이다. 피조물은 피조성에서 벗어날 수는 없다. 마귀는 실제로 창조 영역 안에 있었으면서 그 외부에 있는 것처럼 말했다. 피조성을 벗어나고자 하는 아담과 하와의 노력도 여전히 그 속에서 끝나 버렸으며, 단지 그들의 얼굴이 흙 속에 묻히게 되는 결과를 낳았을 뿐이다. 그들은 항상 그랬듯이 피조물에 지나지 않았다.

> 여자가 그 나무를 본즉 먹음직도 하고 보암직도 하고 지혜롭게 할만큼 탐스럽기도 한 나무인지라 여자가 그 실과를 따먹고 자기와 함께 한 남편에게도 주매 그도 먹은지라(창 3:6).

유혹은 세 가지 갈래로 나눠졌다. 첫 번째 갈래는 쾌락을 누리도록 한다는 미끼였다. 두 번째는 소유물을 얻고자 하는 것이었고, 세 번째는 지혜와 능력을 얻으려는 것이었다. 이 동일한 세 가지 유혹은 우리 주님이 세례 요한에게 세례를 받으신 후 광야에서 마귀의 시험을 받으실 때도 나타났고, 그리고 요한일서 2장 16절에 기록된 사도 요한의 세상에 대한 정의에서도 나온다. "이는 세상에 있는 모든 것이 육신의 정욕과 안목의 정욕과 이생의 자랑이니 …" 성경 전체를 통해서 보면 계속해서 유혹에 관해서는 따분하고 비극적인 동일성이 나타난다.

유혹의 핵심을 이해할 수 있는 열쇠는, 쉬메만이 지적했던 바와 같이 하나님께서 아담과 하와에게 금지하셨던 동산에 있는 한 나무 속에 있다. 하나님은 그 나무를 축복해서 그들에게 주시지 않았다. 하나님께서 축복하신 피조물을 통해서만 하나님께로부터 얻을 수 있는 것을 그들은 금지된 나무로부터 얻으려고 했다. 쾌락과 물질과 권력 그 자체가 잘못된 것은 아니다. 만약 우리가 창조세계를 통해 하나님으로부터 얻는다면 그것들은 축복이다. 그러나 우리가 그것들의 기원이 하나님 안에 있음을 깨닫지 못한 채 피조물로부터 그것을 얻으려고 한다면, 그 피조물은 즉시 우상이 된다(롬 1:25). 우상은 결코 그들의 약속을 성취시켜 주지 못한다. 그들은 언제나 노예로 만든다.

노예성이란 종속되는 것이다. 인간이란, 항해에서 길을 지시해 주는 배의 방향타와 같은 기능을 하는, 어떤 가치 중심이 없이는 존재할 수 없는 존재이다. 비록 종교의 존재가 부정된다 하더라도 종교는 그들의 존재에 있어서 필수적이다. 인간은 그리스도를 통해서 살아 있는 하나님을 섬기거나, 아니면 참 하나님을 대신하는 물질적이거나 비물질적인 어떤 피조물을 섬기게 된다. 알콜 중독이나 물질 남용을 통해 우리 대부분은 이러한 것에 익숙해 있지만, 이러한 현상은 보편적이다. 모든 인간은, 만약 그들이 그리스도를 통해서 하나님을 섬기지 않는다면, 피조물 중 그 어떤 것에 빠져들게 된다. 탐닉과 관계되는 모든 문제는 애착을 느끼는 것에 인간의 모든 가능성을 다 빼앗겨서 하나님이나 이웃을 사랑할 만한 여지가 없다는 것이다.

하나님으로부터의 독립 선언으로 인하여 실로 엄청난 변화가 일어나게 되었다. 육체적인 타락과 죽음의 씨앗이 뿌려졌다. 그들에게 가장 귀했던 하나님과의 친밀한 관계는 이제 사라지고 말았다. 하나님은 첫 번째 대적이 되었다. 그들은 날이 서늘할 때 동산에 거니시는 하나님의 음성을 피하였다. 그들 상호간의 관계도 이제는 깨어져 버렸다. 그들은 자기들의 벌거벗음을 부끄러워하게 되었고 나뭇잎으로 만든 옷으로 서로의 부끄러운 곳을 가리려고 했다. 그들에 의해 다스려지던 피조물과의 관계도 깨어졌다. 이제 동물들이 그들을 두려워하게 되었고, 땅은 엉겅퀴와 가시를 내었다. 그들의 자의식은 자가당착적인 소외감으로 인해 어두워졌다. 마음, 정신, 감정, 그리고 의지, 이 모든 것들이 감염되었다. 그들의 자기 인식은 무거운 죄책감을 지니게 되었다. 그들은 자신들이 잘못되고 있음을 알았다.

이것은 어떤 일시적인 상태가 아니다. 하나님과 누렸던 교제의 정상에서 미끄러지면서 이제 그들은 자기들의 상황을 뒤바꿀 수 없게 되었다. 문제를 바로 잡기 위해 버티고 설 만한 힘이 그들 내부에는 없었다. 만약 어떤 도움이 올 수 있다면 그것은 외부로부터 와야만 한다. 마귀는 인간 자신의 선택이라는 끈으로 그들을 묶어 버렸으며, 그들은 자기 자신을 해방시킬 수 없게 되어 버렸다.

구속: 기독교 세계관의 세 번째 요소

그들과 우리를 위해서 도움이 주어졌다. 놀랍게도 그 도움은 그들이 불순종하고 대적하였던 그 근원, 즉 세상을 창조하시고 그들을 사랑하기를 끝까지 하시는 하나님으로부터 주어졌다. 성경은 하나님의 구속 활동을 기록한 책으로서 성육신 하신 하나님의 말씀이신 예수 그리스도의 인격에 그 중심을 두고 있다. 예수를 통해 주어진 하나님의 은혜와 사랑의 이야기는 이 세상에서 가장 아름답고도 가장 능력 있는 이야기다. 그것은 바로 좋은 소식, 곧 복음이다.

복음을 이해하기 위해서는 성경에 나오는 대표 개념을 이해하는 것과 인간이 겪는 두 가지 문제를 이해할 필요가 있다. 먼저 대표의 문제이다. 구속사의 정점에서 그리스도는 베들레헴에서 동정녀 마리아의 몸을 통해 우리 인간 속으로 오셨다. 그는 하나님을 믿음으로써 자신에게 필요한 것을 얻으려는 모든 사람들의 대표로서 오셨다. 아담이 자신의 범죄로 인하여 모든 인류의 대표인 것처럼 그리스도는 자신의 구원 사역으로 인하여 그의 모든 백성을 대표하신다(고전 15:22, 45-49). 우리는 오만하게 하나님을 떠남으로써 자신이 아담의 죄 속에 포함되었다는 사실을 거부한다. 만약 우리가 아담 안에 포함되기를 거절한다면, 그와 마찬가지로 그리스도 안에 포함되기를 바랄 수 없다는 사실을 기억할 필요가 있다.

복음을 이해하기 위해서 우리는 우리의 결핍된 참 본성에 대해서도 알아야 한다. 우리는 두 가지 문제들을 지니고 있다. 하나는 본래 우리는 좋은 사람이 아니라는 것이다. 부족한 상황이 벌어질 때, 우리의 이기성은 그 점을 여실히 보여준다. 우리의 삶은 좋지 않은 모습으로 채워져 있다. 더욱이 우리는 하나님보다 우리 스스로가 더 잘할 수 있다는 식으로 하나님을 모독했다. 우리는 하나님 앞에 죄인이며, 우리에게는 그 죄를 씻을 수 있는 방법이 없다.

그리스도의 구속 사역은 이 두 가지 필요를 다 설명해 준다. 그분은 자신의 생애를 통해서 우리에게 결핍되어 있는 선한 삶을 제공하셨다. 예를 들면 예수님은 세례 요한에게 회개의 세례를 받으셨다. 그에게는 회개해야 할 죄가 없었다. 그는 우리를 위해 회개하신 것이다. 그래서 베드로는 사도행전 5장 31절에서 그리스도의 회개케 하심과 죄 사함에 대해 말하고 있다. 다시 말하자면, 그리스도는 세례에서 시작하여 광야 유혹에 이르기까지 다 겪으셨다. 이것은 다윗과 골리앗의 실제 이야기이다. 그는 그 자신의 인격 속에서 시험을 받으셨을 뿐 아니라, 또한 우리의 대표로서 시험을 받으셨다. 아담이 실패한 곳에서 그는 견고하게 섰으며, 아담이 당했던 시험들을 물리치셨다. 그는 우리를 대신해서 그렇게 하셨다. 그러므로 고린도전서 10장 13절은 시험에서 벗어날 수 있다고 약속한다. 그리스도의 전 생애는 하나님 아버지께 영광을 돌리는 삶이었다. 그는 건

강하고 거룩한 인간의 삶의 수원지를 공급함으로써 우리가 성령의 역사로 인도함을 받는 특권을 누리게 하신다. 신약 성경이 성령을 통해서 그리스도께서 우리 안에 내주하신다고 말씀하시는 이유가 이것이다. 이로써 그리스도는 우리의 첫 번째 필요를 충족시키셨다.

두 번째 필요인 죄책으로부터의 해방은 그리스도가 십자가상에서 충족시키셨다. 스킬더는 그의 책 *The Trial, Sufferings and Death of Jesus Christ Our Lord* 제3권에서 다음과 같이 주장한다. 십자가상에서의 그리스도의 고통을 이해할 수 있는 실제적인 열쇠는 하나님 아버지로부터 버림받은 것이다. 전 생애를 통하여 그는 다른 무엇이 없이도 모든 것을 할 수 있었지만, 아버지의 인정 없이는 아무 것도 할 수 없었다. 그는 그것을 십자가상에서 잃어버렸다. 그 날의 다른 모든 고통들은 이 안에서 절정을 이룬다. 그는 고뇌 속에서 "나의 아버지여"가 아니라 "나의 하나님, 나의 하나님 왜 나를 버리시나이까?"라고 부르짖었다. 스킬더의 말처럼 그는 지옥의 바닥을 걷고 있었다. 고난의 가장 깊은 곳에서도 그는 자신이 하나님의 아들이라는 믿음을 포기하지 않았다. 스킬더는 그것은 마치 하나의 손이 지옥에서 나와서 하나님의 보좌를 붙들며 "비록 내가 모든 의식을 잃어버렸다 해도 나는 당신의 아들이니이다"라는 주장과 같다고 말한다. (비록 우리가 제대로 알지는 못하지만, 성부와 성령께서도 역시 삼위일체성 속에서 눈물을 흘렸을 것이라고 말하는 것은 정당하다고 생각한다.) 그리스도의 희생을 기뻐하신 성부께서는 그를 죽음에서 살리셨고, 이로써 그의 구원 사역의 유효성을 선언하셨다(롬 1:4). 따라서 그리스도는 우리의 죄 문제를 해결하셨다.

그러면 범죄한 인간들이 어떻게 그리스도의 구속의 은혜에 참여할 수 있는가? 그를 우리 자신들의 대표로 받아들임으로써 그 은혜에 참여할 수 있다. 인간이 먼저 자신들의 행위를 깨끗하게 함으로써 그 은혜에 참여할 수 없다. 인간은 자신을 깨끗하게 할 능력이 없다. 인간은 모두 나약함과 죄성 안에 있기 때문에 예수님의 능력 있고, 깨끗하며, 구원하는 손길에 자신들을 위임해야 한다. 인간의 관점에서 볼 때는 이러한 과정들이 회개(그들 자신과 하나님에 대한 마음의 변화)와 신앙이다. 하나님 편에서 볼 때 이러한 일은 성령의 능력을 통해 일어나는데, 성령은 인간의 마음 가운데 들어가서 그 죄인을 새로운 인류의 일원으로서 그리스도에게로 묶어 준다.

여기에 신비스런 무엇인가가 있다. 신학자들은 신비한 연합이 발생한다고 주장한다. 그리스도가 "내가 너희 안에 거하리라"고 하실 때 우리도 "그리스도 안에 거하는 것"처럼(요1 5:4), 죄인은 그리스도의 몸에 연합됨으로써 새로운 몸이 된다. 신약은 이 신비스러운 변화를 설명하기 위해서 비유로 되돌아간다. 즉 그리스도는 포도나무요, 우리는 그 가지이다. 그는 목자이며, 우리는 그의 양이다. 그는 머리이시며 우리는 그의 몸이고, 그는 신랑이며 우리는 신부이다. 그러므로 새로 태어난다는 것은 단순히 법적인 계약이 아니라 그리스도와 개인들 사이에서 이뤄지는 생생하고 살아 있는 연합이다. 이 연합을 통해 그리스도의 의로운 신분과 그의 특별한 삶이 용서받은 죄인의 것이 될 수 있다. 실로 이것은 지상 최고의 이야기이다. 그것이 복음이다.

10장 지식

지식을 다루는 철학의 분야를 인식론이라 부른다. 이것은 기독교 공동체가 기를 쓰고 성경적 근거로 되돌아가려고 하는 분야이다. 계몽주의의 영향으로 인해 우리의 이러한 의지는 많이 퇴색되었다. 계몽주의의 아버지인 프란시스 베이컨(Francis Bacon)은 그의 추종자들에게 사물의 의미와 목적에 대한 사색은 그만 두고 단순히 사실만을 추구하라고 말했다. 그의 주장에 의하면, 사실들은 힘을 부여하고, 때 이른 과학적 혁명에 대한 도취감은 사고의 경향을 너무나도 설득력 있게 변화시켜 버렸기 때문에 어떤 의미나 중요성이 없이도 사실들은 지식의 중심적인 정의가 되어 버렸다. 성경적 근거로부터의 장기적이고도 왜곡된 이탈로 인해, 교회는 성경이 제공하는 지식을 스스로에게는 주로 '영적인' 측면으로만 제한시켜 왔다. 대부분의 그리스도인들은 일상적인 일속에서 과학만이 진리를 수립할 수 있다고 하는 생각의 타당성에 대해서 별로 의문을 제시하지 않는다.

인식론은 금세기 동안 철학적 탐구에서 가장 주목할 만한 두 개의 영역 가운데 하나가 되어 왔다. 철학자들은 실재의 본성에 대한 윤곽을 그리려고 하는 노력을 거의 포기해 버렸으며, 이제는 인식론과 실존주의에 그들의 노력을 기울인다. 존 듀이는 인식론 분야에서 미국 사상가들을 이끌어

왔었다. 일반적으로 그리스도인들이 듀이의 결론에 대해 거의 호감을 가지지 않았음에도 불구하고, 실제로 일상사에서 그들이 과학과 진리를 계속해서 동일시한다는 것은 이상한 일이다. 듀이는 절대적인 진리란 없다고 결론지었다. 그가 절대적으로 동의할 수 있었던 것은 절대적인 것은 없다는 것이었다. 그는 미국 공교육에 깊고도 큰 영향을 미쳤다. 우리는 과학적인 방법을 사용함으로써 진리를 만들고, 우리가 만든 그 진리는 과학이 그것을 변화시키기 전까지는 확실한 것이라고 듀이는 주장한다. 성경을 믿는 사람이라면 그 누구도 동의할 수 없었다. 그러나 영적인 영역을 제외하고서는 지식에 대해 문제시하는 일들이 교회 내에서 거의 일어나지 않는다. 기독교적 인식론을 새롭게 하는 것만큼 교회에서 시급한 것은 없을 것이다.

현대 인식론의 문제

지식에 대한 더 명확한 기독교적 관점이 필요하다는 것을 이해하기 위해서는 계몽주의로부터 발달되어 온 지식의 문제를 살펴보는 것이 도움이 될 것이다. 1부에서 살펴보았듯이, 계몽주의는 실재에 대한 인간의 지식을 보다 명확하게 하기 위해 인간의 이성을 사용하려는 18세기의 시도였다. 계몽주의 사상가들은 과학적인 방법을 확신했다. 그들은 자기들 이전 시대는 성경에서 계시된 진리를 미신적으로 믿는 암흑 속에 갇혀 있었다고 생각했다. 반면에 그들의 시대는 새로운 빛의 시대, 즉 계몽주의 시대였다. 이러한 유력한 견해가 이성주의 시대라고 불리는 18세기와 19세기를 이끌어 왔다.

이러한 새로운 관점이 안고 있는 문제는 과학적 지식의 성격에 있다.

과학은 단지 양적인 것만 다룰 뿐이다. 경험적인 연구는 측정 가능한 것에 제한된다. 인생의 의미와 목적과 같은 질적인 것, 소리나 색깔과 같은 여러 측면들은 과학적으로는 측정될 수 없다. 이러한 인식은 자연과 자유라는 현대적인 분리를 가져왔다. 자연은 결정되어진다. 그것은 과학에 의해 연구되어 지고, 소위 '자연 법칙'에 의해 항상 지배되기 때문에 자유가 결핍된다.

기독교적 관점에서 완전히 동떨어지기는 했지만, 수많은 현대 사상가들은 인간이 단순히 고등 동물이라고 하는 자연 법칙의 결정론을 거부했다. 그 대신 그들은 인간 개인의 자율성에 대한 확신을 선택했다. 현대 사상은 과학과 개인의 자율성이라는 이 두 축 사이에서 줄곧 미적거려 왔다.

18세기 중·후반부를 살았던 독일 철학자 임마누엘 칸트(Immanuel Kant)는 그때까지 유지해 온 계몽주의 세계관에 대해서 하나의 해석을 제시하였다. 그는 경험적인 세상을 '현상의 세계'라고 불렀다. 현재 존재하는 모든 것은 법칙에 의해 조절되며, 그러기에 어떤 자유도 배제된다. 이것은 과학적인 방법에 의해 탐구되고 정의된 영역이다. 그러나 이와 동시에 가치와 도덕 그리고 의미를 위한 공간이 보존되기를 그는 원했다. 그는 그 영역을 '실체'(the noumena)라고 불렀다. 이것은 그것들만의 영역이며, 자유의 가능성을 포함한 영역이다. 물론 이것은 종교의 영역이기도 하다.

문제는 우리가 어떻게 자유와 결정론 이 모두를 수용할 만한 지식의 개념을 만들어내느냐 하는 것이다. 과학적인 지식은 결정되어져 있다. 그것은 자유를 포함하지 않는다. 가치나 목적, 아름다움에 관한 지식은 자유를 포함한다. 그러나 자유로운 것과 자유롭지 않은 것 모두를 수용할 수 있는 개념은 없다. 이러한 긴장은 실제로 신뢰할 만한 지식은 오직 과학적인 것뿐이라고 하는 현대적인 개념을 낳았다. 이것은 종교적인 개념을 개인적인 영역이나 상대적인 영역으로 몰아 부쳤다. 따라서 현대 인식론은 매우 심각한 난관에 부딪히게 되었다. 그것은 종교적이거나 도덕적인 개념을 분명한 지식의 영역 속에 포함시킬 방법이 없다는 것이다.

지식의 문제에 대한 기독교적 해결책

제임스 마틴은 "Toward an Epistemology of Revelation"(*The Reality of Christian Learning*, Hiei and Wolve, ed.)이라는 그의 논문에서 인식론의 현대적 문제에 대한 흥미로운 대답을 제시했다. 그것은 기독교 학교를 위해서도 흥미롭고 유망한 의미를 지니고 있다. 다음의 설명은 주로 그의 논문에 의존한 것이다.

논리적인 진술에서는 자유로운 것과 자유롭지 않은 것을 결합할 만한 어떤 개념을 만들어 낼 길이 없다고 마틴은 주장한다. 그의 해결책은 상상적인 통찰력(imaginative insight)이라는 개념을 도입하는 것이다. 그는 이것을 지금까지는 알려지지 않았지만 지금은 계시된 "비밀"이라는 성경적인 개념과 동일시한다.

심리학자로서 마틴은 다른 사람을 알게 되는 신비로운 과정에서 지식의 열쇠를 찾는다. 우리는 과학적인 관점에서 다른 사람에 대해 무엇인가를 알 수 있지만, 참 지식은 자기를 보여 주려고 하는 상대방의 의지에 달려 있다. 어떤 사람이 자신을 드러내고자 하는 의지가 있을 때만 우리는 실제로 그에 대해 알 수 있다. 이 때문에 성경은 지식을 남성과 여성 사이의 가장 내밀한 관계인 성교로 표현한다(창 4:1).

마틴은 우리가 이제는 성경적 계시의 핵심부에 이르고 있음을 지적한다. 하나님을 아는 것은 하나님이 자신을 우리에게 알려 주심에 달려 있다. 우리는 또한 참된 지식 안에서 사랑이 차지하는 위치를 인식하게 된다. 하나님은 자신의 뜻대로 그리고 사랑 안에서 세상을 창조하셨다. 그는 능력의 말씀으로 계속해서 세상을 사랑하고 유지하신다. 이렇게 하심으로써 하나님은 피조물인 인간에게 자신을 알리고자 하고, 또한 그들로 하여금 경외심, 사랑, 찬양, 그리고 봉사를 통해서 그분께 응답할 수 있는 길을 제공한다.

지식에 대한 이러한 이해는 예수님의 부활에서 그 절정에 이른다. 완전히 자유로우신 하나님의 아들은 인간의 성품 속으로 내려 오셨으며, 인간의 성품은 인간의 삶과 경험의 여러 가지 측면들을 위한 하나님의 법칙에 의해 결정된다. 그는 우리에게 하나님을 알리기 위해 오셨다. 사랑의 하나님은 경험적인 관찰로서는 결코 발견할 수 없는 것을 그리스도의 인격을 통해 인간에게 나타내셨다. 자기 계시는 소름끼치는 한 사건 안에서 정점에 이르렀으며, 그것은 또한 하나님의 속성과 인간을 위해 기꺼이 자신을 내어 주시는 계시의 정점이기도 했다. 인간의 이성이 하나님의 개념을 만들어 낼 수는 없다. 논리로써는 한 인격 속의 두 속성이라는 그리스도의 신비를 밝혀 낼 수 없다. 그러나 신앙에 의한 상상은 이 지식을 받아들일 수 있다. 실로 그것이 지식이다!

지식에 대한 이와같은 성경적 이해는 심오하다. 실재 그 자체는 단지 이러한 방법에 의해서만 알려질 수 있다. 마틴은 말한다.

> 이러한 점에서 우리는 실재에 관한 우리 지식의 정당성이나 그 근거를 제공할 수 없을 뿐만 아니라 또한 그렇게 할 필요도 없다는 것이 명확해졌다. 그 책임은 우리의 것이 아니고, 우리가 기다려야만 하는 실재의 현존과 활동의 자기 계시에 속한다. 우리의 책임은 계시되는 것이 무엇이든지 간에 그것

을 받아들일 준비를 하는 것이다("Toward an Epistemology of Revelation" in *The Reality of Christian Learning*, p. 150).

창조세계는 하나님을 계시한다. 그분은 우리가 피조물을 통해서 하나님을 알게 되기를 원하신다. 이것은 기독교 학교가 학생들의 마음과 심령 속에 고무시켜야 하는 것을 말해준다.

피조물에 대한 우리의 이해는 과학에 대한 우리의 평가를 위해 중요하지만, 그렇다고 과학의 사용에 반대하는 것은 아니다. 마틴은 계속해서 말한다. "자연 과학에 의해서 낱낱이 분리되어진 단편적인 자연관은 근본적으로 잘못된 관점이다"(pp. 150-151). 칸트적 방법론은 우리에게 실재에 대한 참된 지식을 줄 수 없다. 우리는 오직 계시의 빛 안에서만 세상을 '자유롭게 선택된 창조의 행위'로 이해할 수 있다. 그렇게 할 때 우리는 창조세계의 실제적 의미를 이해하게 된다. 그 실제적 의미는 범신론적이지 않고 초월적인 의미에서 하나님 자신이시다. 이것은 그리스도인들이 과학을 금지해야 한다는 의미가 아니고, 다만 하나님께 대한 경외심, 사랑, 찬양, 그리고 봉사를 더 깊게 하도록 표현될 때만 과학의 사용이 바르게 된다는 것이다.

제임스 로더(James Loder)는 무엇인가를 알기 위해서 배운다는 것은 상상의 비약, 즉 통찰력의 '아하 신드롬'을 비롯한 하나의 사건이라는 것을 이해시키는데 한 권의 책을 온통 다 바쳤다. 그는 이렇게 예를 들면서 말한다.

> 탄탄한 인간 관계를 만들기 위해 아무리 직관력 있는 의식적 분석 과정을 거쳐서 연구한다 하더라도, 갈등에 대한 통찰력 있는 해결책은 항상 불시에 인식된다. … 일의 결정적인 순간에 이러한 뚜렷한 불연속성이 있다는 것은

의식 저 너머에 있는 실재의 영역으로부터의 중재적인 개입이 의도적으로 이뤄짐을 시사한다(*The Transforming Moment*, p. 41)

다시 말해 하나님 자신이 기술(출 31:3-6), 통치(잠 8:15-16), 농사(사 28:23-29) 등 모든 영역에 있어서 우리들의 지식의 주인이다. 오늘날의 세계는 새로운 인식론을 절대적으로 필요로 한다. 그리스도인들은 그것을 만들어 낼 만한 능력을 자기 속에 지니고 있다. 이제는 그렇게 하기 위해 깨어야 할 때가 충분히 되지 않았는가?

신앙과 지식

계몽주의의 가장 위대한 승리 가운데 하나는 지식이 중세와 교회의 미신으로부터 자유로와진 것이라고 가정해 볼 수 있다. 경험적인 지식, 또는 감각의 경험에 근거한 지식, 그리고 그 지식에서 나온 논리적 연역 등은 세계를 비추는 새로운 빛이었다. 계시된 진리에 대한 신앙과 신학적 교리는 이제 더 이상 확실한 인간 지식 속에서 그 어떤 정당한 위상을 유지할 수 없게 되었다. 이러한 견해의 결과는 최근 그리스도인들로 하여금 신앙과 학문을 어떻게 통합해야 하는지에 대한 문제를 생각하게끔 했다.

신앙과 학문을 어떻게 통합할 것인가라는 질문의 성격 그 자체에 아이러니가 있다. 질문들 속에는 대답 가능한 답들을 눈에 띄지 않게 제한하는 것들이 있다. 예를 들면, 당신은 아내를 구타하는 것을 중지했습니까 등과 같은 질문을 받아들인다면 그것은 지혜롭지 않다. 어떤 대답이든지 당신을 곤란에 빠지게 만들 것이다. 만약 당신이 중지했다고 한다면 왜 때렸었느냐고 할 것이고, 중지하지 않았다고 한다면 왜 중지하지 않느냐고 할 것이다. 신앙과 학문의 통합에 관한 질문 속에는 결함이 있다. 왜냐하면 그것은 신앙과 학문이 분리될 수도 있음을 암시하기 때문이다. 실제로 신앙이 없는 학문은 존재할 수 없다. 원리와 가정을 믿지 않는다면 그는 기하학을 할 수 없다. 원리와 가정은 너무 간단하기 때문에 증명되기 어렵다.

로이 클라우저(Roy Clouser)는 The Myth of Religious Neutrality라는 책에서 다음과 같이 주장한다. 수학, 물리학, 그리고 심리학 속에는 모든 것으로부터 독립적인 동시에 모든 것의 기반이 되면서도 전제에 근거하지 않는 단순한 이론은 없다. 이러한 전제들은 외형적인 예배 의식과 신의 이름을 지니고 있지는 않더라도 종교와 같은 기능을 한다. 그러나 이것들은 믿음이지 증명된 실재가 아니다.

토마스 쿤(Thomas Kuhn)은 자신의 책 『과학혁명의 구조』(The Anatomy of Scientific Revolutions)에서, 그리고 마이클 폴라니(Michael Polanyi)는 Personal Knowledge라는 그의 책에서 개인적으로 편견적인 요소들을 갖지 않는 과학적 이론이란 존재하지 않는다고 주장함으로써 최근 과학계를 혼란스럽게 했다.

사실 어떤 신앙적인 요소 없이 무엇인가를 배운다는 것은 불가능하다. 히브리서 11장 3절은 "믿음으로 … 우리가 아나니"라는 문장의 뒷부분은 삭제되어도 될 만큼 이 구절에 의존적이다. 신앙에 근거하지 않는 지식이란 없다. 문제는 어떤 신앙의 빛 속에서 학문을 하려고 하는가 하는 것이다. 그것이 진리이신 예수 그리스도의 신앙의 빛 안에서인가, 아니면 숫자나 인간 이성의 능력을 우선시 하는 속임수에 가득한 우상의 조명 안에서인가? 따라서 그리스도인뿐만 아니라 모든 사람에게 있어 학문과 지식은 한 종류 혹은 다른 종류의 신앙과 더불어 시작한다는 인식이 기독교 인식론의 시작이다.

지식의 본질

기독교적 지식관은 지식의 정의에 있어서도 현대에 받아들여진 견해들과는 엄격하게 분리된다. 현대인들은 지식이란 마치 컴퓨터 데이타비이스 속에 들어 있는 정보의 수동적인 축적이거나 혹은 자동차 운전처럼 실습을 통해서 기술을 습득하는 것이라고 믿는다. 기독교적 견해에 의하면, 지식은 적극적인 것이다. 진리가 알려지기 위해서는 행해져야만 한다. 참된 지식은 언제나 하나님에 의해서 창조되고 유지되는 무엇인가에 대한 지식이기 때문에 피조물을 통해서 우리에게 말씀하시는 하나님께 대한 응답과 반응을 필연적으로 요구한다. "만일 우리가 하나님과 사귐이 있다 하고 어두운 가운데 행하면 거짓말을 하고 진리를 행치 아니함이거니와"(요일 1:6). "개들과 술객들과 행음자들과 살인자들과 우상숭배자들과 및 거짓말을 좋아하며 지내는 자마다 성밖에 있으리라"(계 22:15). 진리나 거짓을 말하는 것은 우리의 말을 통해서가 아니라 우리의 행위를 통해서이다. 우리가 하나님을 의지해서 행할 때 우리는 진리를 행하는 것이다. 반면 우리가 하나님을 떠나서 행할 때 우리는 거짓말을 하는 것이다.

기독교적 지식관에 있어서 두 번째 특징은 사랑이 담기지 않은 지식은 참된 지식이 아니라는 것이다. 예를 들면, 반 룰러(Van Ruler)는 "나는 하나님의 사랑 속에서 친구를 발견하고, 하나님의 사랑 속에서 피조된 모든 실재를 발견한다"고 말한다. 그리고 나서 그는 다시 말한다.

사랑은 모든 사물에 생명을 주며, 생명 이상의 것을 준다. 그것은 실재를 부여한다. 사랑은 창조한다. 사물들은 사람들이 그들을 사랑할 때만이 실재와 가치를 받아들이게 된다. 세상은 사랑을 받을 때 창조되었다. 하나님께서 세상을 창조하셨다고 그가 말씀하신다. 그렇게 하신 이유는 그가 세상을 사랑하셨기 때문이다. 사랑 안에서 그리고 사랑을 통해 세상은 비로소 존재하게 되었다. 이제 인간은 이와같은 하나님의 창조적인 사역을 나누기 위해 부름을 받았다. 인간 역시 하나님이 창조하신 것들을 사랑해야만 한다. 오직 그렇게 할 때만 그들은 인간에게 실제적 의미를 지닌다. 그리고 그럴 때에 인간 역시 공허한 소리 이상의 존재가 된다(A. A. Van Ruler, *The Greatest of These Is Love*, pp. 10-11).

파커 팔머(Parker Palmer)는 그의 책『가르침과 배움의 영성』(*To Know As We Are Known: A Spirituality of Education*, IVP 간)에서 하나님이 사랑 안에서 우리를 아시듯이, 우리도 서로를, 창조된 세상의 어떤 부분을, 그리고 하나님 자신을 사랑 안에 알아야만 한다고 말한다. 창조세계는 하나님을 계시한다. 그러므로 피조된 사물에 대한 올바른 인식에는 마음과 영혼과 힘을 다해 하나님을 사랑하도록 부르심을 받은 우리가 하나님께 드려야 할 사랑의 반응이라는 특권과 책임이 수반된다.

기독교적인 인식론의 세 번째 특징은 지식은 인격적이라는 것이다. 소나 고양이, 민들레나 데이지와 같은 꽃들은 모르지만 사람은 안다. 단순히 통계학적인 지식에 의해서는 우리가 다른 사람을 알지 못한다. 어떤 사람이 자신의 어떤 면을 자발적으로 우리에게 보여주고자 할 때만 우리는 그 사람을 알게 된다. 그래서 마틴은 "사람들에 관한 지식이란 알려지게 될 그 사람의 일부를 스스로 드러내려는 자율적인 행동에 근거한다"고 말한다. 이것은 하나님에 대해 아는 것과 하나님을 아는 것 사이의 차이점이다. 하나님께서 그 자신을 우리에게 나타내실 때만 우리는 하나님을 알게 된다. 흥미로운 일은, 하나님께서 창조와 구주 예수 그리스도의 성육신과 구속의 고난을 통해서 하시는 일이 바로 이것이라는 것이다. 기독교적 지식은 오늘날 일반적으로 지식이라고 생각하는 것과는 매우 다르다. 마틴이 "사람들, 즉 자기 계시와 사랑에 대해서 여지를 만들어 주는 인식론은 오래된 것이다"(ibid., pp.151-152)라고 했을 때 그 말은 옳다.

조지 나이트는 그의 책 *Philosophy and Education*에서 지식의 근원들을 감각, 계시, 권위, 이성, 직관들이라고 하였다. 이것들 가운데서 현대인들은 감각을 통해서 습득되고 또 이성을 통해서 배양된 지식만이 순전하게 믿을 만한 지식이라고 주장한다. 여기서 문제는 일반적으로 현대인들은 자기들이 전혀 알지 못하는 사이에 가정들에 의해 항상 영향을 받는다는 것과, 또한 파스칼의 말처럼 머리로써 알 수 없는 이성을 마음이 안다는 것을 그들이 인식하지 못한다는 사실이다. 도르트(Dordt) 대학의 기독교 철학자인 존 반 다이크(John Van Dyk)는 진리와 동등할 정도로 믿을 만한 대상으로서의 "이성"을 하나님은 우리에게 주신 적이 없다고 주장한다. 하나님은 우리에게 이해력을 오직 성령에 의해서, 그리고 성경의 빛 안에서 주신다. 이성이란 진리를 계시하시는 하나님의 통치에 순종하려고 하지 않는 사람들에 의해 숭상되는 변질된 우상이다.

계시는 지식의 유일하고도 확실한 근거이다. 계시는 창조세계 자체에서 시작된다. 하나님은 자신을 우리에게 계시하기 위해서 그의 방법으로 만들어내셨다. 그러나 창조세계에서 발견되는 지식은 성경의 계시와 일치해야 한다. 다시 말해 성경의 계시는 진리가 되시는 예수 그리스도가 중심이 되어야만 한다. 바리새인들은 구약 성경을 마지막 계시로 생각했다. 그들은 성경이 예수 그리스도에 대해서 말씀하신다는 사실을 깨닫지 못했기 때문에 성경을 크게 오해하게 되었다(요 5:37-39). 성경을 잘 알기만 하면 자동적으로 진리를 알게 될 것이라고 하는 바리새인의 실수가 오늘날도 계속될 가능성이 있다. 우리가 함부로 경시하는 참된 진리 속에는 직관적이고도 신비스러운 요소가 있다. 의문은 죽이는 것이며 영은 살리는 것이다(고후 3:6).

지식의 두 가지 수준

지식은 무엇보다도 먼저 우리 매일의 일상적인 경험 내에 있는 통합적이고도 신성한 형태로 우리에게 다가온다. 이러한 지식은 추상적이지 않고 구체적이며, 이론적이지 않고 실제적이며, 조각 나 있지 않고 통합되어 있다. 이러한 기초적인 경험은 우리에게 너무 일반적인 것이기 때문에 우리는 그것을 지식이라고 생각하기가 어렵다. 그러나 그것은 우리가 가진 가장 기본적인 지식의 형태이다. 비록 그것이 어떤 장애를 가진 개인들에게는 제한되어 있긴 하지만, 그것은 각 개인에게 주어진 하나님의 선물이다. 하나님은 세상을 만드셨고 유지하신다. 그리고 그는 우리로 하여금 세상을 우리에게 의미 있게 경험하도록 하며, 우리의 지식으로 인식하도록 우리 마음을 붙드신다. 앞에서 살펴 본 바와 같이, 지식은 경험의 다양한 측면들과 형태들로 잘 짜여질 때 나온다.

하나님께서 우리에게 주신 논리적인 능력을 사용할 때, 우리의 순진한 경험을 다양한 부분으로 분해하는 일과 경험의 각 측면을 분리된 형태로 분석하는 일이 가능하다. 그러므로 우리가 이론적인 사상을 실천할 때 우리는 과학적 진리를 얻게 된다. 과학적 지식은 우리에게 접근 가능한 두 번째 종류의 지식이다. 하나님께서 피조 세계에 대한 청지기적 지배권을 우리에게 주셨다는 사실을 발견하는 것은 소명을 성취하는데 있어서 매우 중요한 부분이다. 그러나 특별히 과학은 우리의 생활 양식에서 기술 향상이라는 보물 상자를 열어 버렸기 때문에 유혹의 덫을 놓는다. 그것은 우리의 문제들을 해결해 주고 우리의 필요를 공급해 줄 만한 우상이 되기

십상이다. 그러나 우리가 과학을 통해 우리의 욕구를 충족시키려 한다면 하나님께로 돌아가야만 한다. C. S. 루이스는 *The Abolition of Man*이라는 그의 책에서 이러한 위험성을 다음과 같이 언급한다. "사물의 본성에 대한 분석적인 이해는 아마도 보는 것마다 죽이고 또한 죽임으로써만 보게 된다고 하는 바실리스크 뱀처럼 위험한 것임에 틀림없다"(p. 90). V. S. 오웬스 역시 그 위험성을 이렇게 인식한다.

> 뉴튼의 시대와 물리학에 관한 고전적인 법칙이 제창된 이후 개화된 군중들은 문제란 손으로 다룰 수 있는 기계라고 하는 데에 의견을 일치했다. 하늘이 하나님의 영광을 선포하고 낮은 낮에게 말하고 밤은 밤에게 지식을 전한다고 고백한 시편 기자의 선언을 무시한 채, '정신'이나 지식은 전혀 문제로 간주하지 않았다. 문화의 피조물인 그리스도인들은 아인쉬타인과 시공간의 상대성 이론에 대한 모호한 언급을 하면서 뉴튼의 운동 법칙과 충돌하는 것에 만족해 하고 있었다. … 과학의 열매들을 그냥 소모해 버림으로써 우리는 물질에 의미성을 부여하기를 거부했다는 사실을 인식하지 못했다. 또한 우리는 세상을 죽음에 내버려 두는 과학을 묵인해 왔다(*God Spy*, p. VIII).

두려움에 떨고 있던 제자들이 주님을 깨웠을 때, 폭풍에 대한 주님의 반응은 주님이 피조 세계를 얼마나 다르게 보셨는지를 보여주는 흥미로운 증거이다. 그가 바람과 파도에게 잔잔하라고 명하시자 그대로 되었다.

만약 과학에 의미를 부여하신 하나님에 대한 우리의 사랑과 경외심과 경이로움을 증진시켜 준다면 과학적인 지식은 타당성이 있고 중요하다. 그렇지 않다면 그것은 우리를 노예로 만들고 궁극적으로는 우리를 파괴시키는 우상이 되고 만다.

사실들과 진리

사실들과 진리에 관한 간략한 언급이 필요하다. 만약 현대인들이 주어진 일이나 사람 또는 사건에 대한 사실들을 안다면 그들은 진리를 알고 있다고 생각하게 된다. 사실들이 무의미하고 무가치하지 않다는 것을 잊어버린다. 그리고 사실과 의미를 연관시켜 생각하지 않으면, 우리는 진리를 소유하지 못하게 된다.

모든 사실은 피조된 사물을 동반하고, 또 모든 피조물은 살아 계신 하나님을 증거하기 때문에, 궁극적으로 모든 사실은 진리이신 하나님을 나타낸다(요일 14:6). 그 진리는 하나의 인격체이다. 2+2=4 라고 하는 수학 공식이 진리인 것과 같이 성경적 구원 교리는 진리이다.

모든 피조물은 자신의 창조주와 그의 영원한 능력과 신성을 증거한다(롬 1:20). 가치가 없거나 의미없는 사실들은 진리가 아니지만, 과학적으로는 진리처럼 보인다. 오직 그리스도만이 진리이다. 그러나 우리가 사실이라고 부르는 것들에 대해서 하나님께서 주신 의미를 부여할 때, 그것들은 그리스도에 대한 증거가 되며 그의 진리의 일부가 된다.

11장 가치와 아름다움

윤리학과 미학 또는 가치와 아름다움은 가치론이라고 불리는 철학의 종속 분야들이다. 이것들은 매우 조심스럽게 접근해야 된다. 왜냐하면 가치와 아름다움을 피조물로부터 분리시킬 수 있다고 하는 생각은 매우 위험하기 때문이다. 가치론이 형이상학으로부터 분리된 범주로 자리잡게 하는 이러한 분리성은 형상과 질료라고 하는 희랍의 위험한 이원론적 세계관에서 비롯되었을 수도 있다. 이러한 세계관은 형이상학을 물질 세계와 연관시키고, 가치론은 영원한 형상이나 이데아와 연관시킬 것이다. 이러한 분리는 정당하지 않다. 하나님은 가치가 없거나 의미없는 것들을 창조하지 않으신다. 그가 창조한 모든 것은 하나님을 드러낸다. 피조물은 오직 하나님의 말씀에 의해서만 존재한다. 왜냐하면 그 피조물은 하나님을 드러내고, 가치 혹은 의미를 지니기 때문이다. 따라서 우리는 피조물들에 대해 마치 그것들이 아무런 의미나 가치 없이도 존재할 수 있는 것처럼 생각해서는 안된다. 불행하게도 현대 세계가 사물을 바라보는 방식은 이렇다. 심지어는 많은 그리스도인들까지도 이러한 식으로 사물을 바라본다. 그러나 이것은 잘못된 이해이다. 이러한 반론 때문에, 그리고 윤리학과 미학이 주로 철학에서 분리된 한 범주로 취급되기 때문에 이 장에서는 그것들을 분리해서 다루려고 한다. 그들을 형이상학으로부터 분리시키는 것이 논리적으로는 가능하지만 실제적으로는 그렇지 않다.

윤리학은 가치, 도덕, 그리고 진위에 관한 질문들을 다룬다. 이것은 의미와 매우 밀접한 연관성을 지니고 있다. 오늘날의 세계에서 사실들은 중립적이거나 의미가 없는 어떤 것으로 생각되어 진다. 사실들은 인간으로부터의 반응을 요구하지도 않는다. 이러한 생각은 잘못이며 계몽주의적 사고의 위험스런 결과이다. 심미학이란 아름다움과 추함에 대한 질문을 다룬다. 이것은 예술 분야이며, 동시에 모든 사람의 인간적 경험의 중요한 측면이다. 우리는 가치를 살펴 본 후 이것을 생각해 볼 것이다.

가치

서구 문화는 오늘날 가치 논쟁에 관한 한 사실상 종지부를 찍은 것이나 다름 없다. 무엇이 진리이며 거짓인지, 무엇이 선이며 악인지, 무엇이 가치 있으며 무가치한지에 대해서는 문화적인 공감대가 거의 없다. 실제로 포스트모더니즘은 절대적인 진리나 선의 존재를 부인한다. 계몽주의 시대 이래로 가치로부터 사실을 과도하게 분리해 왔기 때문에, 가치는 개인적이고 상대적인 데 비해, (과학에 의해 변화될 때까지는) 사실들은 공적이며 절대적이라고 하는 폭넓은 문화적 인식이 만들어졌다. 사람이 무엇인가를 선택한다는 것은 가치를 선택하는 것이다. 금지된 모든 것은 어느 누군가의 가치에 대한 비판이다. 법정에서 싸우는 것을 두려워하기 때문에 기독교적인 가치는 공공 학교에서 특정하게 제한된 주제가 되고 말았다. 그러나 우리 사회는 일반적으로 널리 받아들여진 가치관을 갖고 있지 않다. 이 점에 관해서 계몽주의는 그 본래의 가치 형태를 소진하였고, 이제는 그 고유의 공허한 상태를 드러내고 있다. 실제적인 목적에 있어서 모든 가치 개념은 박탈되는 것처럼 보인다. 결혼과 가정 파괴, 마약 중독, 공적·사적 불법 행위, 그리고 불특정 대상을 향한 폭력이라는 측면에서 볼 때, 문화에 대한 함축적 의미는 실로 진지해지게 된다.

물론 가치에 대해서는 학계에서 계속 연구되고 있다. 세속 세계에서는 두 가지 뚜렷한 관점들이 널리 퍼져 있는데 객관주의와 주관주의가 그것이다. 객관주의적 입장은 가치란 존재하되 정서적 혹은 감정적이라는 것이다. 가치는 과학적으로 확립되어서 순수한 지식을 표현하기 위한 유일한 방법을 제공하는 사실들에 근거한 것은 아니다. 사실들은 우리에게 가치란 어떠해야 하는지에 대한 당위성을 말해 준다. 그러나 객관적인 관점에서 볼 때 '존재'를 넘어서 '당위'에 도달하는 것은 불가능하다. 예를 들면, 과학은 고문이 왜 잘못인지를 우리에게 말해 줄 수 없다. 과학은 가치에 관한 질문을 경험적으로 다룰 수 없기 때문에 사실들과 가치들 사이에는 어떤 교량도 없다.

이러한 딜레마에 대한 신랄한 비유는 1900년대 초 영국의 저명한 철학자인 무어(G. E. Moore)가 겪은 당혹함에서 나타난다. 무어는 심미학자였다. 그는 무엇이 '선'인지를 연구하는 일에 자신의 생애를 바쳤다. 죽음이 가까워지면서 그는 자신이 도달한 결론에 대해서 앞뒤가 맞지 않는 투로 다음과 같이 표현했다. "나는 선이란 존재하지 않으며, 선이 매우 확실하다는 것을 절대적으로 확신한다." 그의 의도는 과학자로서는 '선'을 확인하거나 규정할 수 없었다는 것이었다. 반면 인간으로서는 선과 같은 것이 존재한다고 굳게 확신했다. 이것은 어정쩡한 이원론의 좋은 예이다. 성경에 비춰 볼 때, 그것은 하나님의 심판을 설명해 주는 것이라고 우리는 말해야 한다. 만약 인간이 하나님의 말씀에 귀를 기울이지 않는다면 하나님은 인간들로 하여금 세상을 판단하지 못하게 하실 것이다.

또 하나의 세속적인 관점은 가치란 주관적이라는 것이다. 인간이 그것들을 만들었고, 따라서 어떤 하나의 바르고 절대적인 가치 체계란 없다는 것이다. 어떤 사람에게는 옳은 것이 다른 사람에게는 그렇지 않을 수 있다. 사회 생활의 차원에서 볼 때, 이것은 개인들 사이에 난처하고도 불편한 분리성을 만들어 낼 수 있다. 사업과 통치라고 하는 고도의 사회적인 차원에서 볼 때, 그것은 부정과 대량 학살을 조장할 수도 있다. 실제로 발생되는 일은 "옳을 수도 있다." 이것은 돈이나 권력이 옳고 그름을 결정짓는다는 견해이다. 사람들은 굴복되거나 아니면 제거된다. 객관주의는 가치로부터 사실을 분리함으로써 생긴 딜레마의 두 뿔에 찔려 꼼짝 못하게 되었다. 주관주의자는 어떤 객관적이거나 절대적인 기준을 가치를 평가하기 위한 준거점으로 여기지 않기 때문에 그들은 가치에 대한 설명을 전혀 하지 못한다.

성경적 관점에서, 가치란 존재하며 그것은 절대적인 것이다. 가치는 하나님에 의해 창조되었으며, 우리 일상의 모든 영역과 경험 속에서 존재한다. 가치는 실재의 어떤 면으로부터 분리될 수 없다. 이 세상에 스스로 존재하는 것은 아무 것도 없고, 하나님의 말씀의 능력에 의해서 모든 것은 존재한다(골 1:17; 히 1:3). 그러므로 가치들도 하나님에 의해 창조되었으며 하나님께 속한다. 가치는 그들 자신 안에서, 자신에 의해 존재하지 않는다. 선은 그것이 선하기 때문에 하나님에 의해 인정되는 것이 아니라, 오히려 선이 하나님을 기쁘시게 하기 때문에 선이다. 참된 가치의 궁극적인 의미는 어떤 사물이나 행동에 대해서 하나님께서 옳다고 하시거나 우리의 섬김에 대해 "잘 했다"고 말씀하시는 것이다.

가치들로부터 사실들이 분리되는 것을 목격한다는 것은 얼마나 비참한 일인가? 만일 사실들이 중립적이라면, 사실들은 우리에게 아무 것도 요구하지 못한다. 만약 우리가 영리하거나 충분한 힘을 가지고만 있다면, 사실들은 단지 우리가 사용할 수 있는 어떤 수단일 뿐이다. 그러나 만약 사실들이 창조되었고 하나님께 대해서 계시적인 존재라면, 우리에게 반응을 요구하지 않은 채로 우리의 경험 가운데 그냥 존재하는 것은 단 하나도 없다. 하나님은 그가 창조하신 세계 속에서 우리에게 말씀하신다. 우리가 할 수 있는 가장 작은 일은 하나님의 관련성을 인식하는 것이며, 깊은 경외심을 가지고 그분 앞에 서는 일이며, 우리의 감사와 찬양을 그분께 돌려 드리는 일이다. 이는 사람이 일단 예수 그리스도를 통해서 하나님께로 나아가게 되면 삶의 일상적인 경험들조차도 우리가 하나님을 알게 되는 통로가 될 수 있다는 것을 의미한다.

우리가 '사실들'이라고 부르는 것이 가치를 지니는 이유는 사실들이 하나님의 말씀에 의해 창조되었으며, 하나님의 말씀에 의해 유지되고 있으며, 하나님이 사실들을 좋아하시기 때문이다. 하나님께서는 사실들이 하나님을 계시하며 우리가 하나님께 응답할 수 있는 통로가 되기 때문에 그것들을 좋아하신다. 창세기 1장에는 "하나님 보시기에 좋았더라"는 말씀이 일곱 번이나 나온다. 하나님은 그가 만드신 세상을 통해서 자신을 드러내기를 기뻐하셨다. 그는 그것을 좋아하셨다. 그는 지금도 그렇게 하고 계신다. 세상이 존재하는 이유는 그때문이다. 케이폰(Capon)은 이렇게 말한다.

> 세상은 우주라는 쓰레기통 바깥에 있지 않는다. 그것은 누구도 거역할 수 없는 그러한 엄숙한 필요성 때문이 아니라 하나님의 샹들리에에 붙어 있는 오렌지 껍질과 하나님의 부엌 창고에 있는 새 가슴뼈이기 때문이다. 하나님이 그것을 좋아하시기 때문에 그것이 거기 있다. 뼈, 가죽, 깃털, 그리고 힘줄의 전체적인 놀라운 조합은 어떤 사랑하시는 분이 적어도 그분의 눈을 거기서 전혀 떼지 않았기 때문에 존재하게 되었다. 왜냐하면 생명을 주시는 주님이 사람의 아들들을 기뻐하시기 때문이다(*The Supper of the Lamb*, p. 5).

하나님께서 여러 가지 다른 양상들을 통해서 우리로 하여금 그의 창조 세계를 경험하도록 하셨다는 것을 우리는 앞장에서 살펴보았다. 이제 그 양상이 다르면 우리의 도덕적 책임도 다르다는 것을 논의하는 것이 적절하다. 우주 경제 철학(cosmonomic philosophy)은 법칙들과 규범들을 구분함으로써 그 차이점을 밝혀 낸다. 감각적 혹은 심리적인 측면을 통한 숫자의 저급한 단계에서 도예베르트는 하나님의 법칙에 대해서 말한다. 인력의 법칙 혹은 역학의 법칙들이 그 예이다. 창조주에 대한 어떤 의무에서 벗어나고자 하는 마음가짐 속에는 '자연의 법칙' 혹은 '자연적 법칙'이라고 부르는 계몽 사조의 영역들이 있다. 수량, 우주, 운동, 자연 법칙, 생물학, 그리고 심지어 감정과 같은 영역들 속에서 우리는 그 법칙들을 무시하거나 위배할 자유를 부여받지 않았다. 우리는 심각한 결과가 초래되기에 중력의 법칙을 무시하지 않는다. 우리는 우리의 호흡이나 피 순환이나 소화 작용을 전혀 통제하지 못한다. 감정에 대한 우리의 반응이 옳든 그르든 간에 감정조차도 그 자체로서는 선하지도 악하지도 않다. 이러한 영역에서 우리가 가진 책임은 놀라운 하나님의 창조적인 지혜와 사랑과 능력에 경외심과 사랑, 찬양과 섬김으로 응답하는 것이다.

위의 이러한 경험의 영역들 속에서 도예베르트는 규범들에 대해서 말한다. 하나님께서는 상층부의 9개의 영역들 속에 각기 그의 법칙들을 만드셨다. 각각은, 앞에서 그것들이 그러했듯이, 제각기 그 핵심적인 의미와 질문의 형태를 지닌다. 우리들의 책임과 의무는 성경에 비추어서 각 영역에서 우리를 향하신 하나님의 뜻이 무엇이며 그의 기쁘심을 위해서 그것을 어떻게 살아 있게 해야 할 지를 발견하는 것이다. 예를 들면, 윤리적 양상에 대한 규범은 하나님과 이웃을 사랑하는 것이다. 우리는 규범들을 깨뜨릴 자유를 지니고 있고 또 자주 그렇게 한다. 만약 인간이 창조계의 자연 법칙에 대해서처럼 규범들에 대해 충실하다면 이 세상은 전혀 다른 장소가 되었을 것이다. 예수는 우리 죄를 위해서 죽으셨고, 성령의 내주하시는 능력에 의해서 우리로 하여금 더 이상 규범들을 깨뜨리지 않는 삶을 살 수 있게 하셨다. 이것은 신학자들이 성화라고 부르는 것이다.

그러므로 본래부터 창조세계 속에는 가치가 들어있다. 하나님이 만드신 것 가운데는 의미나 가치를 지니지 않는 것이 없다. 우리의 책무는 우리 경험의 각 영역에서 하나님의 법칙을 확인하고 그 법칙을 실현하는 것이다. 여기에 우리가 태생적으로 지닌 문제점이 있다. 죄로 인하여 우리가 파멸되었기 때문에 우리는 하나님의 규범들을 대하는 데 있어서까지도 자기 중심적인 방법을 찾고 있다. 우리는 보이 스카우트 대원들처럼 하나님의 뜻을 우리들이 옷에 달고 다니는 공로라는 뱃지로 바꾸고 있다. 바리새인들은 이에 대한 좋은 예이며, 만약 우리가 솔직해지지 않는다면 우리 모두가 마음으로는 바리새인들이다. 우리는 모든 경우에 우리를 바르게 인도할 하나님의 임재하심이 우리 삶 속에 있기보다는, 오히려 메달이나 훈장처럼 우리가 달고 다닐 수 있는 어떤 영적 특징을 하나님께서 주시기를 더 원하는 우리 자신을 보게 된다.

이것은 하나님이 원하시는 방법이 아니다. 하나님은 자신으로부터 동떨어져서 우리의 것이 될 영적인 '것들'을 주시지는 않는다. 그가 하시는 일은 우리 곁에 오시는 것이며, 실제로 성령에 의해서 우리 속에 오시며 또한 우리로 하여금 예수님께서 하신 것처럼 살게 하려는 것이다. 우리의 충분한 선행때문이 아니라 우리가 우리의 약함과 부족함을 인정할 때, 그는 우리 속에 그의 집을 지으신다(요 15:4). 그때 우리는 하나님의 은혜를 접하게 된다. 그 은혜는 우리 스스로의 노력으로 무엇인가 되고자 하는 죄악된 독립성과 충돌된다. 그러나 우리의 무력함을 인정하고 그분의 능력을 의지하고자 할 때 하나님의 은혜는 따뜻하고 풍성하게 우리의 필요를 채워 준다.

심미학

　심미학이란 아름다움의 본질과 미(美)에 관한 평가를 다루는 철학의 한 분야이다. 이것은 감각적인 인지를 의미하는 희랍어에서 유래한다. 이러한 기원이 의미하는 바는 예술가가 하려고 하는 것은 - 그것이 말이든 색깔이든 소리나 공예이든 간에 - 우리가 일반적으로 보지 못하는 것을 우리로 하여금 멈춰 서서 보게 해 주는 일이라는 것이다. 우리의 일상적인 삶은 너무 스트레스를 많이 받기 때문에 우리에게 직접적으로 꼭 필요한 우리 주변의 사물들만을 보게 된다. 고속도로에서의 운전은 경치를 구경하는 것이 아니다. 성경적인 관점에서 볼 때, 우리가 무엇을 보느냐 하는 것은 매우 중요하다. 그러므로 심미학은 우리가 사려 깊은 관심을 기울일 가치가 있다. 아름다움의 본질에 대해서는 오랫동안 왕성하게 논쟁을 벌여 왔지만 오늘날에 이르기까지 공감대를 형성하지는 못하고 있다. 우리는 이 주제의 영역에 들어가려는 것은 아니다. 그리고 심미학의 영역에 포함되어 있는 다양한 예술들과 관련하여 이 점을 자세히 다루려는 것도 아니다. 그것들은 나중에 조금이나마 다루게 될 것이다. 우리의 의도는 심미학은 모든 인류에게 중요하다는 것과 그것이 기독교 학교에서는 특별한 중요성을 지닌다는 점을 여러 가지 측면에서 제시하려는 것이다.

　교과목으로서 음악과 미술은 공립학교와 기독교 학교 모두에게서 오랫동안 무시당해 왔다. 이것은 부분적으로는 서구 문명에 있어서 희랍적이고 합리적인 사고의 지배적인 영향력에 기인하고 있다. 과학은 물리적 실재와 인간의 실재를 관리하는데 사용되고 연구되고 기억될 수 있는 개념보다는 "사실"을 다루는데, 그 사실로부터 이끌어 낼 수 있는 그 이상의 무엇이 있다는 것이 서구인들에게는 생각하기 어려운 일이다. 이러한 확대된 가능성은 존재할뿐 아니라 큰 중요성을 가지고 있다는 것은 기독교 학교에서 특별한 의미를 가지고 있다. 어윈 에드먼(Irwin Edman)은 예술가들은 우리의 경험을 강화하고 정화시키고 해석한다고 주장한다.

실제적인 경험은 너무 무디고 바빠서 관찰할 수 없고, 말들은 너무 조잡해서 표현할 수가 없고, 두려움은 너무 생생해서 사라지지 않는다고 하는 이러한 감각의 뉘앙스와 사고의 예민성이 예술가들에게는 존재의 이유이다. 이러한 이유들 때문에 그들은 삶으로부터 흥미진진한 비행을 한다. 그러나 대부분의 경우에 그들은 삶을 정화하고 강화하고 해석할 것이다("Arts and Experience" in *Arts and the Man*).

그는 이 개념을 다음과 같이 발전시킨다. 예술가들은 매일의 당면한 목표들을 성취하기 위해 바쁘게 살아가던 우리의 발걸음을 멈추게 한다. 그들은 우리의 감각을 사로잡음으로써 우리의 경험을 강화시킨다. 예술작품들은 또한 경험을 정화한다. 우리가 때때로 인식하는 것처럼 하나님으로부터의 독립은 쾌락이나 소유나 권력과 같은 것들에 대한 위험한 노예화를 가져온다. 이것들은 에덴 동산에서 아담과 하와의 경우와 광야에서 예수님이 겪으신 시험에서 나타나는 세 가지 강조점들이다. 우리는 없어서는 살 수 없는 어떤 종류의 삶의 형태를 지니고 있다. 그러나 그것은 우리를 얽어매고 있는 우상이라는 안개에 가려져 있다. 더 나아가 예술들은 우리를 위해서 우리의 경험을 해석할 수 있다. 에드먼은 말한다.

우리의 지성과 습관들은 그들 나름대로 예술가들이다. 그들은 우리로 하여금 사물에 대해서 단순한 물리적인 자극이 아니라 의미가 담긴 반응을 하게 한다. 훌륭한 미술가들은 그 과정을 단순히 드러나게 하거나 아니면 모든 지성이 체현하는 그 과정을 강조한다(Ibid.).

내가 아는 한 에드먼은 기독교 문필가는 아니다. 그러나 그의 관찰은 흥미로운 기독교적 해석을 가능케 한다. 죄가 창조세계 안에서 우리와 가까이 계시는 하나님을 보지 못하게 했다. 사실들은 중립적이고 의미 없다고 하는 계몽주의적 개념에 자기도 모르게 노예가 되어 버린 우리의 매일의 경험은 일상적인 삶의 일상적인 경험 속에 나타나는 하나님의 자기 계시의 의미를 거의 잃어버리도록 했다. 경험의 심미적인 측면이 할 수 있는 것은 우리로 하여금 하나님이 가까이 계심을 깨닫게 하는 것이며, 하나님께 대한 우리의 경외심과 사랑과 찬양과 봉사를 더 깊게 하는 것이다. 이것은 우리가 창조로부터 구속을 단절시켜 왔기 때문에 자연히 잃어버리게 된 기독교적 삶의 한 측면이다. "인간의 최고의 목적은 무엇인가?"라는 웨스트민스터 요리 문답의 첫 번째 질문에 대한 답은 이 점을 뒷받침한다. '인간의 최고 목적은 하나님을 영화롭게 하고 영원토록 그분을 기쁘시게 하는 것이다.' 우리의 삶 속에서 하나님을 영화롭게 하는 것은 심미학의 경험적인 측면이며, 또한 모든 사람의 책임이다.

구약 성경에는 피조 세계가 하나님의 영광을 드러내고 있다는 주장으로 가득 차 있다. 그것은 복음서에 대한 우리의 개념으로 대체될 필요가 있다. 우리는 그것을 구약에서 떼내어 신약의 방식으로 표현한다. 시편 19편은 이렇게 시작한다.

> 하늘이 하나님의 영광을 선포하고 궁창이 그 손으로 하신 일을 나타내는도다 날은 날에게 말하고 밤은 밤에게 지식을 전하니(시 19:1-2).

인간의 입으로 하나님의 영광을 드러내야 할 책임이 우리에게 주어져 있기 때문에 그 다음에는 이렇게 계속된다. "날은 날에게 말하고 밤은 밤에게 지식을 전하니 언어가 없고 들리는 소리도 없으나"(시 19:3-4). 일단 우리 마음이 세상에서 이뤄지고 있는 일을 심미적으로 깨닫게 되면, 우리는 이 사실을 표현해야만 한다.

여호와의 영광이 영원히 계속할지며 여호와는 자기 행사로 인하여 즐거워하실지로다 저가 땅을 보신 즉 땅이 진동하며 산들에 접촉하신즉 연기가 발하도다 나의 평생에 여호와께 노래하며 나의 생존한 동안 내 하나님을 찬양하리로다 나의 묵상을 가상히 여기시기를 바라나니 나는 여호와로 인하여 즐거워하리로다(시 104: 31-34).

칼빈 제어벨트(Calvin Seerveld)의 말처럼, 창조세계는 언어로 말하고 있다. 그것을 해석하고 말하는 것이 우리들의 책무이다. 신약에서도 구약의 경우와 마찬가지로 동일한 것을 강조한다. 제어벨트가 다시 시사하듯이, 우리들이 가진 화목함의 직책(고후 5:19)은 죄로 인하여 우리들에게 덮여져 버렸던 것, 다시 말해서 하나님의 창조와 보존 사역에 들어 있는 하나님의 영광을 우리들로 하여금 창조세계 속에서 발견하기를 요구한다(*Rainbows for the Fallen World*, pp. 38-39).

심미적 삶에는 기쁨과 즐거움이 있다. 그것은 상상적이고 환상적이고 기발하며 암시적이다. 지혜의 말씀인 잠언은 이러한 주장을 뒷받침한다.

사람이 거처할 땅에서 즐거워하며 인자들을 기뻐하였었느니라 아들들아 이제 내게 들으라 내 도를 지키는 자가 복이 있느니라(잠 8:30-31).

우리는 성경적인 관점을 가지고 심미학에 대해 좀더 깊이 이야기 할 수 있다. 심미학은 윤리학과 밀접한 연관을 갖고 있다. 왜냐하면 선한 것은 또한 아름답기 때문이다. 일반적으로 우리들이 아름다움을 단순히 아름다운 광경이나 매혹적인 얼굴이나 몸매라는 의미로 생각한다는 것은 우리 시대의 빈곤함을 드러내는 것이다. 우리는 외모를 보지만 하나님은 중심을 살피신다(삼상 16:7). 성경은 거룩의 아름다움과 광대함에 대해서 말한다(시 96:9). 거룩함 속에는 어떤 아름다움이 들어 있을까? 이것을 이해하기 위해서 우리는 다른 안경을 낄 필요가 있다. 이것은 로마서 12장 1절과 2절의 한 부분으로 마음을 새롭게 함으로써 우리 존재가 변화되는 것을 의미한다. 성령의 마음은 육신의 마음이 보지 못하는 곳에서 아름다움을 본다.

거룩하게 된다는 것은 하나님을 위해서 구별되는 것, 그분의 벗이 되는 것, 그리고 그분과의 교제에 몰입하는 것을 의미한다. 우리가 거룩하다고 생각하는 행위들이 우리를 거룩하게 해 주는 기초석은 아니다. 거룩이란 하나님과의 친밀한 교제의 열매들로서, 그 속에서 우리는 그분의 현존에 의존하게 되고 또 그렇게 함으로써 우리는 그분을 기쁘시게 하는 일들을 행하게 된다. 우리는 죄인이기 때문에 쾌락과 소유와 권력을 우리의 삶에서 가치 있는 것들로 추구하는 경향이 있다. 그러나 이것들은 불신자들이 구하는 것들이다. 우리의 일상적인 활동에서 하나님과의 친교라는 의미에 있어서의 거룩이란 실로 우리가 목말라 갈구해야 할 것이다. 이것이 진정한 아름다움이다.

아름다움은 반드시 예뻐보이는 것은 아니다. 그리스도께서 십자가에서 지옥의 고통을 당하심으로 아버지의 뜻을 이루시고 자기 백성들의 구원을 완성하셨을 때 그분이 그렇게 아름다웠던 것은 아니다. 거룩함에 대해서 생각하면서 우리는 자신의 안경이 바뀌어졌음을 인식할 필요성을 느낀다. 위에서 인용한 웨스트민스터 신앙고백의 문답이 이 필요성을 설명해 준다.

C. S. 루이스는 아름다움이란 그 깊이에 있어서는 열망과 같은 것으로

본다. 참으로 아름다운 광경은 사람의 마음속에 열망을 불러일으키는 것이다. 모든 열망은 어쨌든 하나님을 향한 열망과 관련되어 있다. 그 열망이 때로는 인식되기도 하지만 모든 사람의 마음 깊은 곳에 자리하고 있다. 쉬메만은 For the Life of the World에서 인간은 굶주림의 존재이고, 그 굶주림의 밑바탕에는 하나님께 대한 갈망이 있다고 말한다. 육체적 굶주림은, 일종의 성례처럼, 영적 굶주림을 일깨워 주는 역할을 한다. 그래서 시편 기자는 시편 63편에서 이렇게 외친다.

> 하나님이여 주는 나의 하나님이시라 내가 간절히 주를 찾되 물이 없어 마르고 곤핍한 땅에서 내 영혼이 주를 갈망하며 내 육체가 주를 앙모하나이다 내가 주의 권능과 영광을 보려 하여 이와 같이 성소에서 주를 바라보았나이다 주의 인자가 생명보다 나으므로 내 입술이 주를 찬양할 것이라 이러므로 내 평생에 주를 송축하며 주의 이름으로 인하여 내 손을 들리이다 골수와 기름진 것을 먹음과 같이 내 영혼이 만족할 것이라 내 입이 기쁜 입술로 주를 찬송하되(시 63).

이 모든 것이 기독교 학교에 있어서는 적어도 두 가지의 의미를 지닌다. 첫째, 학교 공부를 보다 심미적인 접근이 가능하도록 개발할 필요가 있다. 이렇게 함으로써 학생들이 더 뜨겁게 하나님을 경외하고 사랑할 수 있게 한다. 우리들의 경험의 모든 분야에는 심미적인 측면이 있으며, 또한 학교 교육에 대한 기독교적인 접근이란 이러한 심미적인 측면에 보다 많은 관심을 요청하는 것이다. 둘째, 모든 과목에서 심미적인 측면을 무시하지 말고, 음악과 미술에 대해서 돈으로 지원해 주는 것보다는 그것들을 커리큘럼에서 좀 중요한 자리에 놓이도록 하는 것이다. 루이스는 천국에는 음악과 침묵이 있다는 것 외에는 거기에 대해서 우리가 아는 바가 별로 없다고 어디선가 언급했다. 이 두 가지 모두는 마귀가 싫어하는 것들이다. 우리는 음악과 미술을 좀더 잘 해야 할 필요가 있다. 이것은 단순히 그것들에 관한 기술로서 뿐만 아니라 그것을 통해서 학생들을 보다 풍성한 심미적인 삶과 진정으로 거룩한 아름다움으로 인도하기 위한 통로로서이다. 하나님을 안다는 것은 인간이 얻을 수 있는 가장 흥분되고 가치 있는 삶이다. 실제로 예수님은 그것을 영생과 동일시하셨다(요 17:3). 그러나 우리가 이것을 이해하기 위해서는 마음을 새롭게 해야 하고 또한 그것을 실행에 옮기는 일을 시작해야 한다. 우리가 가르치는 학생들의 마음을 새롭게 하도록 도와주는 일은 기독교 학교가 지니고 있는 최상의 기회와 특권들 가운데 하나이다.

12장 우상숭배, 이원론, 영지주의

> 비록 내가 하나님에 관한 진리의 모든 부분에 대해서 가장 큰 소리로 공언하고 또 그것을 가장 명민하게 주석한다고 할지라도 바로 그 순간 세상과 마귀가 공격을 하고 있다고 하는 작은 사실을 제외시킨다면 내가 아무리 용감하게 그리스도를 고백한다고 하더라고 나는 그리스도를 고백하는 것이 아니다. 전투가 맹렬한 곳에서 군사의 충성심이 입증되고, 전쟁터 이외의 장소에 집착하는 것은 도주일 뿐이며, 진리를 회피하는 것은 불명예이다.
>
> — 마틴 루터

위의 인용문은 철학 분야 속에 이 부가적인 장이 덧붙여져야 할 필요성을 설명해 주는데 도움이 될 것이다. 이 장은 철학의 다른 측면들은 다루지 않고, 단지 오늘날 그리스도인들이 진정한 성경적 지혜를 가장 쉽사리 잃어버리게 되는 부분들이 무엇인지를 확인시켜 주려는 것이다. 교회사를 보면 이러한 것들은 새로운 것이 아니고, 다만 그것은 현대 문화의 지적인 풍토에 더 유해할 뿐이다. 우상숭배, 이원론 그리고 영지주의는 모든 그리스도인들이 제대로 인식해서 대처해야 할 문제들이다. 그렇지 않으면 우리는 복음의 형식만 취하고 그 능력을 상실하는 자신을 발견하게 될 것이다.

우상숭배

하나님께서 우상숭배를 아주 싫어하신다는 것은 그분이 시내 산에서 모세에게 이스라엘 백성을 위해 십계명을 주신 사실로부터 확실히 알 수 있다. 십계명의 첫 두 계명은 우상숭배에 관한 것이다. 첫 번째는 하나님 외에는 다른 신이 없다는 것이며 두 번째는 우상을 새기지 말라는 것이다. 우상숭배에 대한 금지는 구약에서와 마찬가지로 신약 전체를 통해 명백히, 그리고 반복적으로 말씀되고 있다. 하나님은 매우 질투심이 많은 분이시다(출 20:5). 하나님은 인간이 질투적인 존재라는 것과는 다른 의미에서 질투적이다. 말하자면 그는 어느 누군가가 그의 명예와 영광을 손상시키는 것을 싫어한다. 피조 세계 가운데 그 어느 것도 그렇게 할 수 없다. 그는 우리를 사랑하시고 우리에게 최선의 것을 주려고 하시기 때문에 질투하신다. 우상숭배는 하나님의 형상을 지닌 우리가 피조물로서 충분하게 발전할 수 있는 여지를 차단시켜 버린다. 그래서 하나님께서 그것을 금하셨던 것이다.

그렇다면 우상숭배란 무엇인가? 그것은 인간이 인도하심과 도움과 만족을 얻고자 하는 대상을 살아 계신 하나님이 아닌 어떤 피조물로 바꾸는 것이다. 이에 대한 아주 명확한 예가 에덴 동산의 타락 이야기에서 발견된다. 쉬메만이 *For the Life of the World*라는 저서에서 설명한 것처럼 뱀의 유혹에 빠진 첫 번째 부부는 하나님께서 금하신 동산의 한 나무로부터 쾌락과 소유욕과 능력을 얻으려고 했었다. 말하자면 그들은 하나님께서 자신들이 사용하도록 마련해 놓으신 환경을 통해서 하나님의 축복을 구하는 대신, 하나님과의 관계를 끊고 그가 만든 피조물로부터 직접적으로 축복을 얻으려고 했다. 만약 그들이 하나님의 뜻을 따라서 하나님께로부터 그것을 받았다면, 그들이 추구한 것은 잘못이 아니었다. 하나님의 뜻과 상관없이 피조물로부터 이러한 것들을 얻으려 하는 것이 우상숭배이다(롬 1:25). 우상숭배는 실로 피조물이 창조주로부터 독립을 선언하는 것이다. 하나님으로부터의 독립! 그것은 단지 하나의 비극적이고 비탄적인 환상이며 노예화 작업일 뿐이다.

우상숭배가 하는 일은 탐닉과 매우 비슷하다. 그것은 탐닉의 형태로서 정확하게 서술될 수 있다. 제럴드 메이(Gerald May)는 탐닉의 특징을 탐욕, 금단 증상, 자기 기만, 의지력 상실, 그리고 주의력 왜곡 등이라고 열거하였다(*Addiction and Grace*, pp.3-4). 탐욕이란 사람이 어디에 빠져 있든지 간에 더 많은 것을 계속해서 요구하는 것을 의미한다. 금단 증상은 탐닉적인 실체가 거부당하거나 또는 억제될 때 경험되어지는 고통과 어려움을 말한다. 자기 기만은 탐닉자가 자신의 능력을 인식하지 못하는 것을 말하며, 주의력 왜곡은 탐닉자의 마음이 탐닉적인 일을 요구하는 것으로 너무 꽉 차 있어서 하나님이나 이웃에 대한 사랑의 여지를 남겨 놓을 수 없음을 의미한다. 우리는 이러한 징조들을 알코올 중독자들이나 물질 남용자들에게서 쉽사리 볼 수 있다. 그러나 메이는 탐닉의 분야를 확대시켰다.

우리 모두가 탐닉으로 인해 고통 당하고 있다고 말한다고 해서 내가 경솔한 것은 아니다. 그리고 나는 탐닉의 의미를 줄이지도 않는다. 내가 말하고자 하는 것은 실제로 탐닉의 심리적, 신경적, 그리고 영적인 역동성이 모든 인간 내에 적극적으로 활동하고 있다는 것이다. 술이나 마약에 대한 탐닉에 대해 책임이 있는 것과 같이 사상, 일, 관계성, 능력, 분위기, 환상, 그리고 끝없는 다양한 다른 것들에 대한 탐닉에도 또한 책임을 져야 한다. 탐닉은 우리 모두를 우상숭배자로 만든다. 왜냐하면 탐닉은 우리로 하여금 위와 같은 애착의 대상물을 숭배하게 하는 힘을 지니고 있으며, 그 결과 우리로 하여금 하나님과 다른 사람에 대한 진실되고 자유로운 사랑을 하지 못하게 한다 (Ibid., pp. 3-4).

우상숭배의 가장 나쁜 결과는 하나님에게 돌려 드려야 할 영광을 빼앗는 것이며, 또한 하나님과 이웃을 사랑할 수 있는 우리의 잠재력이 실현되지 못하도록 하는 것이다. 그것은 우리의 성장을 방해하고 왜곡시키며 궁극적으로는 죽음으로 이끌어 간다. 우상숭배는 자유를 약속했지만 곧바로 우리 스스로의 힘으로는 극복할 수 없는 방식으로 우리를 노예로 만든다. 하나님은 우리를 그의 형상을 지닌 자로 살도록 만드셨다. 우상숭배는 이것을 방해하며 또한 사람이 숭배하는 그 우상의 이미지로 그 사람을 왜곡시킨다.

구약의 세계는 우상들로 꽉 차 있었다. 이스라엘 사람들은 여호와를 섬기려 하면서도 우상에게 절하려고 하는 시도를 반복적으로 계속했었다. 결국 이것으로 인해 이스라엘은 앗시리아와 바빌로니아에게 포로가 되었다. 바울은 로마서 1장 25절에서 이것을 다음과 같이 말한다 "이는 저희가 하나님의 진리를 거짓 것으로 바꾸어 피조물을 조물주보다 더 경배하고 섬김이라 주는 곧 영원히 찬송할 이시로다 아멘." 비록 이제 어떤 신의 신체적인 형상을 섬기는 우상숭배는 아니라 하더라도 포로가 된 후에도 이스라엘의 우상숭배는 계속되었다. 바리새인들은 계시된 율법의 정신은 배제한 채 율법의 문자적인 숭상만을 하도록 백성들을 이끌었다. 그 결과 구약 메시지의 핵심 그 자체가 되는 예수 그리스도가 오셨을 때 그들은 주님을 인식하지 못하였다(요 5:37-39).

오늘날 기독교회의 문제는 그것이 이스라엘의 경우보다 훨씬 더 나쁘다는 것이다. 여기에는 두 가지 이유가 있다. 첫 번째 이유는 오늘의 세계도 과거 시대와 똑같이 많은 우상들이 있다는 것이다. 두 번째 이유는 현대의 우상들은 우상으로 인식되지 않기 때문에 더 위험하다는 것이다. 예를 들면, 뉴비긴이 *The Other Side of 1984*에서 지적한 바와 같이, 계몽주의 시대에는 하나님 대신 '자연과 자연의 법칙'이 그 자리를 차지하였다. 자연의 이해를 주장하는 과학자는 사람들로 하여금 삶과 세상을 이해하도록 그들을 이끌 수 있는 대제사장이 되었다.

실제로 오늘날 우리가 탐닉하고 있는 많은 우상들이 있다. 여기 몇 가지 예들이 있다.

몇 년 전 리차드 닉슨(Richard Nixon)이 아폴로 11호의 정신은 모든 국가에 평화를 가져다 줄 수 있다고 선언했을 때, 그의 말은 기술의 구원적인 능력(saving power)에 대한 믿음을 무심결에 드러냈다(B. Goudzwaard, *Aid for the Overdeveloped West*, p. 14).

미국 남서부에 필요한 모든 물을 공급하기에는 콜로라도 강으로는 부적합하다고 하는 어떤 논의에서 조지 시브레이(George Sibley)는 이렇게 말했다.

그러나 결국 우리가 이 문제에 관해서 논의하게 될 진리는 우리들이 '종교'라고 말할 수는 없지만 그 종교의 법칙에 따라 그 강이 평균 2천만 에이커 피트로 흐른다 하더라도 그것으로 인해 결코 신앙의 결함들을 시험할 수 없었다는 것이다. 그러나 기술, 과학, 그리고 합리화된 경제 등에 대한 신앙은 불경하고 비극적인 결함을 지니고 있다. 만약 우리가 생산 기술만 갖출 수 있다면 우리는 무한정한 수요를 충족시킬 만한 무한정의 공급도 가능할 것이라고 가정해 왔다("The Desert Empire," *Harpers*, 1977년 10월).

저명한 경제학자 케인즈(Keynes) 역시 (아마도 무의식적으로) 이러한 말을 덧붙였다.

> 우리는 적어도 앞으로 백년 동안은 반칙이 유용한 것이고, 공정함은 유용하지 않는 것이라고 하면서 우리 자신을 속여야만 한다. 탐욕, 폭리, 그리고 경계심은 당분간 여전히 우리의 신들이 될 것임이 분명하다.

슈마허(Schumacher)는 다음의 인용문이 들어 있는 그의 책에서 이렇게 덧붙인다.

> 탐욕, 폭리, 그리고 경계심(즉, 경제적 안정성) 등이 우리의 신들이라는 것은 케인즈에게 있어서는 재치 있는 아이디어였을 뿐이고, 사실 그는 더 고상한 신들을 소유했었다. 그 아이디어들은 지구상에서 가장 강한 것들이 되었고, 이제 그가 추천한 신들이 보좌에 앉아 있다고 말해도 과언이 아니다(E. F. Schumacher, *Small Is Beautiful*, p. 93).

또 한 사람의 증인은 도로시 세이어스(Dorothy Sayers)이다.

> 탐욕에게 매력을 부여하고, 깃발처럼 꽂을 수 있는 그럴싸한 이름을 주는 것이 이 시대에는 널리 퍼져 있다. 어떤 사람은 그것을 사업이라고 부르기도 한다. … 교회는 탐욕을 가리켜서 죽음에 이르는 죄라고 하지만 정말 그렇게 생각하는가? … 적어도 당신과 내가 탐욕을 싫어한다고 하는 가식 속에 있지는 않는가?(*The Whimsical Christian*, pp. 167-168).

그러나 골로새서 3장 5절은 탐심은 우상숭배요, 우상숭배는 탐욕과 동의어라고 말한다. 우상숭배는 살아 있고, 20세기에도 그러하다. 오스 기니스(Os Guinness)는 그의 최근의 책 Dining with the Devil에서 대형 교회 운동의 위대한 영적 가능성을 인정하면서도, 동시에 성령의 능력과 복음의 성경적 내용을 배제한 채 현대적인 경영을 도입하는 위험성을 지적한다. 우상숭배는 인식하기가 매우 어려울 수 있다.

현대의 우상들과 관련해서 우리들이 해야 할 일은 그 우상들을 인식하고 그것들과의 인연을 끊는 일이다. 그러나 이것은 쉬운 일이 아니다. 『그리스도인의 비전』 10장에서 왈쉬와 미들톤은 이 주제에 관한 탁월한 의견을 제공한다. 이 문제와 관련한 그들의 처방은 4중적이다. 첫째, 우리는 우리들의 우상들을 없애 버려야 한다. 둘째, 우상숭배는 다른 사람의 손해를 끼치는 우리 생활의 한 측면만을 언제나 강조한다는 것을 인식해야만 한다. 셋째, 하나님과 우리의 이웃을 섬기는데 있어서 하나님의 뜻이 무엇인지를 알기 위해 우리 생활의 모든 면들을 다시 살펴봐야만 한다. 마지막으로, 그리스도인들은 첫 세 가지의 과정을 실현할 수 있도록 공동체의 갱신을 추구해야 한다.

이원론

이원론은 우상숭배와 밀접하게 연결되어 있다. 이원론의 초기의 형태는 하나님에 대한 경배와 우상에 대한 숭배를 혼합시키려 했던 시도에서 찾아볼 수 있다. 이원론은 우리가 삶을 두 부분으로 나눌 때 나타나는데, 하나는 하나님의 영광을 위한 삶이고 다른 하나는 피조물을 섬기는 것이다. 오늘날 이원론은 비기독교적인 세계관에서 가장 자주 나타나고 있다. '스키 탈 수 있어요?' 라는 이야기를 예로 들어보자.

이 이야기는 전에 한 번도 스키를 타 본적이 없는 사람에 관한 이야기이다. 그의 친구는 그를 설득해서 슬로프의 정상에서 한 쌍의 스키를 신게 하고서는 그의 뒤를 밀어 주었다. 처음 얼마 동안은 잘 내려 갔지만 그는 갑자기 두 개의 스키가 같은 방향으로 가고 있지 않다는 것을 알게 되었다. 그래서 그는 스키 하나를 버렸다. 두 개의 스키가 같은 방향을 향하지 않고서는 멀리 나갈 수 없는 것이다. 인생 역시 스키와 마찬가지다.

현대 이원론에 대한 예는 무수하게 많다. 사실과 가치의 분리는 하나의 예를 제공한다. 사실들은 가치에서부터 자유로워지거나 의미 없다는 것을 가정한다. 가치들은 사적이며 개인적이다. 그러면 하나님께서 의미 없는 어떤 것을 만드셨는가? 그는 어리석은 분이 아니다. 그가 만드신 모든 것은 우리에게 그 자신을 나타내기 위한 것이었다(예: 롬 1:20; 시 19편). 다시 말하지만, 자연과 초자연은 마치 하나님이 기적을 행하시거나 한 것처럼 분리되었다. 그러나 의학은 하나님의 개입 없이 자연 법칙에 따라 일한다. 우리는 창조세계에 하나님이 직접 개입하신다는 의식을 잃어버렸다. 과학은 우리가 세상을 배우는 방법이며, 신학은 우리에게 하나님에 대해 가르쳐 준다. 그렇지만 세상은 우리에게 하나님을 알리기 위해서 만들어졌다고 성경은 말한다. 그리스도인들은 '전임 사역'(full time Christian service)에 대해 말할 때, 마치 성경에 다음 구절이 없는 것처럼 말한다. "그러한즉 너희가 먹든지 마시든지 무엇을 하든지 **다** 하나님의 영광을 위하여 하라"(고전 10:31). "또 무엇을 하든지 말에나 일에나 다 주 예수의 이름으로 하고 그를 힘입어 하나님 아버지께 감사하라"(골 3:17). 어떤 그리스도인에게도 '시간제 사역'(part time Christian service)이란 없다. 이러한 개념 하에서는 일과 종교가 두 개의 다른 영역으로 존재하게 되고, 사도신경은 실제적인 삶에 아무런 연관성을 갖지 못한다고 생각하게 된다. 이원론은 널리 퍼져 있으며 또한 위험스런 존재이다.

이원론이 안고 있는 문제는 우리의 삶을 두 부분으로 나눈다는 것이다. 영적인 영역에 있어서 우리는 그리스도를 인정하고 그에게 헌신한다. 일반적인 일에 있어서는 우리는 우리의 머리를 사용한다. 이것은 일반적인 일에 있어서는 우리가 우리의 합리적인 능력이나 문화나 아니면 어떤 다른 우상을 따른다는 것을 의미한다. 구약 시대에 하나님께서는 이스라엘 백성의 어리석은 우상숭배를 기뻐하지 아니하셨던 것 이상으로 이원론을 좋아하지 않으신다. 우리가 어느 부분에서 이원론에 빠졌는가를 깨닫는 것은 쉬운 일이 아니다. 이원론은 우상숭배보다 회개하기는 더 어렵기 때문에 마음을 새롭게 함으로 변화 받아야 한다(롬 12:1-2). 이것은 우리가 부르심 받은 바 해야 할 일이며, 이 일에는 상상할 수조차 없는 최고의 상급이 따르는 것이다. "잘하였다, 착하고 충성된 종아."

영지주의

처음 두 세기 동안 교회는 안팎의 대적들로 인해 생사를 건 싸움을 하고 있었다. 외부의 대적이란 로마 제국의 박해였는데, 그것은 정치적인 이유와 동시에 종교적인 이유에서 기독교의 존재를 위협하였다. 내부적으로 가장 심각한 문제는 영지주의(靈知主義)라고 알려진 이단의 문제였다. 영지주의는 일반 백성들이 알 수 없는 어떤 영적 진리에 대한 특별한 지식에 의해서 구원이 이루어진다고 하였으며, 또한 물리적 세계는 더럽혀지고 불건전한 것이라고 주장하는 일종의 사교였다. 오직 영적인 것만 중요하였고, 영지자(靈知者)는 사람을 영적인 영역으로 이끄는 비밀스런 가르침을 알고 있었다. 오늘날 영지주의는 부흥하고 있다. 우리에게 특별한 관심을 끄는 것은 우리의 창조관에 대한 새로운 이단이 영향을 미친다는 것이다.

4장에서 "그리스도인들은 자연계를 이교 사상이 아니라 물리학, 지리학, 생물학, 그리고 화학에게 내주었다. 우리는 또한 자연을 초자연으로부터 분리시켜 왔다"는 필립 얀시의 언급을 살펴보았다. 조금만 더 생각해보면 얀시가 말하는 바를 풍부하게 확증할 수 있다. 우리는 원인과 결과라는 과학적인 용어로 사고하는데에 익숙해 있기 때문에, 계몽주의 지성이 하나님의 창조의 의미를 그런 식으로 이해할 수 있었던 것처럼, 우리는 창조세계의 참된 중요성을 잃어버렸다. 그러나 시편 기자는 천둥과 폭우를 다음과 같이 표현한다.

> 여호와의 소리가 물위에 있도다. 영광의 하나님이 뇌성을 발하시니 여호와는 많은 물위에 계시도다. 여호와의 소리가 힘있음이여 여호와의 소리가 위엄차도다. … 여호와의 소리가 암사슴으로 낙태케 하시고 삼림을 말갛게 벗기시니 그 전에서 모든 것이 말하기를 영광이라 하도다(시 29).

벤자민 프랭클린(Benjamin Franklin) 이래로 우리가 우뢰와 천둥을 이해한다고 생각했다. 우리는 우뢰와 천둥을 우리의 아이들에게 구름 덩어리들 사이에서 일어나거나 혹은 구름 덩어리와 지구 사이에서 일어나는 전기적 잠재력의 차이라는 말로 설명한다. 그 속에는 하나님의 영광이 전혀 들어있지 않다. 이것은 현대 영지주의가 우리에게 준 소름끼치는 상실을 예증한다. 창조세계는 하나님께서 우리에게 자신을 나타내시기 위해 이루어진 것이며 하나님에 대한 경배와 봉사를 위한 통로가 되도록 이루어진 것이다. 우리는 그것을 보잘 것 없는 것으로 축소하였으며, 가장 진보된 물리학자들은 자신들은 무슨 일인지 정말 몰랐다고 말하는 날이 올 것이다. 그것은 실제적인 어떤 것이라기 보다 마치 힘이나 생각과 같은 것이다. 성경적인 철학은 하나님의 말씀에 의한 창조와 더불어 시작한다. 그러므로 창조세계는 의미로 가득 차 있다. 이것이 영지주의가 참된 복음에 그와 같이 공포스러운 존재가 되는가 하는 이유이다.

우상숭배, 이원론, 그리고 영지주의는 오늘날 기독교 교회의 세 가지 뜨거운 감자(해결해야 할 문제)이다. 그것들은 복음에 매우 위협적인 존재이며, 또한 교회가 현대 문화에 거의 영향력을 갖고 있지 않음을 잘 설명해 준다. 우리는 그것들을 매우 심각하게 인식해야 하며, 그것들을 어떻게 논박해야 할지를 알아야 하며 또한 그것들이 실행되지 않게 해야 한다.

III 부

기독교 학교의 내용

13장 창조와 언약

　기독교 학교교육의 실제적인 부분, 즉 기독교 학교교육의 교육과정에 대한 질문을 하게 될 때 우리는 그동안 쉽게 간과해 왔던 하나의 놀라운 사실에 직면하게 된다. 학교 교육과정은 전적으로 창조세계로 구성되어 있다. 유치원부터 대학원에 이르기까지의 대부분의 교육과정은 '자연의 법칙'(Mother Nature)에 대한 연구로 구성되어있다. 나머지 교육과정은 인간의 개인적이고 사회적인 생활, 그들의 문화, 그리고 본래의 창조에 대한 과학적이고 기술적인 변형물들로 구성되어 있다. 모든 교육적인 주제들은 하나님께서 만드셨고 계속적으로 유지하시며 구원하시는 것들로 이루어져 있다. 하나님과의 관계가 깨어진 상태에서 우리는 하나님으로부터 분리된 세상을 연구하는 것이 더 쉬울지도 모른다. 왜냐하면 세상이 우리에게 어떤 것도 요구하지 않기 때문이다. 그러나 우리가 학교 교육과정에 포함시켜야 하는 것은 살아 계신 하나님에 의해 창조되고 유지되며, 구원된 것이어야 한다는 사실이다. 우리는 하나님께서 만드셨고 지키시는 것들을 공부하고 있다.

　성경은 하나님과 피조물과의 관계를 언약(covenant)이라는 용어로 묘사하고 있다. 창세기 9장 9절에서 17절을 보면, 하나님은 방주에 있는 노아, 그의 가족, 모든 동물들, 그리고 땅과 함께 언약을 체결하셨다. 하나님은 다시는 땅을 홍수로 범람케 하지 않을 것을 약속하셨고, 약속에 대한 표시로서 무지개를 주셨다. 예레미야 33장 20절을 보면 하나님은 낮과 밤의 약정을 말하고 있고, 예레미야 31장 35절과 36절에서는 다음과 같이 말하고 있다.

나 여호와는 해를 낮의 빛으로 주었고 달과 별들을 밤의 빛으로 규정하였고 바다를 격동시켜 그 파도로 소리치게 하나니 내 이름은 만군의 여호와니라 내가 말하노라 이 규정이 내 앞에서 폐할진대 이스라엘 자손도 내 앞에서 폐함을 입어 영영히 나라가 되지 못하리라

욥기 38장부터 41장에서는 땅, 바다, 기후, 별, 그리고 동물을 포함하는 모든 피조물은 하나님의 통제 아래 있음을 나타내 준다. 시편 36편 5절과 6절, 104편 19절에서 23절까지, 그리고 145편 9절에서도 피조물과 맺은 하나님의 언약을 언급하고 있다. 이것은 한 부재지주(an absentee landlord)를 의미하는 것이 아니다. 하나님은 순간 순간마다 긴밀하게 그의 피조물을 운행하고 계신다.

학교 공부에 있어 복음에 대한 기독교적 접근은 창조에 대한 성경적인 교리를 바르게 이해하는 것에서 시작된다. 위에서 언급했듯이 기독교 세계관의 첫 번째 요소는 창조이며, 두 번째 요소는 타락이고, 그 다음은 구속이다. 그러나 창조에 관한 대부분의 현대 그리스도인들은 아마도 이신론자(deists)일 수 있다. 그들은 세계가 어떻게 시작되었는지에 대해선 진화론자들의 의견에 동의하지 않겠지만 지금 세계는 자연의 법칙에 의해 운행되고 있다고 믿고 있다. 사실 "자연"과 "자연적 법칙"은 위험한 현대의 우상들이다. 현대인들은 실제적인 목적을 위하여 하나님을 자연이나 자연의 법칙으로 대체하여 왔다. 불행히도 그리스도인들은 종종 이

와같은 견해에 공감하고 있다.

창조에 관한 성경적인 교리는 모든 것들은 하나님의 말씀에 의하여 존재되어졌다고 확언하고 있다. 이 선언은 한 번 있었고 그리고 언제나 있는 선언이다! 하나님은 그의 말씀으로 세상을 시작하셨을 뿐 아니라 같은 방식으로 세상을 이끌어 가신다. 만약 하나님께서 세상을 유지하는 일을 멈추시고자 하시면 이 일을 위하여 무엇인가 할 필요가 있는 것이 아니라 단지 하시던 일을 멈추면 된다. 전에 인용했던 것처럼 조나단 에드워즈는 다음과 같이 말한다.

하나님께서 창조한 것들을 *보존하는* 것은 하나의 *계속적인 창조와 완전히 동등한* 것이며, 또는 *매 순간마다* 무에서 또는 존재하고 있는 것으로부터 계속해서 창조하고 있는 것과 완벽하게 동등한 것이다(V. S.Owens, *God Spy: Faith, Perception, and the New Physics*, P. 58, 재인용, 이탤릭은 원문과 동일함).

성경은 계속되고 있는 창조의 순서와 규칙은 분명히 하나님 말씀의 영향으로 간주하고 있다. 히브리서 1장 3절은 말하기를 "그가 모든 것들을 그의 능력의 말씀으로 …" 골로새서 1장 17절에서는 "… 만물이 그 안에 (그리스도, 하나님의 말씀) 함께 섰느니라" 바울은 사도행전 17장 28절의 "우리가 그를 힘입어 살며 기동하며 있느니라"에서와 같이 이것을 육체적인 것을 포함해서 우리 생활의 모든 면에 적용시켰다. 사물들이 존재하는 방법에 대한 성경적인 계시는 우리가 성령에게 세계를 움직이시도록 할 때 인생과 세계를 보는 우리의 방법에 심오한 변화를 일으키게 하는 원인이 된다.

이 모든 것에는 창조세계와 함께 하나님의 언약이 포함된다. 하나님은 믿을만한 분이시다. 그리고 물질적인 세계와 비물질적 세계에서 우리가 의존하는 규칙들은 우연이 아니며 단순한 우발적인 산물도 아니다. 이와 같은 규칙들은 살아 계신 하나님이 창조세계를 신실하게 돌보신 결과이다. 일상적인 일에서 그의 임재와 관심에 대한 깨달음은 하나님과의 교제를 시작하게 하고 깊게 할 수 있다. 이와같은 사실은 가르침에 대한 기독교적인 접근에서 매우 특별하고 축복된 잠재력 중의 하나다.

이 장에서는 다음과 같은 방식으로 창조세계와 맺으신 하나님의 언약을 다룰 것이다. 첫째, 언약에 대한 성경적인 개념이란 무엇이며, 어떤 다양한 형태의 언약이 성경에 나타나고 있는가? 그리고 창조와 함께 하나님의 언약이 의미하는 것은 무엇인가? 다음으로는 왜 하나님은 창조세계와 함께 언약을 체결하셨는가? 마지막으로 교실에서 언약에 대한 지식들을 다룰 수 있는 몇 가지 원리들을 제안하고자 한다.

언약에 대한 성경적인 개념

성경에서의 계약은 두 단체 사이의 협약을 나타낸다. 이 단체들은 둘 또는 그 이상의 사람일 수도 있고 아니면 사람과 하나님일 수 있다. 예를 들면, 다윗과 요나단은 그들의 깊은 우정을 위하여 서로 맹세를 하였다. 야곱과 그의 삼촌 라반은 비록 그것이 우정이라기 보다는 서로의 불신을 표현한 것이지만 서로 계약을 맺었다. 이러한 종류의 계약은 사실 합법적인 수단이다. 보통 이와같은 계약을 맺을 때는 다음과 같은 단계를 밟아야 한다. 희생물을 잡아 쪼개어 가른 다음, 하나님은 증인이나 배심원으로서 간청을 받고, 협약의 세부사항이 구체화되어지고, 서약이 이루어지고, 희생물이 봉헌되고, 봉헌된 고기를 함께 먹는다.

인간과 하나님 사이에 한 언약이 체결될 때, 이 협약은 인간들 사이에서 이루어지는 합법적인 타협 이상의 의미를 가진다. 지금 이 타협은 하나님에 의해 시작되어졌고, 그의 뜻과 그의 법이 부과되어졌다. 이러한 상황에서는 언약뿐만 아니라 그의 왕국도 포함되어진다. 하나님의 주님 되심은 한 왕국에 대한 타협도 만들었다. 그의 구원의 목적은 바로 하나님 나라이고, 그의 참여는 언약이 타당하다는 것을 보여준다. 하나님은 약속한 일을 행하지 않는 법이 없다. 그리고 언약은 구원적인 세 측면을 가지고 있는데 이 측면은 창조-타락-구속이다. 인류와 함께 하나님의 언약을 다루는데 있어 성경은 구약과 신약의 언약을 모두 말하고 있다. 구약에서는 아브라함의 족속 이스라엘과 함께 하는 "할례"였고, 신약에서는 예수와 함께 온 세상에 전파되는 언약이었다.

이스라엘 백성을 이집트로부터 해방시키실 때, 하나님은 시내산에서 이스라엘 백성과 언약을 체결하셨다. 만약 이스라엘 백성이 그의 계명에 순종하면 그는 그들의 하나님이 될 것이고, 그들이 그의 백성이 되면 하나님은 그들에게 그의 약속을 충실히 지킬 것이다. 그 이후의 구약은 이스라엘 백성이 언약을 지키거나 위반하는 괴로운 이야기를 말하고 있다. 이스라엘의 거듭되는 언약 위반으로 인한 징계와 함께 선지자들은 새로운 언약에 대한 기대를 제공하였다. 하나님은 다음과 같이 말씀하심으로 그것을 약속했다.

> 보라 날이 이르니 내가 이스라엘 집과 유다 집에 새 언약을 세우니 … 곧 내가 나의 법을 그들의 속에 두며 그 마음에 기록하여 나는 그들의 하나님이 되고 그들은 내 백성이 될 것이라(렘 31:31, 33).

새로운 언약을 의미하는 신약은 하나님의 나라가 가까왔다는 예수의 선언으로 시작된다. 왕이 임한 이후로 왕국 또한 임한 것이다. 이 새 언약은 예수의 십자가 상에서의 죽음과 부활로 완성되었다. 이것이 신약의 중심되는 메시지이다.

1세기 최초의 교회는 유대인들로 구성되어 있었다. 하지만 사도 바울의 선교를 통하여 곧 그리고 넓게 이방인들이 추가되었다. 우리 현대 그리스도인들에게 가장 큰 어려움은 유대 그리스도인들에게 나타난 문제가 무엇인지 깨닫는 것이다. 새 언약은 옛 언약과 어떻게 관련되어 있는지? 하나님은 이스라엘과 영원히 함께 하셨는지? 여기서는 신학적인 문제들을 논하지 않을 것이다. 로마서 11장에서 바울이 이스라엘의 미래에 대해서 말한 것은 심령이 거듭나야 한다는 것이다.

형제들아 너희가 스스로 지혜 있다 함을 면키 위하여 이 비밀을 너희가 모르기를 내가 원치 아니하노니 이 비밀은 이방인의 충만한 수가 들어오기까지 이스라엘의 더러는 완악하게 된 것이라. 그리하여 온 이스라엘이 구원을 얻으리라 기록된바 구원자가 시온에서 오사 야곱에게서 경건치 않은 것을 돌이키시겠고 … 너희가 전에 하나님께 순종치 아니하더니 이스라엘에 순종치 아니함으로 이제 긍휼을 입었는지라 이와 같이 이 사람들이 순종치 아니하니 이는 너희에게 베푸시는 긍휼로 이제 저희도 긍휼을 얻게 하려 하심이니라 하나님이 모든 사람을 순종치 아니하는 가운데 가두어 두심은 모든 사람에게 긍휼을 베풀려 하심이로다(롬 11:25-26; 30-32).

도움이 될 만한 또 하나의 조언은 옛 언약 하에서 이스라엘의 책임과 그들 생활의 모든 면들이 자세히 기록되어 있는 것처럼 새 언약 하에서 우리를 위한 하나님의 뜻이 예수의 산상수훈과 나머지 신약에서 분명히 나타나 있다. 오늘날 생활의 어떤 부분도 새 언약과 왕국에 대한 약속과 책임으로부터 벗어날 수 없다.

피조물과 맺은 하나님의 언약은 무엇인가?

성경은 반복적으로 피조물과 함께 한 언약에 대하여 말하고 있다. 법적인 계약과 앞에서 설명한 구약과 신약의 언약은 분명히 다르다. 언약에는 하나님 자신이 만들고 유지하고 있는 세상을 향한 당신의 뜻을 폭넓게 담고 있다. 하나님은 모든 피조물에 자신의 법을 부과하고 있고 피조물은 그 법에 충실하고 완전하게 순종한다. 소위 자연의 법이라고 하는 것은 믿을 만해서 우리는 자연의 법에 의하여 피조물을 조작하는 것을 배울 수 있다. 자연의 법은 진정 하나님의 법이다. 새들과 나비들은 주님의 말씀으로 매 해 수천 마일을 날아 집으로 간다. 같은 말씀으로 연어는 그들이 태어났던 개울에서 알을 낳기 위하여 4년마다 한 번씩 돌아온다. 달을 끌어당기고 있는 중력 또는 태양을 돌고 있는 지구는 추상적인 원리가 아니다. 이것은 하나님 말씀의 능력을 나타내 보이고 있는 것이다(히 1:3; 골 1:17). 이것은 하나님이 진지하게 그리고 계속적으로 피조물의 움직임에 매 순간마다 참여하고 계신다는 의미이다. 하나님은 세상이 자동적으로 돌아가도록 내버려두고 하늘나라로 돌아가시지 않았다. 하나님이 이처럼 매일 매일의 일에 가까이 참여하고 계신다면, 사람들이 교회의 영적인 활동에서 뿐 아니라 매일의 평상적인 활동에서 하나님과 만날 수 있고 하나님과 교제하며 그를 섬기는 것이 가능하다. 이것이 성경이 분명하게 우리에게 말하고 있는 것이다. 그러므로 학교는 학생들이 창조세계에 대해 공부를 함으로써 하나님과 만날 수 있는 장소가 될 수 있다.

하나님은 왜 피조물과 언약을 맺으셨는가?

다음 질문은 왜 하나님은 피조물이 있으라 말씀하시고 그 위에 언약을 부과하셨나 하는 것이다. 그는 마음에 어떤 목적을 갖고 계셨던가? 피조물 그 자체는 그를 위해 어떤 가치를 가지고 있는가? 현대인들은 이러한 질문에 직면하지 않을지도 모른다. 왜냐하면 그들은 하나님이 죽었거나 세속적인 문제들과 관련이 없다고 생각하기 때문이다. 사실(facts)은 가치로부터 자유롭다고 현대인들은 생각한다. 그들은 인간의 목적을 위하여 사실을 활용하는 것 외에는 다른 의미가 없다고 추정한다. 만약 그렇다면 하나님은 세상을 생각없이 만들었음을 의미한다.

그리스도인들은 이것에 반대한다. 그들은 하나님은 그가 하고 있는 것을 안다고 주장한다. 그들은 적어도 창조와 더불어 주어진 신성한 언약에 있는 두 가지 목적을 본다. 하나님이 마음에 두고 있는 첫째 목적은 그의 창조 활동 중 인간을 그와 닮게 지었다는 것과 특히 연관이 있다. 그의 목표는 인간과 계속적으로 관계를 맺는 것이었다. 피조물은 친교를 위한 수단으로 의도되어졌다. 이것은 두 가지 뜻을 전달하는데, 하나는 하나님이 그의 백성에게 자신을 계시하는 것이고, 다른 하나는 하나님에게 예배와 봉사의 통로로 여겨진다는 것이다. 기독교 학교교육은 하나님이 의도했던 피조물에 대한 참뜻을 회복함으로써 학생들이 살아 계신 하나님을 만나도록 노력해야 한다. 삶에서 가장 놀라운 일은 하나님을 아는 것이다 (요 17:3). 일단 하나님과 우리의 관계가 그리스도의 구원을 통하여 회복되었다면, 이것은 가능하다.

가르침에 있어서의 기독교적 접근의 핵심은 예수가 피조물안에 자신을 계시하고 있다는 사실이다. 예를 들면, 믿음의 눈은 어린이들 안에 있는 하나님을 감지한다. "누구든지 내 이름으로 이러한 어린아이 하나를 영접하면 곧 나를 영접함이니"(마 18:5).

내가 주릴 때에 너희가 먹을 것을 주었고 목마를 때에 마시게 하였고 나그네 되었을 때 영접하였고 벗었을 때에 옷을 입혔고 병들었을 때에 돌아보았고 옥에 갇혔을 때에 와서 보았느니라 … 내가 진실로 너희에게 이르노니 너희가 여기 내 형제 중에 지극히 작은 자 하나에게 한 것이 곧 내게 한 것이니라 하시고(마 25:35-36, 40).

욥기 42장 5절과 6절, 로마서 1장 20절, 시편 19편, 그리고 다른 성경 구절은 하나님께서 우리에게 그의 일(works) 안에서 자신을 보여주려고 하고 있음을 분명히 나타내고 있다. 요한계시록 3장 20절에서 부활한 그리스도가 말하기를, "볼찌어다 내가 문밖에 서서 두드리노니 누구든지 내 음성을 듣고 문을 열면 내가 그에게로 들어가 그로 더불어 먹고 그는 나로 더불어 먹으리라." 모든 학교 공부들은 피조물들을 다루는 것이고, 그 각각은 예수가 두드리는 문이다. 만약 우리가 문을 열 준비가 되어 있다면, 그는 들어와서 우리 마음의 깊은 갈급증을 채워줄 것이다. 만약 교사로서의 우리가 그런 기회를 포착하고 제공할 수 있다면 학교 과목들은 하나님과 교제를 나누는 길이 될 수 있을 것이다. 그리스도가 그의 비유에서 피조물을 사용하는 것은 창조된 세상에 계시된 하나님을 알았던 통찰력있는 방법에 대한 증거이다.

왜 하나님이 피조물과 함께 언약을 수립하였는지에 대한 두 번째 이유는 창조된 것이 저주를 받았다는 것이다. 이것은 언약의 신학적인 유형에 더욱 가까이 다가가게 한다. 피조물은 인간이 에덴동산에서 하나님으로부터의 독립을 선언했기 때문에 저주 아래 괴로워하고 있다. 인간 역시 저주 아래 고생하고 있다. 20세기에도 전쟁, 대학살, 그리고 인종청소로 인해 1억 8천 7백만 명의 사람들이 죽었고, 하나님으로부터의 소외로 인한 무거운 짐은 거의 견딜 수 없는 상황에 이르렀다. 사람들은 계몽주의자들이 약속했던 진보를 위하여 더욱 희망을 잃고 있다. 매일 24시간 동안 텔레비전이나 다른 미디어가 제공하는 오락이 중단될 때, 사람들은 무엇인지 알지도 못하고 어떻게 경감시켜야 될지도 모르는 마비증세나 불안을 경험하고 있다. 우리는 우리의 죄 때문에 피조물이 고통하는 가운데 무거운 짐을 경험하고 있다.

로마서 8장 19절에서 21절은 하나님이 이러한 결박으로부터 피조물들을 구원할 때가 있음을 지적하고 있다. "피조물의 고대하는 바는 하나님의 아들들의 나타나는 것이니"(19절). "… 그 바라는 것은 피조물도 썩어짐의 종노릇 한데서 해방되어 하나님의 자녀들의 영광의 자유에 이르는 것이니라"(21절). 오늘날 그리스도에게 속해 있는 우리들은 하나님의 자녀로서의 자유를, 완전히는 아니더라도, 이미 즐기고 있다. 그러므로 이와같은 구절들은 우리가 피조물의 좋은 청지기가 되기 위한 두 가지 이유를 가지고 있음을 시사한다. 우리는 그의 피조물들을 돌보라는 하나님의 첫 명령을 가지고 있다(창 1:28-29). 우리는 그리스도 안에서의 자유가 모든 피조물을 위한 궁극적인 자유에 대한 한 약속이라는 증거를 가지고 있다. 고린도후서 5장 19절은 말하기를 "이는 하나님께서 그리스도 안에 계시사 세상을 자기와 화목하게 하시며 저희의 죄를 저희에게 돌리지 아니하시고 화목하게 하는 말씀을 우리에게 부탁하셨느니라." 그리스도인으로서 우리가 누리는 자유는 피조물이 마지막으로 받을 자유에 대한 첫 지불금이다. 피조물을 위한 자유의 마지막 완성은 처음 오신 그를 거부했던 세상에 그리스도가 영광으로 다시 오실 때 이루어질 것이다. 따라서 우리는 오늘 모든 피조물과 궁극적인 화해를 이룰 수 있다.

오늘날 우리가 알고 있는 것처럼 이미 피조물은 오고 있는 자유를 설명하고 있는지도 모른다. 예를 들면, 매년 찾아오는 계절의 순환은 죽음과 부활의 패턴에 대해 무언가의 윤곽을 준다. 매년 겨울이 되면 채소들은 죽는데 이것은 봄에 새로운 생명의 탄생을 초래한다. 예수는 한 알의 씨가 땅에 묻혀 죽지 않으면 그것으로 끝나지만 만약 죽으면 많은 열매를 맺게 된다고 말한다. 이러한 방법으로 하나님은 우리를 위하여 이 저주로부터 구원을 받는 모습을 미리 보여주고 있다. 학교 교육과정의 기초를 이루는 피조물은, 만약 우리가 그것들을 바라보는 마음을 가지고 있다면, 하나님의 신실한 사랑에 대한 교훈을 풍성하게 한다.

주의할 점

그러나 앞에서 피조물의 본성에 관하여 말한 것은 기독교 학교 교실에서 자연에 계시된 하나님을 끊임없이 말하라는 것은 아니다. 비유에 나타난 예수의 가르침을 기억하라. 그의 비유들은 피조물에 관련되어 있었고, 사람들은 그 비유들이 매력적임을 발견하였지만, 그는 그 비유가 갖고 있는 내적 의미를 강하게 말하지 않았다. 그는 더욱 듣고자 하는 자들은 그의 가르침을 기꺼이 받아들일 수 있고 그것을 따를 수 있다고 거듭 말하고 있다. 교사는 자신의 학생들의 영적인 준비도를 알지 못하고 있다. 그는 그의 학생들에게 충분한 힌트를 제공함으로써 사실들을 발견하도록 도와준다. 그래서 그 사실들을 통하여 예수님을 만나기를 원하는 학생들에게 그를 만날 수 있도록 도와줄 수 있다. 그가 뿌린 씨앗은 자라고 열매를 맺는데 시간이 걸릴지도 모른다. 그는 믿음으로 씨를 뿌리고 수확을 위하여 기도한다.

여기서 예방 조치(precaution)라는 단어를 쓸 필요가 있다. 그리스도인 교사로서 우리는 학생들이 현대인들이 실재를 보는 방법과는 매우 다르게 실재를 납득하는 대안 의식을 갖도록 도와야 한다. 그러나 우리 자신이 어린 시절부터 세상적인 견해를 주입적으로 배워왔기 때문에 우리는 무의식적으로 세상적인 견해에 매우 깊이 영향을 받고 있다. 우리는 성경적으로 피조물을 바라보는 방법을 잃어버렸다. 일상적인 경험에서 하나님을 드러내고 그와 교제하고 섬기는 방법을 아는 것이 이제는 더 이상 즐거운 경험이 되지 않고 있다. 이것이 왜 하나님을 마음으로 찬양하지 못하고 매일 생활에 관련된 일들만을 말하는 이유이다.

그리고 예방 조치(precaution)는 느리게 진행된다. 우리가 학생들에게 전하기 원하는 것은 새로운 이념이나 실재에 대한 이론이 아니다. 이것은 피조물을 살아 계신 하나님과 관계를 맺기 위한 한 통로로 바라보는 대안 의식이다. 이것은 하나님의 세계에서 하나님의 세계를 돌보고 치료하는 적극적인 참여를 의미한다. 이것은 기하학의 법칙을 증명하는 것처럼 단순하게 설명할 수 있는 것이 아니다. 이러한 의식을 우리의 학생들이 갖게 되는 것은 하나님, 곧 성령의 사역으로부터 오는 선물이다. 만약 하나님의 말씀이 이 영역에서 우리의 마음을 확고하게 붙잡고 있지 않는다면 우리의 학생들에게 사물을 바라보는 새로운 방법을 전달하는 것은 어려운 일이다.

교사와 학생의 관계는 현저하게 숙련자(master)와 도제(apprentice)의 관계와 같다. 혹은 아마도 막 부화한 집오리 새끼가 어미 오리에게 또는 다른 살아있는 것에 의존하는 결속(일종의 각인)의 과정과 더욱 흡사할지도 모른다. 우리는 느리더라도 학생들의 마음에 성경적인 비전을 가르치는 데 노력을 기울일 필요가 있다. 우리의 비전이 매우 확실해서 조용히 있을 수 없을 때만이 우리는 우리의 학생들에게 그 비전을 전달하려고 노력하게 될 것이다. 그리고 비전이 우리를 붙잡을 때 성령은 우리로 하여금 그 비전을 전하는 적절한 말과 방법을 발견할 수 있도록 이끌 것이다.

피조물은 하나님을 지각하고 그에게 반응하기 위한 통로로 여겨져왔으므로(피의 상징으로 성찬식에서의 빵과 포도주를 생각해보라) 피조물 안에서 이루어지는 그리고 피조물을 통한 하나님과의 교제의 정도는 우선적으로 중요하다. 그리스도인이 되지 않고도 수학이나 화학 또는 문학의 사실들을 가르칠 수 있을 것이다. 그러나 그는 피조물을 이해하는데 하나님과의 계속적인 만남이 없이는 창조에 대한 성경적인 비전을 가르칠 수 없을 것이다. 우리는 습관적으로 우리의 영적인 삶과 일상적인 생활을 분리시킨다. 가르치는 지위에 있거나 혹은 다른 활동을 하고 있는 그리스도인은 그렇게 하지 않아야 한다. 서구의 교회가 우리의 문화를 위협하고 있는 세속적인 물결에 대항할 힘을 잃고 있는 것은 아마도 우리의 삶에 이미 익숙해져 있는 이신론(dualism) 때문인지도 모른다. 그리스도인 교사는 자신이 가르치고 있는 과목의 사실들(facts)에 대해 잘 알고 있어야 할 뿐만 아니라 그 과목 안에서 그리고 그 과목을 통하여 하나님과의 교제도 발전시킬 수 있어야만 한다. 이것은 기도와 묵상, 성경 혹은 다른 도움을 줄 만한 책들, 그리고 같은 문제로 씨름하고 있는 사람들과의 교제를 통해서만 오직 해결할 수 있는 하나의 도전이다. 만약 우리가 이러한 것들을 배울 수 없다면 우리는 학생들에게 피조물 안에서 그리고 피조물을 통해서 나타나는 하나님의 사랑을 가르칠 수 없을 것이다.

한 가지 문제와 한 가지 결론

창조와 함께 하나님의 언약에 대한 전체적인 논의에 있어서 인식해야만 할 문제가 있다. 인류의 죄는 그 상황에 불법적 행위를 자연스럽게 들여왔다. 하나님의 법 질서는 이제 더 이상 모든 면에서 믿음직하게 준수되지 않고 있다. 창조세계의 물리적인 영역에서 하나님은 우리가 그의 법을 어기는 것을 허락하지 않고 있다. 이것은 우리가 지붕 위에서 뛰어내리므로 중력의 법칙을 감히 깨뜨릴 수 없는 것과 같다. 우리는 이와같은 하나님의 법칙을 정확하게 경험하고 있다. 하지만 창조세계의 비물리적인 영역에서 인간생활을 위한 규범으로써 하나님의 법은 슬프게도 매우 자주 위반된다. 예를 들면, 하나님을 사랑하고 이웃을 사랑하라는 규범은 준수되는 것보다는 위반되어질 때 더욱 주목을 받고 있다. (규범에 대한 위반은 항상 즉각적인 결과를 초래하지 않는다는 것을 주목해야 한다. 우리가 물리적인 법칙을 따르지 않았을 때는 즉각적인 결과를 경험한다. 하지만 규범 위반에 대한 결과가, 결국은 느껴지겠지만, 우리의 생활에서 늘 느껴지는 것은 아니다.) 이 세상의 삶에서 그런 위반을 조정하기 위하여, 우리는 인생의 목표로서 사랑의 법을 말한다. 예수님은 넘어짐 없이 그 법을 준수하였고, 그의 교회가 유사하게라도 그 법을 준수하기까지 정화될 것을 약속하였다. 우리는 사랑의 규범을 말하는데 이것이 인간 삶을 위한 하나님의 의도이기 때문이다. 인생과 세상에 대한 그리스도인의 이해는 창조와 함께 하나님의 언약에 뿌리를 둔다.

   결론적으로 창조세계와 맺은 하나님의 언약은 교육과정에서 어떤 과목도 하나님에 대한 언급없이는 적합하게 연구되어질 수도 가르쳐질 수도 없다는 것이다. 하나님은 각 교과목 안에 계시되었고, 그 교과목들을 어떻게 다루느냐 하는 것은 하나님에게 긍정적이냐 아니면 부정적이냐에 대한 우리의 반응이다. 창조세계와 맺은 하나님의 언약은 하나님을 지각하고 그에게 반응하는 하나의 도구로서의 역할을 한다. 동시에 한 그리스도인 교사가 이와같은 생각들을 단순하게 학생들이 알아야 할 영적인 진리와 사실로만 전달하려고 노력하는 것은 지혜로운 일이 아니다. 교사는 먼저 피조물에 대한 하나님의 말씀을 이해할 필요가 있는데, 이것은 학생들에게 겉보기에 세속적인 과목인 것 같아도 그 안에서 그리고 그 과목을 통하여 하나님을 알고 섬기기 위한 가능성을 전달하려고 노력하기 전에 이루어져야 한다. 이와같은 발견이 기독교 학교에서 어떤 것보다도 효과적인 가르침의 열쇠가 될 것이다. 학생들은 이와같은 대안 의식을 경험할 필요가 있고 피조물을 돌보고 화목하여야 하며, 결국은 모든 생활 가운데 하나님께 영광을 돌리는 법을 배워야 한다. 이것은 쉽지 않을 것이지만, 무한한 가치를 가지고 있다.

14장 학교 공부의 회복된 의미

　창조와 언약에 대한 앞장의 논의는 우리로 하여금 교육과정에 대한 기본적인 질문을 던지게 한다. 특별히 기독교 학교에서 가르칠 과목들은 무엇인가? 교과목은 기독교 학교든 다른 일반 학교든 같지 않겠는가? 특별히 그리스도인을 위한 산수, 과학, 혹은 지리 과목이 있는가? 그렇지는 않다. 하나님은 우리가 알고 있는 오직 하나의 세상을 만드셨다. 이 세상은 그리스도인에게서 탐구되어지든 혹은 무신론자에게서 탐구되어지든 같은 세계이다. (주의사항: 일반적으로 "사실"은 사실로서 분명히 여겨져야 한다. 때때로 사람들은 이론과 사실을 정확하게 구분하지 않고 있다. 어떤 진화론자인 과학자가, 칼 사강이 TV에서 말한 것처럼, 우주는 지금 실재하는 모든 것이고 과거에 실재했던 모든 것이며 앞으로 실재할 모든 것이다라고 말할 때, 그는 과학보다는 철학적 언급을 하고 있는 것이다. 과학 분야에서 받고 있는 그의 신임이 철학에서도 같은 신임을 기대할 수는 없다.) 그럼에도 불구하고 그리스도인이 어떤 과목을 가르치는 방법과 무신론자가 가르치는 방법 사이에는 매우 큰 차이가 있을 수 있다. 그리스도인 교사는 공부에 대한 의미를 복원하고, 일반 교사는 중립적인 사실들에 어떠한 의미도 부여하지 않는다. 슬프게도 가끔 기독교 학교는 이와같은 차이를 깨닫지 못한다. 만일 그들이 이와같은 차이를 인식하지 못한다면, 그들은 기독교 교육과정의 약속들을 수행하는 데 실패한다.

　기독교적인 가르침에 있어서 이러한 뚜렷한 특징을 이해하기 위해서 우리는 계몽주의에 대한 앞에서의 논의를 기억해야만 한다. 프란시스 베이컨은 사실에 관해서 생각하는 새로운 방법을 소개하였다. 그는 그의 동료 과학자들에게 현상에 대한 가정된 의미를 잊고 단순히 물리적인 원인들을 찾아보라고 주장하였다. 그러한 정보는 그것을 배우는 사람에게 어떠한 헌신이나 반응도 요구하지 않고 있다. 사실은 단순히 중립적인 것이다. 바르게 사용한다면, 사실들은 사람들에게 대단한 힘을 발휘할 수 있다. 하지만 사실들은 사실 그 자체로서 어떠한 의미도 가지고 있지 않다. 가치로부터 이와같은 사실의 분리는 진리의 개념에 대한 왜곡을 초래하였다. 진리가 경험적인 정보와 논리에 의존된 이후로 진리는 더 이상 절대적이지 못하게 되었다. 과학이 바뀔 때, 진리 또한 바뀐다.

　성경적인 관점으로 볼 때, 여기서의 문제는 어떤 일이나 사건에 대한 중립적인 사실은 단순히 존재하지 않고, 그 자체도 진리가 아니라는 것이다. 진리는 하나의 중립적인 정보가 아니다. 그것은 인격이다. 예수는 "내가 곧 길이요, 진리요, 생명이니"(요 14:6)라고 말했다. 이것은 단순히 그가 영적인 진리라는 것을 의미하지 않는다. 그는 창조된 세상의 모든 부분에 있는 유일한 진리인 것이다. 그는 능력있는 말씀으로 매 순간마다 세상을 창조하고 유지하고 계신다. 그의 임재는 보이는 또는 보이지 않는 모든 창조된 것들 위에 있다. 만약 이것이 이해되지 않는다면 진리는 충분히 설명되지 않는다.

　이번 장의 주제로 돌아가면, 우리를 포함한 우주는 전적으로 하나의 목적을 가지고 있다. 이것이 우주에게 의미나 가치를 부여한다. 전 우주는 인류에게 하나님 자신을 계시하기 위한 통로가 되도록 의도되었다. 그리고 우주는 하나님과 인류가 교제하기 위한 그리고 인류가 하나님에게 봉사하기 위한 통로가 되도록 의도적으로 창조되었다. 우주는 가치로부터 자유로운 사실들로 적당하게 정의될 수도 있지만, 이것은 인간의 삶과 경험에서 가장 귀중한 것을 잃게 한다. 이것은 하나님의 존재를 부인하는 것이거나 그가 무엇을 하고 있는지 생각하지 않고 세상을 창조했다는 비난인 것이다. 그리고 그것은 신성모독적인 것이다.

창조와 교육의 의미를 좀더 주의깊게 살펴보기 전에 한 마디 부언할 필요가 있다. 피조물은 의미를 가지고 있다라고 말하는 것보다는 피조물은 의미이다라고 말하는 것이 더 좋다. 창조세계는 그림과 함께 몇 개의 상품들을 광고하는 광고판처럼 존재하지 않는다. 창조세계는 오직 주님의 말씀으로 존재하고 있고, 존재의 핵심은 하나님을 계시한다. 창조세계는 만약 하나님이 그의 말씀을 철회한다하더라도 계속적으로 존재하는 물질이 아니다. 그것은 독립적으로 존재하지 못하기 때문에 하나님을 향한다. 그것은 오직 하나님을 계시하는 목적을 갖고 하나님의 말씀에 의해서만 존재한다.

창조된 세상은 하나님을 계시할 뿐만 아니라 우리가 하나님께 봉사할 수 있는 하나의 매개체이거나 통로를 제공하고 있다. 우리가 피조물을 생각하고 사용하는 방법은 우리와 하나님과의 진정한 관계를 표현한다. 만약 우리가 하나님에게서 독립적인 것처럼 그것을 사용할 때, 우리는 스스로 작은 신이 된 것을 공표하는 것이다. 우리가 피조물을 하나님과 이웃을 사랑하는 것으로 사용할 때, 그것은 하나님과의 교제의 수단이 되는 것이다. 우리가 교회 성찬식에서 빵과 포도주를 마실 때 우리는 하나님과의 교제를 고백하는 것이다. 그러나 우리는 우리가 교회에서 행하는 것에 대한 중요한 의미를 거의 생각하지 않고 지낸다. 성찬은 오직 빙산의 일각일 뿐이다. 모든 실재도 성찬의 의미처럼 비슷한 방식으로 이해될 수 있고 사용될 수 있음을 의미한다. 이것은 피조물들이 우리에게 하나님에 대한 새로운 사실들을 가르치고 있다는 것을 의미하지 않는다. 이것은 성경의 한 분야일 뿐이다. 그러나 피조물들은 우리로 하여금 경외함과 사랑, 찬양과 봉사로 하나님에게 반응하도록 요구하고 있다.

현 시대에 사실과 가치 사이의 분열로 인한 무서운 댓가가 분명히 나타나기 시작하고 있다. 이것은 우리로 세상을 지각하는 힘을 잃게 하고, 결과적으로 학교 교육이 목적도 없고 의미도 없는 객관적인 사실들의 집합이라는 개념을 낳게 하고 있다. 이와같은 사실들은 우리가 세상을 자기중심적으로 사용하도록 하는 열쇠와 같은 역할을 하고 있다. 그러나 이것은 우상숭배이다. 이와같은 견해는 피조물의 중요한 의미를 공허하게 하고 있다. 그러나 세상은 하나의 목적을 가지고 있다. 그것은 의미가 있고 가치가 있다. 이것에 대한 부정은 현대의 선례없는 과학적, 기술적인 발전을 가져왔고 물질적인 생활 수준에서의 화려한 발전을 가져오게 하였다. 우리가 이것들로 인해 하나님께 감사하는 동안, 그 발전들은 아편처럼 작용해서 우리로 하여금 사실들이 의미를 가지고 있다는 것을 부정하게 하고, 그러는 동안 우리가 무엇을 잃게 되는지를 모르게 만든다. 의미를 부정함으로써 유익을 얻지는 못한다. 어떻게 하면 생활을 좀더 편안하게 할 수 있을까를 배우기 위하여 사실은 중립적이어야 한다고 반드시 생각할 필요는 없다. 우리는 파우스트가 악마와 맺었던 것과 같은 종류의 약속을 하게 되었다. 우리는 신체적인 편리함을 얻은 대신 우리의 영혼을 잃어가고 있다.

이것은 학교 교육에 있어 기독교적인 접근의 차이점이 무엇인지를 말해준다. 중립적인 과학적 사실들은 학습자의 반응을 요구하지 않는다. 학습자의 반응은 오직 학습자가 그 사실에 개인적이고 이기적인 흥미가 있을 경우에만 나타나게 된다. 그리스도인 교사는 한 세트의 사실들을 제공하는 것이 아니라 그 사실들을 가지고 매우 독특한 무엇인가를 하여야 한다. 그리스도인 교사는 그 사실들에게 하나님께서 의도하신 의미를 다시 부여해야 한다. 이러한 측면에서 그리스도인 교사는 학생들에게 반응을 요구하여야 한다. 학습은 수동적이고 받아들이는 연습에서 능동적이고 역동적인 것으로 바뀌어야 한다. 학교 교육을 통하여 피조물과 피조물에 대한 사람들의 반응에 대한 검사는 하나님과 교제하고 하나님께 봉사하는 하나의 관문이 될 것이다. 그리스도인 교사는 세속 교육을 중단하는데, 왜냐하면 그들은 영생을 주시는 하나님을 아는 통로가 되기 때문이다(요 17:3)! 그들이 요구하는 반응은 하나님을 경외하고 사랑하고 찬양하고, 하나님께 봉사하는 것들을 포함한다. 사실들에 대한 두 접근들 사이에 이보다 더 큰 심연이 있을 수 없다.

더 깊은 설명

앞장에서 하나님을 계시하는 피조물의 속성을 설명하였다. 아마도 몇 가지 부가적인 예들이 도움이 될 것이다. 여기서 소개하고 싶은 것 중의 하나는 C. S.루이스의 *Letters to Malcolm, Chiefly on Prayer*에 있는 한 구절이다. 루이스는 그에게 "즐거움이 우리의 민감성을 자극하는 영광의 빛줄기라는 매우 비밀스러운 교리"(p. 90)를 알려준 친구들에게 감사하였다. 즐거움은 더운날에 시원한 음료수를 마실 때 맛을 느끼는 말초감각이나 다정한 친구와 나눈 가슴 가득한 따뜻한 대화의 마지막 느낌으로부터 오지 않는다. 즐거움은 이것들을 통해서 오지만 이것들로부터는 오지 않는다. 오직 하나님께서 즐거움을 만드신다(시 16:11; 약 1:17). 즐거움은 창조된 사물과 사람에 의해 중재된 우리의 가슴에 와 닿는 하나님 자신으로부터의 접촉이다. 마귀는 즐거움을 잘못 사용한다. 그는 즐거움을 만들지 못한다. 루이스는 계속 말하고 있다.

나쁜 즐거움은 합법적이지 못한 행동에 의해 붙잡힌 즐거움이다. 이것은 사과를 몰래 훔치는 것이고, 나쁘며 달콤하지 않다. 달콤함은 영광으로부터 오는 한 결과이다. 이것은 훔치는 행위를 완화하지 않는다. 이것은 더욱 악화시킬 뿐이다. 도둑질은 신성모독적이다. 우리는 거룩한 것들을 남용해왔다(Ibid., pp. 90-91).

루이스는 계속해서 말하기를, 그러므로 우리는 즐거움을 인하여 감사하는 동안 실제로 그 즐거움의 근원을 인식하고 있다면 그 인식은 말이 필요 없는 찬양과 경배 그리고 감사의 기도가 된다. 이 성경적인 개념이 총체적이고 새로운 대안 의식으로의 관문이 될 수 있다. 필립 얀시는 다음과 같이 말한다.

브랜드 박사와 나는 창조된 세계가 원천으로부터 너무 오랫동안 분리되어졌던 틈을 줄이는데 이 책이 도움이 되기를 바란다. 하나님께서 물질(matter)을 고안하셨다. 그는 자신의 형상을 세상에, 특별히 우리의 몸에 불어넣으셨다. 우리가 할 수 있는 최소한의 것은 감사하는 것이고 … 당신은 인간의 몸이 영적인 것을 드러내는 것을 발견할 수 있고, 그 순간 물질적인 것들은 더더욱 단순한 그림자와 같이 여겨질 것이다(*Fearfully and Wonderfully Made*, 서문).

그는 물질이 실제적이지 않다고 제안하거나 우리는 영혼뿐만 아니라 몸도 아니라는 것을 제안하고 있지 않으며, 다만 의미가 없는 물질은 공허한 것이라는 것을 주장하고 있다.

피터 버거의 책 중 *A Rumor of Angels* 라는 책에는 "초월적인 증거"로 불리는, 즉 일상생활에서 흔히 있는 경험적인 증거나 과학적인 설명으로 할 수 없는 많은 경험들을 인용하고 있다. 이러한 경험들 중 하나는 순서에 대한 것이다. 그는 밤에 잠에서 깬 한 아이가 자신이 혼자 있다는 것을 발견하고 두려워 하는 경험을 인용하고 있다. 그 아이는 큰 소리로 울었고, 거의 항상 그의 문제를 해결해 줄 엄마가 있었다. 엄마는 그의 방으로 들어와서 형광등을 켜고 그를 안아 올리고는 언제나 같은 말을 하였다. "두려워 하지 말아라. 모든 것이 괜찮다." 이 놀라운 일은 그 아이로 엄마를 믿고 다시 잠이 들게 하는 것이다. 그의 어머니는 질서정연한 세상에 대한 그의 감각을 복원시킨 것이다.

버거는 이 예에서 엄마가 이 아이에게 거짓말을 하고 있는 것인지에 대한, 즉 의심할 것 없이 사랑으로부터의 거짓말이지만 그래도 거짓말이 아니냐는 질문을 던지고 있다. 자비하신 유일신이 그의 손 안에서 모든 것이 안식하도록 하지 않는 이상에는 모든 것이 괜찮을 수 없다. 그 아이의 엄마가 그것을 아는지 모르는지 어쨌든 그녀는 하나님께서 그의 피조물을 꼭 잡고 계시다는 것을 증거하고 있다. 버거의 책은 일상생활에서 초월적인 사례들, 그리고 하나님과 연관된 사례들을 들어주는 가치있는 자원이 되고 있다.

로버트 케이폰(Robert Capon)은 흥미로운 방식으로 철학과 신학을 결합한다. 그는 독자들에게 양파를 날카로운 칼로 한 겹씩 벗겨내어 껍질의 안쪽이 위로 가도록 놓아보라고 요청하면서 다음과 같이 말한다. "그것들은 기품이 있다." 왜냐하면 풍부하면서 절제된 표현을 가진 그것들은 당신을 제외한 어느 누구도 본 적이 없는 세상의 가장 오래되고 비밀스러운 것을 당신에게 준다. 조용히 금빛나고 발가벗겨져 미묘하게 납작하게 된 녹색과 노란색 빛이 감도는 이 흰 양파는 처녀지이다. 한 껍질 속에 들어 있는 아몬드 쌍이 믿을 수 없을 정도로 닮은 것처럼, 양파의 껍질들은, 사람들에게 보여지기 전까지는 이름이 없었던 동물들과 아담의 관계와 같이, 당신을 만나고 알고 세례를 받기 위해 그 자신들을 당신에게 주고 있다. 그 껍질들은 그 세계의 숨겨진 모든 것들의 대리자로 온다. 그리고 그것들은 자신들의 제사장이며 대언자인 당신에게 자신들의 큰 영광에 대해 당신이 놀람으로써 봉헌되기 위하여 온다(*The Supper of the Lamb*, p. 12).

영광은 결코 양파에게 속하지 않는다. 하나님의 영광은 양파를 통하여 믿음의 눈에 계시된다. 케이폰은 다른 책에서 로맨틱 사랑에 대한 단테의 개념을 다음과 같이 언급한다.

··· 그 신비한 육체에 관하여—그 도성—서로에게 신비한 소속감을 ···. 일반적인 생각은 사랑하는 사람을 슬쩍 바라보는 것만으로써 그 사람의 자아로부터 끌어 올려지는 이 놀라운 것, 고기와 핏덩어리 이상의 존재로 바라보는 사랑하는 사람의 능력, 대화하고 이해하려는 경향은 연애가 일종의 커뮤니케이션이 되도록 디자인 되었다는 것을 암시한다는 것이다. 그러나 여기서의 커뮤니케이션은 소녀 안에 있는 어떤 것에 대한 커뮤니케이션이 아니라 그녀를 통하여 동질성의 신비에 대한 하나님의 커뮤니케이션임을 주의하여야 한다. 그녀는 그 도성·육체의 하나됨을 끊임없이 추구하는 경향을 가지게 만들어진 창조된 조각들의 그러한 집합 - 의 영광에 대한 이미지나 그림이다.

물론 우리는 보통 그 점을 놓친다. 우리는 베아트리체(Beatrice)가 그녀 자신에 대해 무엇인가를 말하고 있다고 생각한다. 그리고 첫번째 놀라움 후에 우리는 그녀 뒤의 영광보다는 오히려 그녀를 향해 돌진하기 시작한다. ··· 그들은 서로를 위해서가 아니라 서로에게 그 영광을 커뮤니케이션하기 위해 의도되었다. 그들은 하나님이 아니라 대리인이다. 베아트리체는 분명히 제사장적 형상이다. 그녀는 나의 운명이 아니라 운명의 대행자이며 기쁜 성찬이다. 만약 내가 그녀를 목적으로 취급한다면 기쁨은 내가 기대할 수 있는 모든 것이다. 만약 내가 그녀를 성체로 받는다면 나는 기쁨에 더하여 그녀 뒤에 있는 즐거움을 받을 것이다(Bed and Board, pp. 65-66).

아마도 피조물의 거룩한 측면을 보여주는 가장 좋은 자료는 알렉산더 쉬메만의 For the Life of the World이다. 이 책에서 우리는 창조된 피조물이 어떻게 우리에게 천사가 오르내리는—여기서 내려오는 것은 하나님의 자기 계시이며, 올라가는 것은 우리의 찬양과 예배인—야곱의 사다리가 될 수 있는지에 대한 귀중한 설명을 발견할 것이다.

먼저, 인간에 대한 기초적인 정의는 인간은 제사장이라는 것이다. 그는 세상의 중심에 서서 하나님을 축복하는, 즉 하나님에게서 세상을 받고, 또다시 하나님에게 돌려드리는 그의 행동 안에서 세상을 통일한다. 그리고 이러한 성찬식으로 세상을 가득 채움으로써, 그는 그의 삶—세상으로부터 받은 그 삶—을 하나님 안에서의 삶과 하나님과의 교제의 삶으로 변화시킨다. 세상은 "물질"—모두 한 가지로 축복된 성찬식의 재료—로 창조되었다. 그리고 인간은 이 우주적인 성찬식의 인도자로 창조되었다(p. 15).

C. S. 루이스는 하나님께서 창조세계에 행한 자기 계시의 절정을 이렇게 언급한다.

그 자체로 축복된 성찬식 다음으로 당신의 이웃은 당신에게는 가장 거룩한 존재이다. 만약 그 이웃이 그리스도인이라면, 그 이웃 또한 예수 그리스도 안에 있으며 … 거룩하게 한 사람, 거룩하게 된 사람, 그리고 거룩 그 자체는 진정 숨겨져 있기에 그는 거의 같은 식으로 거룩하다(*The Weight of Glory*, p. 15).

로버트 브라우닝(Robert Browing)이 다음과 같이 말하는 것이 이상하지 않다.

> 땅에는 천국으로 가득하고
> 모든 관목은 하나님으로 불타고 있다;
> 그러나 그것을 보는 그 사람만이 신발을 벗는다―
> 나머지 사람들은 주위에 둘러 앉아 익은 검은 딸기만을 따고 있다.
>
> *Aurora Leigh*, Book III

결론적인 조언

앞에서 "사실들"의 의미에 대해 언급된 것은 학교 공부가 어떻게 하나님을 계시하고 있는지를 교사들이 끊임없이 말해야 함을 의미하지는 않는다. 만약 교사가 그렇게 한다면, 그 개념은 학생들에게 곧 의미없는 것이 될 것이다. 그러나 교사가 창조에 있어 하나님의 자기 계시에 대해 경이로움으로 사로잡힐 때, 그는 학생들에게 자신이 알게 된 경이로움을 전달하는 홍미로운 방법을 찾게 될 것이다.

중요한 교육 목표 중의 하나는 피조물을 탐구하는 것이다. 그러나 탐구하는 방법에는 다양한 방법이 있다. 현대의 공립학교는 진리에 도달하는 유일한 방법으로 과학적인 방법을 강조하고 있다. 과학적이지 않은 지식은 의심스러운 것으로 여겨진다. 단도직입적으로 말하면 과학은 양으로 나타낼 수 없거나 측량할 수 없는 것은 다룰 수가 없다. 이것은 진리의 많은 영역이 일반 학교에서는 설명될 수 없다는 것을 의미한다. 그러나 그동안 현대인들의 마음은 관찰할 수 있는 사물들에서의 과학적인 성공에 현혹되었고, 결과적으로 생활의 다른 영역에서도 소위 과학이라 불리우는 것을 신임하게 되었다. 그래서 우리는 사회과학, 행동과학 등의 학문을 하고 있다. 이러한 모든 것들은 일반 학교에서 진리를 나타내기 위한 취지이지만 일종의 위조된 진리를 제공하고 있을 뿐이다. 그리스도인도 종종 복음을 두 종류의 진리, 즉 세속적인 것과 영적인 것이 있음을 말하면서 계몽주의적인 견해에 동조하고 있다. 그러나 성경은 이와같은 구분을 말하고 있지 않다. 예수 그리스도는 모든 것에 있어 진리이다. 왜냐하면 그는 수학적인 것에서부터 이론적인 것까지 모든 것을 창조하신 분이기 때문이다.

　과학은 일반 학교에서 학생들의 논리적/언어적 능력을 높이 평가하게 하였고, 지능지수(IQ 점수)에 기초하여 어린이들의 인지가 높다 또는 그렇지 않다고 특성짓는 것을 강조하여왔다. 그러나 지능은 논리적/언어적인 것보다 더욱 좋고 많은 형태로 나타날 수 있다고 판명되고 있다. 결과적으로 지능지수는 생활보다는 학교에서 학생들의 성공을 유사하게 측정하는 경향이 있게 하였다.

　진리에 대한 과학적인 접근에 따른 문제는 블룸버그가 지적했듯이, 과학적인 앎은 창조세계에 대한 우리의 이해를 더욱 깊게 할지도 모르지만 창조세계를 대신할 수는 없다. 과학적인 앎은 오직 한 종류의 앎에 불과한 것이다. 다른 좋은 것들도 많이 있다. 지식을 과학적인 지식에 한정하는 것은 지식을 가치없게 하며, 특별히 하나님을 계시하는 창조세계의 속성의 관점에서 볼 때, 지식의 가치를 떨어뜨리게 된다. 블룸버그는 다음과 같이 말하고 있다.

> 과학적인 사고는 지식을 얻는 방법들 중 하나의 독특한 방법일 뿐이다. 그것은 지식의 한 원형이 아니며, 앎에 도달하는 다른 방법들도 지식을 열망하여야 한다. 그러나 그 방법들 모두가 언제나 충분하지는 않다. 앎에 이르는 다른 방법들도 과학적이다. 그것은 그 방법들이 과학적인 규준에 적합하지 않다면, 그것들은 과학적인 것들이 아니며, 따라서 다른 규범에 따라 판단되어야만 하기 때문이다(*No Icing on the Cake*, p. 53).

기독교 학교의 목적은 창조세계를 탐구하는 것이지만 다양한 방법으로 창조세계에 접근하여야 한다. 기독교 학교의 목적은 그동안 과학이 밝혀내지 못한, 소위 "사실"들을 드러내는 것이며, 이 사실들은 하나님을 계시하고 봉사와 교제의 통로로 여겨진다. 탐구에서 중요한 것은 한 학생이 가지고 있는 은사를 알아차리는 것이고, 그 학생이 탐구 행위에서 그 은사들을 사용하도록 돕는 것이다. 성경에서 말하고 있는 바와 같이 은사는 다양하다. 지식의 은사, 예술의 은사, 사회적 은사, 설득하고 영향을 끼치는 은사, 도움을 주는 은사 등 다른 많은 것들이 있다. 각각의 은사들은 창조의 다른 측면들을 드러내게 되고, 결과적으로 창조자의 또 다른 면으로 인해 감사하도록 이끈다. 기독교 학교는 이와같은 다양성을 알아내고 각 학생들이 가지고 있는 은사와 어울리는 탐구 방법을 제공하는 것이 중요하다.

기독교 학교가 교육에서 이러한 종류의 접근법을 인지하고 제공하고 있는지 측정하는 한 방법은 학교의 보이지 않는 교육과정을 살펴보는 것이다. 졸업식에서 전통적으로 학교에서 중요한 자리를 차지하였던 언어적/논리적 수행에서 성공한 학생에게 주로 찬사를 보내지 않았는가? 학문적이고 스포츠와 좀 거리가 있는 심미적이고 봉사적이며, 개인적인 이해와 덜 행운적인 사람에 대한 염려 등 다른 은사를 가진 학생들도 진정으로 인정되고 있다는 증거가 있는가? 기독교 학교로서의 우리는 주변에 있는 일반 학교의 양식을 단순히 따르고 있지는 않는가?

학습에 관한 기독교적 접근에서 또다른 측면은 은사의 중요성이다. 진리의 원천으로 과학적인 방법을 강조하는 일반 공립학교는 매우 개인주의적이고 경쟁적이다. (약간의 변화의 조짐들이 있는데, 예를 들면 토마스 세르지오바니(Thomas J. Sergiovanni)는 1994년에 발행된 책 *Building Community in Schools*에서 일반 사회에서는 공동체를 찾아보기 힘들기 때문에 긴급히 학교에서 공동체를 개발해야할 필요가 있음을 제안했다.) 다양한 은사와 그에 대한 가치를 강조하는 것은 비경쟁적인 그리스도인 공동체를 개발하도록 길을 열어주게 된다. 왜냐하면 전체를 이루기 위한 각 개인의 공헌이 더욱 인식되어지고 감사하게 여겨질 것이기 때문이다. 그래서 그리스도인의 삶에서 기본적인 요소인 겸손이 격려되고, 모든 이들에게 필요한 서로간의 지원이 더욱 가능할 것이다.

현대 교육 연구에서 흥미로운 특징들 중의 하나는 다지능에 대한 제안이다. *Frames of Mind: the Theory of Multiple Intelligences*에서 하워드 가드너(Howard Gardner)는 적어도 7가지 이상의 지능이 있음을 확인하였다. 블룸버그는 이론적인 앎에 덧붙여서 기술-문화적, 언어적, 사회적, 경제적, 심미적, 법적, 윤리적, 그리고 고백적 앎에 대한 목록을 작성하였다. 만약 기독교 학교가 구별된 기독교적 가르침과 배움에 대한 가능성을 성취하려고 한다면, 분명히 그 생각들에 주의를 기울일 필요가 있다.

이것은 기독교 학교가 학문적인 탁월함을 강조하지 말라는 의미가 아니다. 기독교 학교는 지식의 은사를 가지고 있는 학생이 자신의 은사를 완전히 펼칠 수 있도록 필요한 모든 도전을 제공하기 위해 노력하여야 할 것이다. 바빌론 대학에 있는 다니엘은 의심할 바 없이 그곳에서 가르침을 받는 사람들 중에 뛰어났다. 그러나 그는 그가 배운 모든 것을 그의 교사들과는 전적으로 다른 틀(framework) 안에 놓았다. 모세와 바울도 그 시대의 고등교육과의 관계에서 다니엘과 유사한 관계를 가졌다. 따라서 지식의 은사를 가지고 있는 기독교 학교의 학생들은 최선을 다하기를 기대될 것이지만, 학자적인 사고가 학교에서 유일한 지식이나 최고의 지식이 되지는 않을 것이다. 이것은 우리가 하나님을 알 수 있고 반응적인 제자가 되는 한 방법이 될 것이다.

기독교 학교의 가르침에서 괄목할 만한 것은 "사실"에 하나님이 부여하신 의미를 회복시키는 것이다. 이와같은 창조세계에 대한 공부는 하나님과 교제를 나누고 봉사하는 하나의 방법이 된다. 그러나 이러한 종류의 지식은 단순히 이론적인 방법으로 학생들에게 전달될 수 없다. 학생이 되는 것은 도제가 되는 것이다. 숙련자는 도제가 배워야할 것을 경험하고 실습해야 한다. 그렇기 때문에 부모, 목사, 그리고 교사들은 창조세계를 주님의 목소리(시 19)로 경험해야 하고 하나님의 세계를 이해한 가운데 하나님에게 반응하는 것이 중요하다.

기독교적으로 가르치는 것은 도전적인 것이지만 매우 보람있는 일이다. 이것은 학생들의 마음과 가슴에 그들이 살고 있는 세계에 대한 새로운 견해를 유발하기 위한 노력을 포함한다. 교사의 편에서, 그것은 우리가 종종 과소평가해 온 하나님과의 교제의 깊이를 점검하게 한다. 그러한 가르침은 쉽지 않지만, 그리스도의 임재와 성령의 능력주심에 대한 약속으로 견고해진다. 창조된 교과목들이 하나님을 어떻게 계시할 수 있는지 다음 장에서 자세히 다룰 것이다. 요한복음 17장에서 예수님은 하나님을 아는 지식과 함께 영생을 약속하셨다. 그리고 성경은 분명하게 우리가 예수 그리스도 안에서 새로운 생명을 얻었다면 창조된 세계는 하나님의 자기 계시와 하나님과의 교제를 위한 통로로 충만할 것이라는 것을 말하고 있다. 이 점이야말로 기독교 학교 교육이 근본적으로 비기독교 학교 교육과는 다른 특별한 부분이다. 아래의 목록은 창조세계의 의미에 관한 유용한 자료들이다.

창조세계에 나타난 하나님의 자기계시에 관한 자료들

1. Peter Berger, *A Rumor of Angels*
2. Paul Brand and Philip Yancey, *In His Image: Fearfully and Wonderfully Made*
3. Robert Capon, *The Supper of the Lamb; Bed and Board; an Offering of Uncles*
4. Tom Howard, *Hollowed Be This House* (formerly Splendor in the Ordinary)
5. C. S. Lewis, *The Weight of Glory*
6. Virginia Stem Owens, *God Spy: Faith, Perception and the New Physics* (formerly And the Trees Clap Theit Hands)
7. Eugene Peterson, *The Psalms as Tools for Prayer*
8. Alexander Schmemann, *For the Life of the World*

주의할 점:
1. 위 목록은 단지 초보자용 도서목록이다. 어떻게 창조세계가 하나님을 계시하고 있는지를 당신이 이해하게 됨에 따라 더 많은 자료들을

찾게 될 것이다.
2. 위 목록의 책들은 계속 출판되고 있는 한 Alta Vista Bookroom, PO Box 55535, Seattle, WA 98155를 통하여 구입할 수 있다.

15장 인간의 경험과 학교 교과목

하나의 예외를 제외하고 인간의 경험은 창조된 세계에 제한된다. 이 예외는 하나님과 접촉하는 인간의 능력을 말한다. 하나님은 창조세계 밖에 존재하시면서도 또 창조된 세상 안에서 활동하고 계신다. 따라서 예수 그리스도 안에서 하나님을 아는 우리의 능력은 창조세계 밖에서 이루어진다. 이러한 이유 때문에 이 능력은 과학적인 방법의 기초가 되는 실험 관찰에 의한 경험과 논리로 설명될 수 없다. 과학은 신의 존재를 분석하기 위하여 하나님을 코너에 둘 수 없다. "네가 하나님의 오묘를 어찌 측량하며 전능자를 어찌 능히 온전히 알겠느냐?"(욥 11:7). 여기에 우리가 결코 완벽하게 묘사할 수 없는 신비가 있다.

그럼에도 불구하고 우리와 하나님과의 관계는 피조물에 대한 우리의 경험과 얽혀있다. 성경은 왜 하나님께서 우주를 창조하셨는지에 대한 이유를 분명히 밝히고 있는데, 그것은 인간에게 자신을 계시하고, 우리가 우주를 통하여 그를 알고 그에게 반응함이 가능하도록 하기 위해서였다. 이것은 우리가 우리의 구원자이신 예수님의 계시를 통하여 하나님을 알게 되면, 학교 교육은 우리가 하나님을 바라보고 사랑과 봉사로 그에게 반응하는 통로가 될 수 있다.

적어도 우리가 존재하는 실재를 아는 두 가지 방법이 있다. 첫째는 분석에 의한 것인데 규칙이나 법칙을 발견하기 위한 우리의 실험, 관찰에 의한 경험을 의미한다. 이것은 소위 우리가 과학적인 방법이라고 말하는 것이다. 다른 하나는 더욱 기본적인 방법인데 우리의 소박하거나 평범한 (때때로 전과학적이라 불리우는) 경험을 통한 것이다. 우리는 어린시절부터 이 두 번째 방법에 매우 익숙해져 있어서 이것을 실재를 아는 방법으로 보통 생각하지 않는다. 그러나 바로 이것이 실재를 아는 방법이다. 사실 평범한 경험은 하나님으로부터의 선물이고, 우리로 하여금 세상과 삶에 대한 전체적이며 통일적인 상을 갖도록 우리의 정신과 정서 그리고 영적인 능력과 더불어 우리의 모든 감각을 포함하여 사물을 바라보게 하는 한 방법이다.

실재에 대한 우리의 일상적인 경험은 다른 많은 경험들이 가지고 있는 의미있는 측면이나 방법들이 놀라울만치 통일적으로 결합된 것이다. 우리의 논리적 능력으로, 우리는 우리 경험의 이러한 다른 면들을 분리시킬 수 있다. 경험의 이러한 다른 면들은 특별히 대학 수준에서 학문적인 한 분야로 자리잡게 된다. 이들의 목록은 결코 성경에 없다. 그렇기 때문에 아래 주어진 목록은 영감을 요구하지 않는다. 이것은 성경의 조명 아래 세상을 이해하기 위한 인간의 노력이고, 변경될 수 있는 것이다. 그러나 이것은 우리가 학문을 이해하는데 도움을 줄 매우 큰 잠재력이 있기 때문에 여기에 제시하고자 한다. 이것은 도예베르트의 연구에 의한 것이다.

양상들	교과목
신탁의(fiduciary)	신학
윤리의	윤리학, 도덕
공정한	시정(市政)학
심미적인	예술

경제적	·························	경제학
사회적	·························	사회학
언어적	·························	언어
역사적	·························	역사, 문화
논리적	·························	이성, 논리
감각적	·························	심리학
생물의	·························	생물학
물질적인	·························	화학
운동학적인	·························	물리학
공간의	·························	지리학
양적인	·························	산수

　이와 같이 경험의 측면들에 일련의 순서를 부여한 것에는, 적어도 도예베르트의 마음에는, 어떤 이유가 있었다. 그 이유는 너무 복잡해서 여기서 충분히 논의할 수는 없지만, 아래 세 가지 목록들에 대한 언급은 그가 왜 이러한 순서로 제시하였는지를 이해하는데 도움을 줄 것이다. 양적인 측면은 수를 다루고, 많은 점들은 우리가 한 공간을 그릴 수 있기 전에 설정되어 있어야 한다. 공간은 우리가 운동(운동은 물리학에서 대표적인 것이다)을 생각할 수 있을 때 필수적인 것이다. 이렇게 각 경험의 측면은 아래 경험의 측면들과 의존적인 관계를 가지고 있다.

　이와같은 양상들은 사물들이 아니라 우리가 하나님의 세계를 만나는 방법이다. 그 양상들은 "무엇이(whats)"가 아니라 "어떻게(hows)"이다. 그 양상들은 규칙과 법칙들로 가득차 있고 매 순간 하나님의 말씀의 능력으로 유지되고 있다. 그리스도인 교사의 기초 과업은 학생들로 하여금 이와같은 규칙들을 하나님의 법칙으로 생각하도록 돕는 것이다. 도덕적인 교훈이 적절하게 소개되어야 할 때가 있지만 첫 번째 과업은 "자연"으로부터 법칙들을 회복하는 것이고, 그 법칙들은 그것들이 소속된 하나님에게로 돌리는 것이다. 그 양상들을 다루는데 있어 우리는 결코 하나님으로부터 멀리 떨어져 있지 않아야 한다. 그리고 만약 성령의 도우심 아래 우리가 그 양상들을 이런 식으로 생각한다면, 우리는 곧 하나님을 경외하고 있으며, 하나님과 깊은 교제를 하고 있는 우리 자신을 발견할 것이다.

여기서 부가적인 짧막한 언급을 하는 것이 적당할 것 같다. 이러한 모든 양상들에 대한 경험은 우리의 생활과 세상에 대한 전체적인 경험에 포함되는데, 그 이유는 이러한 양상들이 하나님의 말씀에 의한 작품이기 때문이다. 이와같은 사실은 우리에게 학교 교육에 대한 우리의 접근이 너무 파편화되어 있어서 가장 최상의 교육을 제공하는데 어려움이 있다는 것을 말해주고 있는지도 모른다. 아마도 서구 사상에 영향을 미친 그리스 이성주의 때문에 우리는 학교 교육과정을 포함해서 모든 것을 분석적으로 쪼개는 경향이 있다. 실제로 몇몇 매우 진보적인 교육 개혁자들은 오늘날 삶이 이와 같이 분리할 수 있는 것이 아니라는 것을 알고 있다. 아마도 우리는 그동안 배워왔던 것보다 더욱 효과적으로 우리의 교육과정을 통합하는 것이 필요하다.

창조는 기독교 세계관의 첫 번째 요소이다. 그리고 우리는 적어도 이와같은 15개의 양상들에서 창조세계를 경험한다. 그러나 이 양상들은 서로 상호 관련을 갖고 뒤엉켜 있다. 예를 들면, 위의 목록에서 마지막 분야인 양적인 또는 많다(muchness)는 면을 생각해보자. 이것은 우리 경험의 다른 측면에서 또한 나타난다. 산수에서만 더 작고 더 큰 수가 있는 것이 아니라 지리나 공간적인 모양에서도 다양한 종류의 많음이 있다. 힘과 움직임, 그리고 운동적인 측면에서도 많음(muchness)의 측면이 있다. 당구공은 깃털 보다 무게가 많이 나간다. (우리는 이것을 중력이라고 부르고,

결과적으로 그러한 상황에서 하나님의 말씀은 잊어버리게 된다.) 물리나 화학의 측면에서, 너무 많은 소금을 뿌리는 것은 저녁 식사를 망치게 할 수 있다. 생물학에서, 작은 그릇에 너무 많은 금붕어가 있으면 그들 중 많은 수가 죽을 수 있다. 어떤 사람은 감각적인 경험에서 우울함을 조금 느끼거나 깊게 느낄 수가 있다. 논리에서의 매우 사소한 실수는 아마도 알아차리지 못하고 지나갈지도 모른다. 하지만 큰 실수는 그럴 수 없다. 한 문화는 비교적 기독교적일 수 있거나 또는 완전히 세속적일 수 있다. 어떤 사람은 단어 사용에 있어 매우 인색할 수 있는 반면 다른 사람은 많은 말을 할 수 있다. 다혈질인 사람은 우울질의 사람이 가지고 있지 못한 사회적인 생활을 할 것이다. 경제적인 측면에서, 부유한 사람이나 가난한 사람이나 모두 인구에 포함된다. 한 예술가의 그림은 어떤 특정한 색을 너무 많이 사용하거나 또는 적게 사용할지도 모른다. 법은 너무 엄격할 수도 있고 너무 느슨할 수도 있다. 생활에서 매우 진실한 사랑이, 많이 있다고 해도 결코 많다고 할 수 없는데도 불구하고, 흔히 너무 적다. 신앙 역시 매우 작을 수도 클 수도 있다. 경험의 이러한 측면들은 모두 긴밀하게 상호 연관되어 있다. 각각은 모든 다른 양상들에서 나타난다.

   이러한 점에서 우리는 기독교 세계관의 다른 두 요소를 만나게 된다. 하나는 타락한 세계이고, 또 다른 하나는 예수 그리스도 안에서 구원된 세계이다. 이러한 두 요소를 지각하는 한 방법은 우주 경제 철학이 우리 경험 중 아래 여섯 영역에서는 법칙을, 그러나 위쪽의 아홉 영역에서는 규범을 말하고 있다는 사실에서 볼 수 있다. 위쪽의 아홉 영역은 특별히 경험의 인간적 측면이다. 여기에서는 죄로 타락한 실재와 회복하는 구원의 능력이 매우 분명히 나타난다. 창조세계에서 죄의 결과는 "피조물이 다 이제까지 함께 탄식하며 함께 고통하는 것을 우리가 아나니"(롬 8:22)라는 말씀에서도 알 수 있다. 그러나 여기서 토론하는 법칙과 규범 사이의 구별은 변하지 않고 있다. 하나님께서 아래의 여섯 영역에서 유지하고 있는 규칙들을 우리가 무시하면 심각한 위험을 초래한다. 중력의 법칙을 어기면 엄한 벌을 즉각적으로 받게 된다. 한편, 윤리적인 측면에서 주님의 법은 사랑이지만, 타락 이후로 우리는 이 규범이 완전히 수행되고 있는 것을 거의 관찰할 수 없다. 우리는 성경에서 최후 심판의 날이 올거라고 지적하고 있음에도 불구하고 그것을 무시하고 있다. 규범을 무시하는 것은 우리의 타락을 나타내고 있는 것이다. 비록 이 생애에서 결코 완벽하게 되지는 않는다 할지라도, 성령에 의해 우리에게 이루어진 주 예수의 구원의 사역을 통하여 그것들을 관찰하게 된다. 규범은 다양한 상위 분야를 위한 주님의 법칙이다. 규범은 이러한 영역에서 우리의 활동을 위한 주님의 뜻이다. 규범은 비록 우리 인간이 그 규범을 거의 존중하지 않는다고 하더라도 피조물에 대한 하나님의 언약의 일부이다. 우리는 오직 하나님이 주신 놀라운 은혜의 힘에 의해 말씀으로 사로잡힐 때만이 규범을 수행하기 시작한다. 그것들은 성경에 세부적으로 적혀 있지는 않지만, 우리는 성경을 공부함으로써 그것들을 발견할 수 있다.

이 모든 것은 기독교적으로 가르치는 것과 어떤 관련이 있는가? 많은 관련이 있지만, 기독교적 가르침에 영향을 주는 단순한 기술적인 방법은 없다. 성령의 놀라운 영향력 아래에서, 그 법과 규범이 진정으로 확고하고 구원적인 주님의 말씀에 속한다는 것을 우리가 의식할 때, 무언가 놀라운 것이 우리의 가슴에서 일어나기 시작한다. 우리는 시편 24장 1절에서처럼 "땅과 거기 충만한 것과 세계와 그 중에 거하는 자가 다 여호와의 것이로다"라는 의식을 갖게 된다. 그리고 이러한 대안 의식은 우리가 전에 알지 못했던 감사와 찬양, 사랑, 경배, 기도, 그리고 하나님과의 교제에 대한 열망이 솟구치게 한다.

예를 들어 산수라는 교과목을 생각해보자. 산수는 우리 경험의 양적인 또는 많음(muchness)의 측면과 밀접하게 연관되어져 있다. 산수는 숫자 사용을 포함한다. 우리가 계산할 수 있고, 시간을 말하고, 순열을 만들 수 있다는 것은 얼마나 복된 일인가. 생물학적인 진화의 결과는 우연에 의한 것도 우발적인 것도 아니다. 이것들은 사랑이 많으신 하늘 아버지로부터의 선물들이다. 불변의 더하기, 빼기, 곱하기, 나누기 공식 또한 단순히 우연하게 이루어진 것은 아니다. 그들은 신실하신 하나님에 의해 유지되고 있는 것이다. 하나님은 숫자들 가운데서 이와같은 관계들을 유지하고 계시며 동시에 우리에게 이와같은 관계들을 지킬 수 있는 마음을 주셔서, 결과적으로 우리는 이러한 것들을 사용할 수 있다. 우리가 산수의 한 문제를 잘 풀어서 정답을 얻었을 때 우리는 기분이 좋다. 종종 우리는 우리의 성공을 우리 자신의 영리함 탓으로 돌려서 그 문제를 풀지 못하고 있는 다른 사람과 불쾌한 비교를 하기도 한다. 하지만 우리는 이 좋은 감정을 하나님의 "잘 하였다"고 하는 것과의 작은 접촉으로 인식하여야만 할 것이다. 우리는 산수의 사실들을 신실하게 유지하고 계시는 하나님 안에서 문제를 푼 것이고 그분의 해답에 도달한 것이다. 우리는 그에게 감사할 필요가 있다. (우리는 매우 일반적인 수학관에 익숙해져 있어서, 이와같은 제안은 어느 정도 특별히 신앙적인 소리처럼 들린다. 그러나 조심스럽게 그리고 머지않아 교실에서 산수에서조차 하나님의 참여로 인해 감사하는 일이 가능해야 한다.)

산수의 사실들은 다른 사람에게나 우리에게 동일하다. 그러나 지금 그 사실들은 산수의 참 의미와 가치를 회복하기 시작하고 있는 것이다. 하나님은 그러한 사실들을 만드셨고 유지하고 계신다. 그는 그 사실들 안에서 우리에게 말씀하시고, 우리가 하나님를 섬길 때 그것들을 사용함을 발견하게 된다. 우리는 우리 주변 세계에서 다른 수학적인 특징들을 알아차리기 시작하고 감사를 드린다. 지구가 태양을 도는 길은 원이 아니라 타원이다. 그것은 2차 방정식 그래프 모양을 하고 있다. 이것은 해바라기 씨가 해바라기에서 자라는 방법과 같다. 나무 가지는 우연히 자라는 것이 아니라 줄기를 둘러싸고 있는 규칙적인 수학적 순서에 따라 자라고 있다. (비록 그들이 하지 않는다 할지라도 놀랍고, 뜻밖의, 그리고 개인적인 요소가 하나님의 위대함을 드러내고 있다.) 현대 물리학자들은 실재를 기술하기 위한 그들의 노력에서 점점 더 수학 공식에 의존하게 되었다. 이와 같은 깨달음이 우리에게서 자람에 따라 우리의 가슴은 찬양과 감사로 가득 채워질 것이다. 우리는 하나님과 교제하고 그에게 봉사하는 새로운 차원을 배우게 될 것이다.

수를 세고, 계산하고, 숫자를 사용하는 것은 결코 중립적이지 않으며 "객관적"이지도 않고 가치를 배제한 활동도 아니다. 그것들은 우리 자신의 유익을 위하여 사용되는 기술 이상의 것이다. 우리는 수를 사용할 때 하나님이나 우상 중의 하나를 섬기는 것이다. 기쁨의 근원으로서 이것은 그리스도가 우리로 하여금 다시 한번 이러한 방법 안에서 하나님을 섬기는 것이 가능하도록 만드셨다는 것을 깨달을 수 있게 해 준다.

단순히 우리 학생의 마음에 이러한 종류의 인식을 갖도록 붙돋아 주는 기술적인 방법은 없다. 그러나 우리 자신의 인식이 자람과 더불어 하나님에 대한 우리의 사랑이 자라감에 따라 우리는 우리가 보아 왔던 것에 대한 증인이 될 수 있고, 우리 학생들의 마음과 지성이 같은 경험을 할 수 있도록 해달라고 기도할 수 있다. 이것이 왜 종종 시편 145편이 교사들의 찬송으로 불리우고 있는지에 대한 이유이다.

> 대대로 주의 행사를 크게 찬송하며 주의 능한 일을 선포하리로다. 주의 존귀하고 영광스러운 위엄과 주의 기사를 나는 묵상하리로다. 사람들은 주의 두려운 일의 세력을 말할 것이요 나도 주의 광대하심을 선포하리이다(시

145:4-6).

기독교적으로 가르친다는 것은 과학에서 뿐 아니라 예술에서도 마찬가지인데, 그 결과는 교사 자신이 얼마나 깊게 하나님과 교제를 나누고 있느냐의 정도에 달려있다. 만약 우리가 하나님의 세계 안에 있는 주님을 볼 수 있다면, 우리는 주님을 증거하는 방법들을 발견할 것이다. 동시에 우리는 학생들이 소위 '사실' 이라는 주제에 익숙해지도록 할 것이다. 그리고 우리가 피조물 안에서 주님을 보고 피조물들을 찬양과 경배 가운데 그에게로 돌릴 때, 우리는 성령께서 우리에게 분명해졌던 영광스러운 것이 우리 학생들의 가슴에서도 살아나기를 기도하고 믿을 것이다.

위에서 말한 것과 같이 양상들은 서로 연관적으로 뒤엉켜 있다. 또한 그것들은 다른 것에 의해 정복될 수 없다. 각 양상마다 그 양상들을 유지하고 계시는 하나님 말씀으로 인한 고유의 원리와 법칙을 가지고 있다. 어느 양상도 다른 양상을 지배하도록 허락되지 않고 있다. 오직 하나님만이 그 모든 양상들을 어떠한 손상 없이 존재와 그들 상호간의 관련성 안에서 지키시기에 충분하다. 그러나 설사 사람들이 하나님을 창조주로서 그리고 피조물을 유지하시는 분으로 인정하지 않는다 할찌라도, 그들은 만물의 근거가 되는 어떤 독립적인 존재에 의존하게 될 것이다. 그리고 나서 그들은 어떤 관점으로부터 우상 또는 학설(주의, ism)을 만들어 낼 것이고, 그 과정에서 그들은 다른 모든 양상들의 초점을 왜곡시킬 것이다. 예를 들면, 칼 마르크스(Karl Marx)는 실재와 인간 역사에서 기본적인 요소로서 경제학을 선택하였으며, 그 결과 막시즘을 만들었다. 막시즘을 따르는 문화의 기형은 지금 모든 이들에게 분명히 나타나고 있다. 스키너(B. F. Skinner)는 생물학적인 인간 동물을 역사의 기초로 보고 있다. 행동주의자들이 그를 추종하고 있다. 프로이드는 심리학을 중심에 두고 우리에게 프로이드 학설을 제공한다. 어떤 분야든 우상숭배가 될 수 있다. 이것이 로마서 1장 25절에서 경계하고 있는 것이다. "이는 저희가 하나님의 진리를 거짓 것으로 바꾸어 피조물을 조물주보다 더 경배하고 섬김이라 주는 곧 영원히 찬송할이시로다 아멘." 미국인으로서 우리는 역사주의 학설의 수행을 윤리의 표준으로 여기고 있고, 도덕은 대중의 투표 또는 최고 법원의 선언에 의해 변화될 수 있는 것으로 보고 있다. 신학조차도 한 "주의(ism)"가 되고 있다. 우리는 그것을 바리새주의라고 부른다. 예수님은 요한복음 5장 38절부터 40절에서 바리새주의를 매우 엄중히 경고하고 있다.

다음 두 장에서 우리는 다른 양상들과 그와 관련된 과목들을 살펴보려고 한다. 그리고 또한 그 과목들에서 "사실"이 가지는 올바른 의미를 회복시킬 수 있는 몇 가지 방법들을 제시할 것이다.

16장 더 많은 양상들과 학교 교과목들

일상적이고 전과학적인 인간의 경험은 전적으로 통일되고 복잡한 것이다. 이와같은 경험은 어린시절부터 매우 일반적인 것이어서 그것에 대해 거의 생각하지 않는다. 특별히 현대인들은 일상적인 경험에 주의를 집중하는 것을 어려워한다. 그들은 그동안 유일한 진리는 과학적인 진리뿐이라고 완벽할 정도로 교육받아 왔다. 과학적인 진리가 아닌 다른 것은 자동적으로 원시적이며, 중요하지도 않고, 아마도 미신적인 것으로 제껴 놓곤 했다. 하지만 실재는 모든 인간이 자기 자신과 그들 환경에 대해 놀랍도록 통합적인 의식을 가지는 것을 말한다. 이것은 하나님으로부터 온 선물이고, 삶의 매 순간마다 우리에게 새로움을 준다. 성경에서 말하고 있는 것처럼, 실재는 삶에 관한 토론들이 일어나는 우리 개인의 특성 곧 마음에 집중된다(잠 4:23). 우리의 일상적인 경험에 하나님이 참여하신다는 것에 대한 우리의 새로운 이해는 복음이 우리에게 주는 대안 의식의 한 근본적인 요소가 된다.

우리가 살펴본 것처럼 우리는 논리적인 이성의 능력을 사용함으로써, 우리의 일상적인 경험의 요소들을 여러 양상들로 구분하는 것이 가능하다. 이 양상들은 학교 교과목에서 다룬다. 이 양상들을 탐구하는 것은 그의 세계를 돌보라는 책임을 가진 하나님의 청지기 역할의 일부가 된다.

경험의 측면들은 학교 교과목들과 일치하지 않을 수도 있다. 그러나 학교 교과목들은 우리 생활에서 어떤 측면에 대응하는 사물들을 연구·조사하는 것이다. 이러한 측면들은 우리가 하나님의 세계를 만나는 방법들이다. 우리가 그것들 중 하나를 분석할 때, 우리는 과학을 개발하는 것이다. 분석은 하나님에 대한 우리의 경외심이나 사랑 그리고 두려움을 깊게 하는 것을 의미하고, 결과적으로 우리의 이웃에 대한 우리의 사랑을 깊게 하는 것을 말한다.

학교 교과목과 그 측면들과의 대응은 언제나 일대일로 일치하지는 않는다. 지리, 가정, 경제, 체육과 같은 교과목은 몇 개의 측면들에 걸쳐있다. 우리 경험의 한 측면에만 관련된 학문은 하나도 없다.

학문의 영역들은 서로 뒤엉켜 있어, 결국 개개의 영역은 모든 다른 측면에서 나타나게 된다. 그러나 그들 중 어느 것도 다른 것의 분할 또는 부분집합으로 정의될 수 없기에, 그것들은 다른 어떤 것으로도 바꿀 수 없다. 그 이유는 각 학문의 측면이 하나님의 말씀에 의한 결과이고, 창조세계에 대한 우리의 일상적인 경험의 완전함이기 때문이다. 그리스도의 구원 사역을 통하여, 우리가 이것을 의식하게 될 때, 우리는 시편 19편 7절, 즉 "여호와의 율법은 완전하여 영혼을 소성케 하고"가 무엇을 의미하는 것인지를 배우게 된다. 살아 계신 하나님과의 진실한 접촉은 죄로 인해 파괴된 우리의 생활을 소성케 하는 영향력을 가지고 있다. 우리가 한 측면의 경험을 다른 모든 경험들을 지배하는 것으로 분리시키려 할 때, 우리는 소경이 코끼리의 한 부분만을 만져보고 코끼리를 설명하려는 실수를 범하게 된다. 따라서 우리는 막시즘이나 프로이드학파와 같은 현대의 우상주의를 낳게 된다. 경험의 각 측면은 하나님께서 주신 중요한 뜻이나 생각을 가지고 있다. 양상들간의 상호관계는 학교교육에서 주제 단위가 가치있다는 제안을 하고 있다. 단원 연구(unit studies)는 삶과 그 안에서 하나님과의 관계에 대한 전체적인 특성을 강조하는 경향이 있다.

실재에 대한 우리 경험의 다른 측면들을 인지할 수 있는 것은 유익하지만 피조물과의 전체적인 만남을 기억하는 것이, 특별히 학교에서, 중요하다. 이러한 이유 때문에 단원 연구는 특별히 저학년에서 필수적이다. 한 단원에 대한 연구는 경험의 여러 측면을 포함하는 방식으로 한 주제를 다룬다. 학년이 높아지고 정신능력이 성숙해지면서 학생들은 다양한 측면들을 좀더 구체적으로 연구하는 것이 가능해진다. 고학년이 되면 생물, 역사, 영어 등과 같은 고유한 교과목들을 다룰 수가 있으나, 여기서조차 우리는 우리 생활 경험의 통합을 기억할 필요가 있다. 그러므로 여러 교사가 참여하는 다학문간의 비교 연구(crosscultural studies)가 중요하다.

하나님께서 학교 교육의 각 과목에서 우리에게 말씀하고 계시다는 사실을 깨닫는 것은 하나의 위험성을 나타내고 있다. 가르침에 있어서 이러한 생각을 도덕적인 수단으로 바꾸기가 쉽기에, 그래서 우주의 법과 질서의 성질을 좋은 어린이가 되기 위해 더욱 힘들게 노력해야 함을 강요하는 수단으로 잘못 사용하기가 쉽다. 그러나 이것은 교육을 다루는데 있어서 위험하고도 규범만을 중시하는 태도이다. 우리와 우리 학생들이 필요한 것은 따라야 할 많은 규율들이 아니다. 우리는 독자적이 되려고 하는 우리 시도의 깊이를 단순히 인식할 필요가 있고, 우리의 때묻은 손과 단정하지 못한 옷을 입은 그대로 주님께 나아갈 필요가 있다. 우리가 필요한 것은 은혜이다. 우리의 강함이 아닌 우리의 약함이 주님과의 교제의 초점이 되어야 한다. "한마디 변명 없이, 당신이 나를 위해 피를 흘리시고, 나에게 하나님의 어린 양에게로 나아오라고 명하시니, 내 모습 이대로, 당신께 갑니다. 당신께 갑니다." 만약 우리가 우리 학생들의 손을 잡고 그들과 함께 이와같은 회개의 심령이 되면, 성령께서 학생들의 가슴과 우리의 가슴에 하나님을 경외하고 하나님을 사랑하는 생활과 활동들을 우리가 할 수 있도록 하실 것이다.

여기서 제공하는 다양한 측면에 대한 분석은 단지 임시적인 것이다. 희망하기는 이러한 분석이 교사들에게 자신들이 하는 일이 하나님의 말씀으로 인해 더욱 빛이 나고, 결과적으로 그들의 학생들을 창조세계를 통하여 주님과 깊은 교제를 할 수 있도록 효과적으로 인도하게 되는 약간의 시발점을 제공해 주었으면 한다.

공간적 측면

경험의 공간적인 측면은, 비록 우리가 보는 것처럼 모든 면에 공간적인 측면이 있지만, 가장 직접적으로 지리와 관련되어 있다. 공간은 또한 다른 모든 교과목들에 속하게 된다. 이 측면의 중요한 핵심 개념은 계속적인 확장이다. 두 점은 선을 이루지만 공간은 아니다. 또 다른 점의 추가는 길이와 넓이를 가진 이차원 평면으로 정의될 수 있고, 다른 평면에 있는 네 번째 점의 추가는 우리에게 높이가 추가된 삼차원 공간을 줄 수 있다.

지리에서 기독교적 가르침을 위한 중요한 출발점은 공간은 하나님께서 있으라 말씀하셔서 존재하고 있으며, 매 순간마다 계속적으로 유지하고 계심을 인식하는 것이다. 공간은 가치가 배제된 자연 법칙이 아니다. 이런 맥락에서, "자연"은 살아 계신 하나님이 계시다는 가능성과의 직면을 피하기 위한 구실에 불과하다. 이에 대한 모든 책임이 우리에게 있다. 물리적이거나 비물리적인 공간은 하나님의 사랑으로 인한 놀라운 선물이다. 한쪽 다리만 부러진 경험을 하거나 하반신이 마비된 경우를 보게 될 때, 공간은 우리가 물리적 영역에서 축복을 받고 있음을 기억하게 한다. 움직이기 위한 공간, 그렇게 할 수 있는 능력은 주님의 놀라운 축복이다.

생각을 위한 공간은 측량할 수 없는 선물이다.

위에서 제시된 것처럼, 공간적 영역은 또한 경험의 다른 영역에서 나타나게 된다. 나무들과 동물들은 생활 공간을 가지고 있다. 그들은 오직 일정한 환경과 고도에서 잘 자란다. 사람들 또한 물질적이고 비물질적인 생활 공간을 가지고 있다. 우리는 일정한 정서적인 한계를 가지고 있다. 이것은 우리의 정서적인 삶의 공간이라고 말할 수 있겠다. 또한 논리적인 공간의 한계가 있다. 문화적인 공간도 다르지 않다. 문화는 세계적이지 않다. 문화는 보통 종족이나 국가의 경계선에서 한정된다. 언어 또한 문화의 범위 안에서 제한되고, 사회계층도 주어진 문화 안에서 구분된다. 사회에서 빈부의 격차는 경제의 공간적 범위를 의미한다. 1960년대 이후로 예술적인 공간은 한계가 없고, 예술가들은 자신의 작품이 다른 사람들에게 어떠한 불쾌감을 주든 자신들은 표현할 자유가 있어야만 한다고 주장하는 사람들이 있다. 이것은 책임을 지지 않을 권리를 강조하는 포스트모던의 한 예이다. 그러나 매우 광범위하게 불쾌한 것으로 여겨져서 공적으로 제공되지 않아야만 하는 것이 아직도 존재한다. 그리고 예술적인 공간은 전적으로 경계가 없는 것은 아니다. 비록 법규를 발견하는데 그들의 삶을 보내는 법률가들이 있다고하더라도, 법적인 공간은 분명하게 한계를 가지고 있다. 윤리적인 공간이나 사랑을 위한 공간은 우리의 죄성의 이기주의로 인해 심각하게 한계를 가지고 있다. 고백이나 신앙의 공간도 많은 사람들에 의해 인정되기도 하고, 그들이 무엇인가를 믿는다고 허용하는 것을 두려워하는 사람들에 의해 부정되어지기도 한다. 비록 그들이 그것을 종교적이라고 하지는 않더라도 종교적이다. 따라서 공간적 영역은 다른 모든 영역 안에서 다시 나타난다.

아마도 공간에 대한 교과목을 다루는 기독교적 접근을 가장 단순하게 설명하는 한 방법은 공간은 단순히 있게 된 것이 아니고, 종국에는 우리에게 속한 것이 아니라는 사실을 기억하는 것이다. 우리는 그것을 고안하지 않았고, 단지 우리는 공간이 있는 세계에서 일정한 정도의 공간을 차지하는 존재로 태어났다. 우리의 무게를 잴 수도 있고 측정할 수도 있다. 우리는 또한 공간에서 움직일 수 있는 축복된 특권을 가지고도 있다. 공간은 하나님의 생각이고, 그에게 속해있다. 우리는 오직 그의 손님이나 종으로서 적절하게 그것을 사용하는 것 뿐이다. "땅과 거기 충만한 것과 세계와 그 중에 거하는 자가 다 여호와의 것이로다"(시 24:1). 만약 우리가 우리 학생들의 마음에 이러한 개념을 가르칠 수 있다면, 우리는 그들이 주님을 경외하고 존경하는 가운데 성장하는 것을 보게 될 것이다. 성령께서 학생들에게 이 영역에서 대안 의식을 가지도록 축복할 것이다.

운동적 측면

다음 측면은 운동학적(kinematic)인 측면이다. 이 kinematic이라는 말은 그리스어에서 유래된 것으로 motion(운동)을 의미한다. 운동은 주로 물리 과학(the science of physics)에서 다루어지지만 물리학은 물질과 에너지 또한 다룬다. 따라서 교과목과 양상들과는 정확히 일치하지 않는다. 그럼에도 불구하고 운동은 우리 경험의 매우 중요한 측면이고 분리해서 생각할 만한 가치가 있다.

이 쯤에서 학문적 측면에 순서를 정한 것이 임의적이 아니었음을 이해하게 될 것이다. 동작이 있기 위해서는 공간은 필수적이다. 공간은 선들에 의해 정해지지만, 선들은 양적인 측면이 공간적이 되기 위한 기초를 이루는 점들이 없으면 불가능하다.

동작은 어린 시절부터 우리 경험의 기본적인 부분이었기 때문에 우리는 자동적으로 동작을 우리에게 속해있는 것이며, 우리가 마땅히 소유해야 할 어떤 것으로 생각하고 있다. 우리는 누군가 우리의 움직일 수 있는 자유를 박탈할 때 강하게 거부한다. 이 주제에 대한 분명한 기독교적인 접근은 동작이 하나님에 의해 고안되었고, 창조되었고, 유지되고 있다는 사실을 단순히 깨닫는 것이다. 계몽주의 사상은 만약 우리가 어떤 동작의 물리적인 원인을 안다면 우리는 그 동작을 이해한다는 것이다. 그러나 그렇지 않다. 무엇인가가 우리가 알고 있는 물리적인 원인 뒷편에 있다. 주님이 말씀하실 때만이 바람이 불고, 파도가 치고, 산까지도 움직인다. 즐거움이 우리의 감성을 만지는 하나님 영광의 한 줄기 광선인 것처럼, 동작은 살아 계신 하나님의 임재와 능력의 표시이다. 우리는 결코 하나님으로부터 멀리 떨어져 있지 않다. 하나님 안에서 우리는 살고 움직이고 존재한다(행 17:28). 죄 때문에 우리는 이러한 깨달음에 강하게 저항하고 있지만, 성령의 온유하고 힘있는 영향권 아래에서 우리는 그것을 느끼기 시작하고, 찬양과 감사가 우리의 가슴으로부터 자발적으로 생겨나게 된다. 움직임은 우리에게나 비그리스도인에게나 동일하지만 그 의미는 전적으로 다르다. 지금 운동은 하나님의 계시와 우리가 그분에게 반응할 수 있는 통로로서 하나님이 의도하신 기능을 되찾는 것이다. 사실 움직일 수 있는 자유는 주님으로부터 받은 큰 선물이다.

운동은 앞 문을 통과하여 걷는 것과 같이 물리적이거나 인생 행로에서 특별한 길을 선택하는 것과 같이 비물리적일 수도 있다. 성경은 주님의 길로 걸어가라고 우리를 부르신다. 이것은 지리적인 길이 아니라 고백적인 길이고, 하나님과 이웃을 사랑하는 길이다. 우리가 사는 삶은 하나님의 인정을 받는 곧고 좁은 길이거나 파멸로 이끄는 넓은 길이다.

생명이 없는 것과 식물들은 옮겨질 수 있다. 그리고 식물들은 성장을 통하여 움직일 수 있다. 동물들과 인간은 폭넓게 스스로 움직일 수 있다.

움직일 수 있는 것과 움직일 수 없는 것의 차이는 보이는 것만큼 크지 않다. 원자나 원자 이하의 수준도 엄청난 움직임이 있고 바위나 흙, 물과 공기도 마찬가지이다. 운동은 유치원부터 대학원에 걸친 학교 교육 전과정에서 이루어진다. 운동은 모든 다른 측면들에 걸쳐 있다. 그러나 독립적인 존재라는 의식을 가지면 자연스럽지 않다. 그것은 하나님의 말씀에 의하여 유지되고 구원되는 창조된 질서를 이루는 한 부분이다. 이러한 깨달음은 기독교적 가르침을 촉진시키는 대안 의식의 중요한 요소이다.

물리적인 측면

물리적인 측면의 핵심 개념은 에너지이다. 우리가 단순히 이야기해왔던 물리적인 것들의 운동은 항상 에너지의 소비를 포함한다. 에너지의 상호 교환은 가장 기본적인 무기물로부터 인간의 수준까지 피조물의 모든 수준에서 일어난다. 그러나 에너지는 창조된 것에 속하는 본래의 특성은 아니다. 에너지는 항상 하나님 말씀의 능력이다. 골로새서 1장 17절은 말하기를 "만물이 그 안에 함께 섰느니라." 그리고 히브리서 1장 3절은 "그의 능력의 말씀으로 만물을 붙드신다"고 하셨다. 따라서 에너지나 능력은 우리에게 접근하는 하나님의 방법 중의 하나이고 우리에게 무언가 자신을 보여주는 방법 중의 하나이다. 누군가는 에너지가 하나님께서 자신의 피조물을 위하여 창조한 종으로 묘사되어야 한다고 제안했다.

우리 몸은 복잡하고 다양한 신경 체계를 가지고 있고, 몸 안에서 다양한 방법으로 에너지 전달이 이루어지고 있다. 이런 인간으로서 우리는 하나님의 말씀의 능력을 인정하고 우리가 가지고 있는 신체적인 면 때문에 하나님을 찬양하라고 부르심을 입은 경이로운 실재이다. 우리 안에 있는 화학적, 전해질적인 에너지 체계들과 다른 에너지 체계들은 자기-발전적이거나 자기-유지적이지 못하다. 하나님은 말씀으로 우리를 매 순간마다 지키고 계시는데, 심지어 하나님의 선물인 에너지를 올바로 사용하거나 잘못 사용할 가장 놀라운 자유를 우리에게 주신다. 축구공을 차는 것, 연필을 미는 것, 또는 컴퓨터의 키보드를 치는 것, 이 모든 것들은 에너지를 사용하고 있는 것이다. 우리가 이 에너지의 근원을 더 많이 깨달으면 깨달을수록 우리는 물리적인 것들을 사용하는데 사랑으로 하나님께 반응하도록 더욱 노력할 것이다.

우리 경험의 물리적인 면은 물질, 에너지, 원자, 분자 등이다. 우리는 이러한 것들을 물리학, 화학, 그리고 물리 과학에서 다룬다. 그러나 최근의 과학, 특히 물리학에서의 발달은 의미를 생각하지 않고 세계의 사실들만을 다루는 문제를 발생시키고 있다. V. S. 오웬스는 사실들을 "전래 동화"(fairy tales), 즉 사람들이 그동안 설명해 왔던—왜 사물들이 그 곳에 있어야 했는지에 대한—것으로부터 분리시켜온 과학자들의 노력을 묘사한 후 다음과 같이 말하고 있다.

> 그러나 진리들 사이에서 그러한 구별은 새로운 물리학에서 더 이상 적합하지 않다. 물리학은 … 모든 것들은 서로서로 연관을 가지고 있다는 것을 우리에게 말해주고 있다. 진리는 구분될 수 없다. 이것의 함축적 의미들은 과학과 영적인 것은 독립된 분야이고 독립된 기능을 가지고 있다고 주장하는 사회에 의해 아직 느껴지지 않고 있지만 결과적으로 한 쪽이 다른 쪽을 오염시키지 않을 지도 모른다(*God Spy*, p. vii).

그녀는 말하기를 물리학자들은 새로운 분자(미립자)들을 계속적으로 발견하고 이름을 붙이려고 하고 있지만, "그들은 발견된 분자(미립자)들을 '물질'(things)이라고 부르기를 주저하고 있다. 그들은 필요한 사고 과정 중의 하나로 불리워지는 것이 더욱 정확할 것이다." 이 책은 이러한 주제를 추구하기 위한 것은 아니며, 기독교적 가르침이 사실들의 의미를 회복하는 것이라는 생각을 분명하게 보여주기는 힘들다. 모든 피조물들은 합법적인 양식으로 존재하고 있고 주님의 말씀에 의해 유지되고 있다. 그리고 에너지, 공간, 그리고 동작이라고 불리어질 수 있는 "물질"의 전체적인 집합은 우리에게 하나님은 스스로 하나님이시며 가장 독특한 사랑의 방법으로 우리를 소유하고 있음을 말해주고 있다. 아마도 이 영역에서 기독교적 가르침을 위한 가능성에 대하여 가장 살아있는 성경적인 설명은 욥기서 마지막 부분에서 찾아볼 수 있다. 물리적인 창조에 관해 하나님께서 욥에게 말씀하실 때, 욥의 반응은 "내가 주께 대하여 귀로 듣기만 하였삽더니 이제는 눈으로 주를 뵈옵나이다. 그러므로 내가 스스로 한하고 티끌과 재 가운데서 회개하나이다"(욥 42:5-6). 따라서 잘 생각해보면, 물리적인 세계는 우리에게 죄를 깨닫게 하고 회개로 이끄는 능력을 가지고 있다.

다시 한번, 물리적인 영역에서 중요한 목표는 어린이들이 사물을 있는 그대로 깨닫도록 도와주는 것이다. 그들은 하나님께서 얼마나 가까이 계시고, 하나님께서 자신을 그의 능력과 사랑 안에서 계시하기를 바라신다는 것을 알 필요가 있다. 그들은 일상적인 것들이 하나님과 교제하고 섬길 수 있는 통로가 될 수 있음을 새로이 지각할 필요가 있다.

생물학적인 측면

앞의 네 측면은 논리적으로 생명에 관계없이 이해될 수 있다. 그러나 앞으로 설명될 것들은 생명에 관계된 측면에 대한 이야기이다. 생물학적인 측면의 핵심 개념은 생명력(vitality) 또는 생명(life)이다. 생명에 대한 우리 자신의 경험과 우리 주변의 살아있는 것들에 대한 경험에 익숙해져 있기 때문에 생명에 대한 정의를 내리기는 매우 어렵다. 우리는 일반적으로 만약 어떤 것이 음식을 먹고, 자라고, 생산하고, 죽는다면 그것은 생명을 가지고 있다고 말함으로써 그 문제를 회피하려고 한다. 우리는 비육체적인 것들, 즉 정치 제도나 집 또는 책과 같은 것에도 생명이 있다고 말하기조차 한다. 이러한 생명에 대한 차용적인 사용은 한 측면이 다른 측면에서 나타나듯이 모든 측면들은 복잡한 상호 관련성을 갖고 있다는 것을 다시 설명해 주고 있다.

그러나 생명은 무엇인가? 이것은 하나님으로부터의 선물이고, 그의 살아있고 능력있는 말씀의 결과이다(히 4:12). 하나님은 첫 사람의 코에 생기를 불어넣으셨을 때 사람이 생령이 되었다고 말씀하고 계신다(창 2:7). 살아있는 것들의 생명은 하나님의 손 안에 있다(욥 12:10). 그가 그의 생기(His Word)를 거두어가실 때, 그 생명체들은 죽는다(시 104:29-30; 148:7, 9). 유코 질스트라(Uko Zylstra)는 다음 단락이 이 질문에 도움이 되었다고 말한다.

> 그러나 생명은 구체적인 어떤 것이 아니다. 도리어 그것은 구체적인 사물이 기능하는 한 방법이다. 무엇인가가 살아있기 위해서는 반드시 생명력 있는 기능, 즉 우리가 경험하는 성장이나 생산과 같은 생명 현상을 가지고 있어야 한다. 우리는 이러한 다양한 생명 현상들을 연구할 수 있고, 묘사할 수 있고, 정의할 수는 있지만 생명 그 자체를 정의할 수는 없다. 살아있는 것들은 생명이라고 불리는 어떤 물질을 소유하였기 때문에 살아있는 것이 아니다. 그들은 생명력 있는 것으로 창조되었기 때문에 살아있는 것이다

(*Shaping School Curriculum: A Biblical View*, p. 120).

그러므로 생명은 "자연적"이거나 자동적인 것이 아니다. 그것은 오직 하나님으로부터의 선물이다. 우리가 고집하고 있는 것은 하나님에 대한 오랜 열망의 반영이다. 우리의 삶은 순간 순간 그의 말씀에 의존하고 있다. 그러므로 우리는 "사람이 떡으로만 살 것이 아니요 하나님의 입으로 나오는 모든 말씀으로 살 것이라"(마 4:4)는 성경을 읽는다. 만약 우리가 학생들에게 그들의 생명이 하나님으로부터 온 선물이고, 하나님께서 자신을 그들에게 계시하고 계시며, 그들은 하나님께 자신을 돌려 드릴 수 있다는 것을 의식하도록 도울 수 있다면, 우리는 그들에게 대단한 봉사를 하게 될 것이다.

감성적 측면

살아있는 것은 지각할 수 있고 느낄 수 있다. 감각적인 측면은 경험의 이 두 면을 포함한다. 지각은 다양한 감각(시각, 청각, 미각, 촉각)이 받아들인 메시지를 포함한다. 감정은 우리의 지각과 연관하여 경험하는 정서이다. 우리는 식물의 특징을 묘사할 수 있는 가장 높은 수준에서부터 인간과 동물이 공유하는 수준까지 이 감성의 측면을 경험한다. 우리가 겪는 모든 경험에는 예민하고 감정적인 측면이 있다.

지각이나 감정은 그 자체로 선하지도 나쁘지도 않다. 여기서의 문제는 관습이 종종 우리의 감정 조절과 감정 그 자체를 혼동하도록 해 왔다는 것이다. 한 개인의 불의에 대한 분노감은 그 자체로서 잘못된 것은 아니다. 만약 우리가 우리에게 잘못한 사람을 미워하고 되갚음한다면 우리는 회개와 믿음의 문제를 안고 있다. 그리스도의 구원은 우리가 우리의 감정 안에서 하나님의 음성을 듣는 것이 가능하도록 하였고 "자유하게 하는 온전한 율법"(야 1:25) 내에서 우리를 자유케 한 방법으로 그 감정들에 반응하는 것이 가능하도록 하셨다.

하나님은 우리의 감정 안에서 우리에게 말씀하신다. 예를 들면, C. S. 루이스는 즐거움은 우리의 감성을 만지는 하나님의 영광의 한 줄기 광채라고 묘사하였다. 우리는 거의 이것을 의식하지 못하고 대신 즐거움을 경험이나 사물 또는 함께 한 사람에 의해 생성된 한 결과로서 생각한다는 사실은 우리가 얼마나 깊게 우상숭배에 젖어있는지를 보여준다. 우리가 오직 하나님만이 즐거움을 만드신다는 것을 깨달을 때(시 16:11; 야 1:17), 즐거움에 대한 우리의 경험은 한 형태의 기도가 되고 우리로 하여금 적어도 바울의 "쉬지 말고 기도하라"(살전 5:17)는 명령을 수행하는 한 방법을 발견하게 할 것이다.

어떤 작가는 우리의 모든 정서적인 욕망을 두 문장으로 요약하고 있다. "나는 가치있다. 그리고 나는 불완전하다." 둘 다 주님으로부터의 메세지이다. 그러나 죄 때문에 우리는 둘 모두를 잘못 해석하고, 잘못 다루고 있다. 우리는 우리의 가치가 하나님의 형상을 유지하는 데 있고, 결과적으로 좋은 자아상은 교만보다는 겸손에 있다는 것을 잊는다. 우리는 우리의 부족을 주님으로 채우려고 하는 대신 피조물 안에 있는 어떤 것으로 채우려고 하기 때문에 결과적으로 우상숭배에 빠지게 된다. 즐거움, 재산, 힘 등 어떤 것도 우리의 불완전을 만족시켜 줄 수 없다. 오진 하나님 자신이 할 수 있다. 하나님은 창조된 것을 통하여 우리를 만족시킬 수 있고, 또 직접적으로 그 일을 할 수 있지만, 그것을 해야만 하는 유일한 분이다.

주님은 우리에게 즐거움의 감정처럼 고통의 감정을 이야기하고 계신다. 그는 생명으로 가는 길과 죽음으로 인도하는 길이 있고, 피해야 할 길이 있음을 경고하고 있다. 고통은 단지 우리를 위해서 뿐 아니라 그것을 피하도록 우리에게 명하신 그분의 사랑에 반응하기 위해서 피해야 할 것이다. 그는 우리가 고통으로부터 마땅히 구원될 최종 단계까지 고통을 참으신다.

감정은 뒤에서 다룰 가치나 상상과는 다른 것이다. 인지적, 정서적, 그리고 감각 운동적으로 나누는 교육 분류법은 하나님께서 우리에게 주신 통합성을 깨뜨리기 때문에 하나의 의심스러운 절차이다. 사실을 가치로부터 분리시키는 현대의 개념은 이러한 오류의 한 예이다. 이것은 현대 서구인들에게 진리와 거짓 또는 선과 악에 대한 일치된 합의를 갖지 못하게 한다.

17장 규범적인 교과목들

경험의 측면을 다루는데 있어 이제는 법을 말하는 것이 좋겠다. 피조물과 언약을 맺으신 하나님은 이 세상에 그의 법을 세우셨다. 인간 수준 이하의 피조물들은 절대적으로 이와같은 법에 순종한다. 주님은 또한 모든 다른 측면들을 위해서도 법들을 세우셨지만, 이제 절대적인 순종을 하지 않는다. 죄가 우리로 하여금 어떤 잘못된 신 또는 신들에게 집착하도록 만들었고, 우리는 이러한 경험의 영역에서 하나님의 뜻에 불순종하고 있다. 그렇기 때문에 이런 영역들에서는 법보다는 오히려 규범을 이야기하는 것이 좋겠다. 규범은 우리가 행동해야만 하는 방법들을 말한다. 예수님의 구원의 능력은 우리가 그의 말씀에 의해 붙잡혀 점차 이러한 규범들에 순종함으로써 하나님을 경외하는 법을 배우도록 한다. 이러한 모든 규범적인 측면들을 이번 장에서 생각해 볼 것이다.

논리적(분석적) 측면

논리적이거나 분석적 측면의 핵심 개념은 구별을 하는 것이다. 우리는 논리적인 측면과 유사한 분석적인 능력을 가지고 있기 때문에, 우리는 일상적인 경험으로부터 다양한 측면을 추론할 수 있고, 결과적으로 다양한 과학과 학교 교과목들을 개발하는 것이 가능하다. 이것은 과학적 방법에 의하여 낮은 측면, 즉 법적 측면에서 이루어져 왔다. 오늘날 공공연하게 과학적 방법에 의해 이루어져 왔던 규범적 측면에 대한 연구가 심각한 비판을 받고 있다는 주장이 있다. 이러한 영역에서의 경험적인 증거에 대한 확실성은 생명의 신체적인 면에서의 신뢰성과는 매우 다르다. 그러나 우리의 논리적 능력은 사건을 포함하여 사물을 분석할 수 있게 한다. 우리는 그들을 떼어내서 한 부분으로 놓을 수 있고, 다시 원상태로 되돌릴 수도 있다. 우리는 원인과 결과, 논리적 순서와 과정, 그리고 많은 다른 복잡한 관계들을 지각할 수 있다.

 고대 그리스 사람들은 이러한 능력을 절대적으로 여겼고, "이성"이라고 불렀다. 그들은 "이성"을 인간이 가지고 있는 신성한 요소로 여겼다. 그렇기 때문에 그들은 사람을 동물의 몸에 있는 이성적인 영혼으로 말하기도 하였다. 분석적인 능력을 신성하게 생각하는 사람들로 인해 계속적인 실수를 범하게 하는 몸/영혼 또는 형식/물질이라는 치명적인 이원론에 도달하게 되었고, 심지어 이러한 현상은 기독교 신학에도 스며들게 되었다. 이것은 18, 19세기의 합리주의에서 다시 크게 나타났다. 그러나 하나님은 이성을 진리에 도달할 수 있는 독립적인 능력으로 주시지는 않았다. 우리의 이성은 항상 우리의 심령을 따른다. 우리의 심령은 언제나 예수 그리스도 안에 있는 참 하나님 또는 다른 우상에게 종교적으로 귀의하도록 한다. 그러므로 심령은 머리가 전혀 알지 못하는 이성을 가지고 있다고 파스칼은 말하였다. 예수 그리스도와의 관계가 전혀 없는 인간의 이성은 결코 안전한 안내자가 될 수 없고 또한 진리를 판단할 수도 없다.

 하나님께서 우리에게 하신 일은 우리가 그리스도 안에서 여호와를 경외하는 것이 가장 중요하고 기본적인 것(잠 1:7)임을 이해하도록 하신 것이다. 분석적인 능력이 진리를 발견하지 못하는 이유는 진리는 인격이신 예수 그리스도이고, 이성적 행동은 죄성을 가지고 있는 인간 안에서 독자적으로 작동하지 못하기 때문이다. 죄는 우리의 마음을 빼앗아 자기에게 충성하게 하고, 그 대신 신뢰할 만한 인생의 지침을 줄 수 없는 이성을 우리에게 주었다. 이것이 왜 이성적 행동이 우리 경험의 규범적인 면인가 하는 것이다. 우리의 심령의 진정한 안식처가 어디인지 발견하는 일에 있어서 이성을 신뢰할 수도 있고 신뢰하지 못할 수도 있다.

하나님이 우리에게 사물을 이해하는 능력을 주신 것과 하나님이 말씀으로 신실하게 붙드시기에 창조세계가 이해될 수 있다는 것은 매우 값진 선물이다. 그러나 이성은 우리를 안전하게 인도할 수도 잘못 인도할 수도 있다. 학교 아이들은 구별할 수 있는 능력은 하나님이 주신 선물임을 배워야만 한다. 그리고 만약 그들이 이런 선물들을 올바르게 사용하기를 원한다면 그들의 심령이 예수님의 주되심에 순종할 필요가 있음을 배워야만 한다. 그렇게 사용된 이성의 힘은 하나님을 기쁘시게 하는 아름다운 섬김이 된다.

역사적인 측면

일단 논리적으로 구별할 수 있는 능력이 구원받은 인간에게 주어졌다면, 다음 단계는 인간 공동체의 생활에 대한 것이다. 이것은 문화적인 것, 즉 결혼, 가족, 경제 행위, 예술 작품, 법, 종교적 믿음과 행위와 같은 관습의 발달에서 볼 수 있다. 문화 형성은 역사의 진정한 본질이고, 역사적 측면의 핵심 개념은 인간 문화에서 형성 능력(formative power)이다. 역사는 단순히 과거에 일어났던 모든 것을 지칭하지 않는다. 그것은 한 문화

유형의 고유한 발달을 설명한다. 그러므로 역사는 하나님께서 우리에게 주신 피조물을 지배하라는 명령에 인간이 어떻게 반응하였는지를 설명한다.

우리의 독자성을 상상하면, 문화를 형성하는 우리의 활동은 우리 고유의 창의성을 전적으로 자유롭게 표현하는 것이라고 말할 것이다. 사실, 문화는 주어진 일정한 기간 동안 사회 전체의 심령과 마음을 사로잡았던 능력있는 영적인 힘의 영향권 아래에서 형성되었다(엡 6:12). 합리주의, "분명한 운명," 그리고 생활권에 대한 욕구가 그 예가 될 수 있다. 문화 형성에 대한 사명은 창세기 2장 15절에서 에덴 동산을 지배하고 유지하라는 명령에서 나타난다. 인간들은 이러한 문화적 명령을 순종하여왔지만 자주 하나님에 대한 자신들의 의무를 생각하지 않고 문화를 형성하였으며, 그 결과는 비참하였다. 예를 들면, 창세기에 나오는 바벨탑 사건은 땅에 편만하여 거주하라는 명령에 대한 직접적인 불순종이다. 하나님의 심판에 의해 사람들은 하나님의 명령을 이행하였지만 기꺼이 순종함으로서 받을 수 있는 복은 잃었다.

복음을 받아들인다는 것은 문화적인 발전과 우상숭배와 비참한 방식으로 살아가는 세상에 대안 의식을 제공하는 의무를 포함한다. 그래서 역사 공부에서도 우리의 과업은 영을 분별하는 것이다(마 16:1-4). 우리는 우상이 우리 시대를 형성하는 것을 볼 수 있다. 우리는 그것들을 직면하여 폭로해야 하며, 사람들에게 삶을 영위하는 다른 길을 보여주어야만 한다. 이것은 놀랍고도 대단한 사명이다. 학생들은 이와같은 사실을 보도록 도움을 받아야 하고 그것에 의해 도전을 받아야 한다. 그래서 결과적으로 그들은 지금 서구 문화의 특징인 자기 중심성으로부터 벗어나야 한다.

언어적인 측면

문화가 형성되는 첫 번째 방법 중의 하나는 언어 발달에 있다. 언어는 문화의 가장 의미있는 소산이고, 자국 언어를 못쓰게 하는 것이 한 문화를 넘어뜨리는데 가장 효과적인 방법 중의 하나이다. 그런 정책은 미국에서 백인이 인디언들을 문명화시키기 위한 노력들 가운데 비참한 역할을 했다. 20세기 초에 일본이 대만을 점령하고 있을 때 대만어를 사용하지 못하게 한 것도 같은 이유에서였다.

언어적 측면에서의 핵심 개념은 상징적인 의미이다. 상징적인 의미는 언제나 우리가 겪는 경험에서 나타난다. 상징주의는 인간 생활에서, 특별히 그리스도인에게, 가장 잘못 이해되고 그 가치가 격하된 것들 중의 하나이다. 우리는 종종 상징주의를 성찬식에서의 그리스도의 몸과 피를 빵과 포도주로 상징하는 선에서 멈춘다. 그러나 알렉산더 쉬메만이 지적한 것처럼 모든 피조물은 신성하다. 그 모든 피조물은 하나님을 계시하고 있다. "하늘이 하나님의 영광을 선포하고 궁창이 그 손으로 하신 일을 나타내는도다"(시 19:1). 종종 시편 기자는 세상에 창조된 모든 것들이 하나님을 찬양하기 위한 것이라고 말하고 있다. 이것이 하나님께서 세상을 창조한 이유이다. 그리고 하나님은 인간을 찬양의 존재로 창조하셨다. 그는 만물을 우리에게 하나님에 대해 말하라고 만드셨다(롬 1:20). 이것이 하나님의 말씀인 예수님이 성육신하신 이유이다.

우리는 하나님의 형상을 닮았기 때문에 말(words)을 사용한다. 하나님께서 아담에게 가장 먼저 하라고 명한 것은 동물에게 이름을 붙이라는 것이었다. 이것은 중단되지 않는 책임이다. 우리는 아직까지 "동물에 이름을 붙이라는," 즉 하나님께서 피조물 안에서 우리에게 말씀하고 계신 것을 보는 특권이 있으며, 우리가 말하고 사용하는 방식으로 피조물들을 하나님께 돌려드려야 하는 사명을 가지고 있다. 이것이 학교에 관한 모든 것이다.

문제는 죄가 인간 언어를 뒤틀어 놓았고 결국 언어는 종종 더 이상 하나님과 다른 것들에게 봉사하지 못하게 되었다. 이것이 성경이 우리 말을 언제나 은혜 가운데서 소금으로 고루게 함과 같이 하라고 하는 이유이며, 결과적으로 이것은 듣는 이들을 세우게 된다(골 4:6; 엡 4:29). 적절히 이해되기만 한다면, 말(speech)은 피조물 가운데 하나님 자신을 우리에게 반영하는 것이기 때문에 놀라운 일인 것 같다. 우리는 피조물을 읽고, 주님이 그 안에서 우리에게 말씀하시고 계신 것을 보고, 결과적으로 말을 하나님의 선물로 사용하여 삶을 영양가 있게 하는 방법과 하나님의 사랑과 영광을 전달하는 법을 배울 필요가 있다. 어린이들이 이것을 의식하게 될 때 그들의 말은 성령에 의하여 하나님과 이웃에 대한 그들의 사랑을 나타내는 통로로 사용될 것이다.

사회적 측면

사회적 측면의 핵심 개념은 사회적 교제이다. 하나님은 인간을 고립된 개인으로 창조하지 않으셨다. 그는 인간이 사회적 교제로 인하여 기쁨과 위안 그리고 힘을 얻도록 창조하셨다. 이것이 성경이 완전히 고립적인 정원에서 하늘에서 내려오는 어린양의 신부, 하나님의 도시로 끝을 맺고 있는 이유이다. 사회적 존재로서 인간은 고립적 감금을 포함하여 사회적 교제를 박탈당할 때 민감하게 된다. 인간의 외로움은 죄가 하나님으로부터 그리고 서로로부터 그들을 분리시키면서부터 시작되었다. 이러한 외로움을 부인하거나 외로움으로부터 도망치려는 노력으로 우리는 악수를 하고 서로 포옹하고, 함께 먹고 놀며 춤도 춘다. 비록 서로의 필요에 대한 느낌이 우리 사회의 자기 중심성으로 인해 종종 둔감해지고 있기는 하지만 우리는 서로를 필요로 한다. 기계가 만연한 현대는 이러한 필요를 경감시키기 보다는 더욱 깊게 하고 있다. 이것이 아마도 우리가 자동응답기를 만들게 된 이유가 될 것이다.

각 경험에는 사회적 측면이 있다. 이것이 우리가 하나님의 세계와 그곳에 창조된 사람들과 만나는 한 방법이다. 이상적인 사회적 교제는 아버지와 아들과 성령의 삼위일체(엡 3:14-15)에서 찾을 수 있다. 인간 교제에 대한 우리의 욕망은 우리가 하나님 형상의 일부로서 하나님을 갈망하는 것을 반영한다. 현대 사회의 특징인 이혼, 편부모 가정, 그리고 고립된 세대는 인간 관계에서 우상숭배적인 현상의 비극적인 결과들 중 하나이다. 우리가 인간 관계를 하나님을 사랑하기 위해서가 아니라 다른 것을 위하여 사용할 때 우리는 우상을 섬기게 된다. 그리스도의 몸은 회복된 관계를 보여주기 위한 것이다. 우리 마음의 필요가 채워지고 지지되는 것은 다른 방법으로 있을 수 없다고 약속하고 있다. 그리고 우리 경험의 사회적인 측면을 연구하면서, 우리는 그리스도의 구원을 나타내는 능력을 보이고 다른 사람들로 그 즐거움에 참여하도록 초청하는 구원적인 삶의 방식을 계획하고 그렇게 살도록 해야 한다.

경제적인 측면

여기서 우리는 부족한 물건을 관리하는 아이디어를 만나게 된다. 우리는 욕구를 가지고 있는 사람이고 하나님께서 이러한 욕구들을 충족시키기 위해 이 세상에 우리를 있게 하셨다. 우리의 욕구에 대한 궁극적인 대답은 하나님 자신이다. 우리에게 다가오는 그의 방법 중의 하나는 우리의 욕구를 충족시킬 능력을 가진 창조세계를 통해서 오는 것이다. 우리는 피조물 자체가 우리의 욕구를 충족시켜줄 수 있다고 가정할 때 이러한 창조된 실재를 오해하게 된다. 오직 하나님만이 이 일을 할 수 있지만, 그는 종종 피조물을 통해 그것을 행하신다.

그러나 하나님은 우리의 환경이 욕구를 충족시키는데 끝없는 힘을 갖게 하지는 않았다. 경계선이 있다. 만약 우리가 세계의 자원을 하나님의 뜻과 우리의 이웃을 위한 선을 이루는데 사용하지 않는다면, 피조물은 거꾸로 우리를 공격하기 시작할 것이다. 우리는 이미 물과 공기의 오염, 산성비, 온실 효과, 오존층의 축소, 그리고 다른 많은 것들에서 이것을 경험하고 있다. 자본주의나 사회주의와 같은 우리의 경제 체계는 자율적인 것이 아니다. 그들은 우리에게 복을 주거나 우리를 위해 제공할 자체적인 힘을 가지고 있지 않다. 하나님은 우리를 위해 공급하시고 우리를 위해 만드신 경제적인 규범을 우리에게 말씀하신다. 우리의 과업은 이것을 깨닫는 것이고 이러한 규범을 책임감 있게, 특별히 가난한 사람과 혜택을 받지 못한 사람들을 위해 사용하는 것이다.

돈은 피조물의 자원들을 다루기 위한 단순하고 편리한 수단이다. 그러나 쉽게 우상숭배가 될 수 있는 도구이다. 예수님은 우리가 하나님과 돈을 동시에 섬길 수 없다고 경고하고 계신다. 우리가 경제적 영역에서 그리스도인으로서 주님께 반응할 때, 우리는 돈을 다양한 방법으로 사용하는 굉장히 많은 기회—예를 들면 영생을 위하여 돈을 가지고 친구를 만들기(눅 16:9)—를 가지게 된다. 소비자 중심의 강한 윤리를 가지고 있는 사회에서 어린이들은 돈과 소유물에 관련하여 대안 의식을 개발할 필요가 있다. 기독교적 가르침은 어린이들을 그러한 방향으로 이끌어야만 한다.

미적인 측면

경험의 미적 측면에서 핵심 개념은 조화나 조화의 부족이다. (이 분야의 전문가인 칼빈 제어벨트(Calvin Seerveld)는 "암시"라는 단어를 선호한다.) 우리는 이 측면의 핵심 개념을 아름다움이나 추함이라고 부른다. 하지만 이 단어들의 의미는 무엇인가? C. S. 루이스는 아름다움의 배후에는 갈망이 있다고 말하고 있다(그의 책 *The Weight of Glory*를 보라). 아마도 그가 옳다고 본다. 어거스틴이 말한 것처럼 영혼이 쉬지 못하는 것은 하나님을 향한 쉬지 못함이다. 그리고 주님의 아름다움은 구원받은 심령을 황홀하게 하고 있다. 세상의 아름다움은 진정 피조물을 매개로 우리에게 다가오는 하나님의 아름다움인 것이다. 또한 그는 특별히 인간 세상에 죄가 행한 잔해를 회상하도록 추함에 대해서도 말하고 있다.

미학은 순수 예술, 즉 음악, 무용, 드라마, 시, 문학, 미술, 조각 등에 관한 영역이며, 또한 창조, 상상, 그리고 독창성의 영역이기도 하다. 이것은 "우뇌"의 영역이고, 우리가 그동안 생각했던 것보다—심지어 과학에서도—더욱 중요한 영역이다. "코페르니쿠스의 지동설을 궁극적으로 받아들인 것은 오직 미학에 기초한 것이었다. 이 이론의 단순성과 경제성은 프톨레마이오스 이론보다 우월하게 만들어졌다"(Owens, *God Spy*, p. 25). 이러한 경향은 현대물리학에서도 마찬가지이다.

이론 물리학은 부정할 수 없이 미학에서 연습 대상이 되고 있다. 몇 사람은 미학을 20세기의 예술이라고 주장하고 있다. 미학의 실천가는 미적 구조로부터의 개념적인 만족을 요구하고 있다. 키츠(Keats)처럼 그들은 진리와 아름다움은 궁극적으로는 동일하다는 것을 믿고 있다(Ibid., p. 101).

학교 교육과정이 복잡해질 때 가장 먼저 없애는 과목은 예술과목이라는 것을 주목할만 하다. 이것은 우리가 성경에서 하늘에 대해 말하는 두 가지 중요한 요소로 음악과 고요함을 들고 있는 것을 깨달을 때, 그리스도인인 우리에게 특별히 이상한 것임을 발견하게 된다. 진정 우리의 교육과정은 어린이들이 본향 집에 있기 위한 준비를 시키고 있는가?

웨스트민스터 교리문답은 사람의 주된 목적은 "하나님을 영화롭게하는 것과 영원토록 그를 즐거워하는 것"이라고 말하고 있다. 그것은 아름다움에 대해 말하고 있다. 영화와 아름다움은 밀접히 연관된 개념이다. 우리는 피조물을 통하여 우리에게 다가오는 하나님의 아름다움으로 세상의 아름다움을 본다. 꽃이든 사랑하는 사람이건 우리의 마음을 만족하게 하는 것은 하나님의 아름다움이다. 이러한 의식이 우리와 우리 학생 안에서 자람에 따라 우리는 하나님에게 우리의 마음과 삶의 넓은 영역을 줌으로써 하나님을 경외하게 될 것이다. 하나님의 세계의 아름다움을 통하여 하나님이 우리를 사랑하신 것처럼 우리도 하나님을 사랑한다. 따라서 우리는 예수의 피로 구원되었기에 제사장직을 연습하고 있는 것이다(벧전 2:9; 히 13:15). 우리는 피조물의 아름다움을 받았고, 우리는 그것을 찬양과 경배로서 하나님께 돌려보낸다.

법률상의, 혹은 판단의 측면

법률상의 측면은 법과 시정(civics) 그리고 정부의 영역이다. 여기서 핵심 개념은 보상 또는 보복이다. 국가에 대한 제도는 여기에 속하고 국가의 기본 사업은 공공의 정의를 제공하는 것이다. 보상 또는 보복의 개념은 긍정적이거나 또는 부정적일 수 있다. 훌륭한 행동은 칭찬을 받고 격려되어야만 한다. 나쁜 행동은 처벌을 받아야 하고, 가능하다면 교정되어야 한다.

이것은 매우 넓은 주제이다. 우리는 단지 이 영역의 일부에 대한 암시만을 줄 수 있다. 국가는 어디에서 그 권위를 위임받는가? 모든 권위는 그리스도에게 속한 것이다. 그렇기 때문에 국가가 가지고 있는 어떠한 권위든 이것은 그리스도로부터 나온 것임에 틀림이 없다. 전체주의자들이 믿는 것처럼 국가는 사람들의 삶을 통치할 전체적인 권위를 가지고 있는가? 또는 자유주의자들이 믿는 것처럼 국가는 약간의 권위만 가지고 있는가 아니면 어떤 권위도 가지고 있지 않는가? 성경적인 대답은 국가는 공공의 정의를 위한 책임을 지고 있고 그 이상은 가지고 있지 않다는 것이다. 공공의 정의에 대한 사안 이외에는 회중은 교회에서 반드시 설교를 들어야만 한다거나 중매는 가족 내에서 이루어져야 한다고 명령할 권리가 없다.

그리스도인들은 정치에 참여해야만 하는가? 만약 국가의 권위가 그리스도에게로부터 온 것이고 교회가 그리스도의 지체인데, 교회가 공공의 정의를 이루는데 전혀 관심이 없다고 한다면 앞뒤가 매우 맞지 않는 것 같다. 그러나 이것은 그리스도인들이 입법부의 51%의 통치권을 얻음으로써 기독교 도덕법을 제정하려고 시도해야만 한다는 것을 의미하지는 않는다. 다원적인 사회에서 공중 도덕에 대한 충분한 합의가 있기 때문에 그리스도인들은 공공 정의에 대한 입법 제정에 영향을 미치려고 노력할 때 하나님의 축복과 가능성을 위한 희망을 가질 수 있다. 공공의 정의에 대한 공청회에서의 공헌은 하나님으로 인한 것일 수 있고, 또한 그 문제에 있어서 그들의 양심을 분명히 하는 것일 수 있다. 로이 클라우저의 책 *The Myth of Religious Neutrality*, 13장은 이 주제를 뛰어나게 잘 다루고 있다. 그러나 그러한 접근은 일반적이지 않아서 11장과 12장을 읽은 후에야 13장을 이해할 수 있다.

도덕적 측면

윤리나 도덕은 보통 철학에서 연구된다. 이것은 일반적으로 살아 계신 사랑의 하나님과 분리되어 있어서 잘려진 꽃처럼 시들어가고 있다.

무엇이 옳은가 하는 것은, 주관론이든 객관론이든, 인간에 의해 결정되지 않는다. 그것은 하나님에 의해 결정되는데, 우리는 그분 안에서 살고 움직이고 그분에 의해 존재한다(행 17:28). 하나님은 모든 분야를 우리 마음을 다하여 하나님을 사랑하고, 나 자신처럼 이웃을 사랑하라는 두 명령으로 요약하고 있다. 궁극적으로 이러한 두 상태가 새로운 예루살렘에서 이루어질 때, 우리는 여기서는 꿈으로만 그리던 도덕성의 발현을 볼 것이다.

옳고 그른 것에 대한 영역인 도덕적인 측면은 본질적으로 자유에 대한 우리의 개념과 관련이 있다. 따라서 순간적으로 두 종류의 자유, 즉 절대적 자유와 우연적 자유를 구별함으로써 우리는 본 궤도에서 잘 벗어날지도 모른다. 죄인으로서 우리의 독립성 안에서 우리는 우리가 기뻐하는 것은 무엇이든지 할 수 있는 절대적인 자유를 희망한다. 이것은 우리에게 삶에서 가장 중요한 목표 중의 하나인 것 같기도 하다. 실재는 하나님을 제외한 어느 누구도 절대적인 자유를 가질 수 없다는 것이다. 절대적인 자유를 갖고 싶은 우리의 갈망은 우리가 스스로 신이 되기를 상상해 온 증거이다. 우리가 실제적으로 소유할 수 있는 자유는 임시로 주어진 자유, 즉 우리에 대한 하나님의 뜻과 법 안에 있는 자유이다. 제방이 없는 강은 흩어져 호수가 될 것이다. 디젤 화물 기차는 철로에서 날짜에 관계없이 국가를 횡단할 것이다. 철로 없이는 어느 곳도 갈 수 없다. 그러므로 인간의 참 자유는 오직 하나님과 이웃을 사랑하는 법 안에서 가능한 것이다. 이것은 결국 임시적인 자유인 것이다.

우리 모든 경험은 윤리 또는 도덕적 측면에 포함된다. 그들 중 어느 것도 하나님과 우리 이웃 그리고 피조물을 사랑하라는 특권과 책임으로부터 예외일 수 없다. 하나님은 이것을 위한—특별히 어린이들의 경우에—학습 장소를 계획하셨는데 그것은 가정이다. 가정은 어린이들이 그들 부모의 모범과 지도를 통해 사랑하는 일이 얼마나 삶의 중심을 차지해야 하는지를 배우는 곳이다. 탐 하워드는 가정을 "너희들을 위한 나의 삶"이라 정의한다.

사랑은 또한 학교 교육에서도 중심이 된다. 우리는 도덕을 일상적인 생활에서 분리시키지 말아야 한다. 도덕적 측면의 핵심 개념은 임시적 관계에서의 사랑이기 때문이다. 우리가 공부하고, 말하고 또는 행하는 모든 것에는 윤리적 측면이 있다. 이것은 공부를 더욱 부유하고 풍요롭게 만들며, 장기적으로는 더 의미있게 만든다. 사랑은 기독교적 가르침이 학생들에게 스며들기를 원하는 대안 의식의 중요한 부분이다.

신앙의 측면

신앙의 측면의 핵심 개념은 믿음 또는 견고한 확신이다. "Pistis"는 그리스어로 믿음(faith)이다. 그리고 믿음은 우리가 가지고 있는 모든 경험의 한 면이다. 비록 대부분의 사람들이 이것을 깨닫지 못한다 할지라도, 모든 사람은 믿음을 따라 배우고 믿음을 따라 산다. 우리는 우리가 하는 모든 일에서 우리의 믿음을 고백하고 우리 생활에 깊이 내재되어 있는 충성을 보여준다. 우리 각각은 나름의 세계관에 대한 기본적인 확신을 가지고 있으며, 그 확신에 기초해서 결정하고 행동한다. 따라서 모든 삶, 그리스도인이나 비그리스도인의 삶 모두 진심으로 종교적이다. 서구 사회에 널리 퍼져있는 이것에 대한 부정은 하나님에 대한 책임을 회피하기 위한 보이지 않는 노력이다.

중요한 것은 우리 믿음의 객관성이 무엇인가 하는 것을 인지하는 것이다. 만약 우리 믿음의 객관성이 인성을 갖춘 예수 그리스도 안에 있는 참 하나님이 아니라면, 결국 그것은 오직 하나님만이 계셔야 하는 우리 마음에 어떤 피조물(물질 또는 비물질)을 놓게 될 것이다. 우리는 하나님이나 우상 중 하나를 믿게 된다. 아무도 믿음 없이 살 수 없다. 또한 아무도 믿음 없이 배울 수 없다.

이것은 선험적인 것으로 여겨지기 때문에 가장 높은 측면이다. 이것은 우리 생활의 의미와 방향을 표현한다. 우리가 다루는 모든 사물, 연구와 주제, 모든 경험을 이해하는 방법은 장기적으로 볼 때 우리 믿음에 의해 결정된다. 부모나 교사로서 만약 우리가 학생들이 이것을 이해하도록 돕는다면, 우리는 그들이 진정한 그리스도인이 되도록 교육하는데 긴 과정을 거쳐야 할 것이다. 우리는 또한 그들을 하나님의 왕국으로 데려와서 하나님의 백성으로 오늘날의 세속적인 이방 사회에서 효율적인 증인이 되도록 도와야만 한다.

후기

인간 경험의 패턴은 좋은 페르시아 양탄자와 같다. 그것은 많은 아름다운 색의 실들로 짜여진다. 경험의 각 측면은 다른 모든 측면들과 얽혀있다. 우리의 목적은 부모들, 교사들, 그리고 어린이들이 모든 경험을 예수 그리스도의 주되심 아래로 끌어오고, 그들이 하나님의 말씀과 성령에 사로잡힌 바 되었을 때 펼쳐지는 짜릿한 삶을 경험하도록 돕는 데 있다.

가장 성공할 것 같은 접근은 우리 경험의 각 측면과 실재에 대한 전체적인 경험을 위해 하나님의 말씀이 하나님의 법 안에서 자신을 표현하는 방식에 대해 우리 자신을 의식화하는 것이다. 우리의 의식이 깊어질 때, 우리는 우리의 학생들에게 증인이 될 수 있으며, 우리의 증언을 성령께서 학생들의 마음에 의미있게 만들어줄 것을 신뢰하게 된다.

IV부

기독교 학교의 방법

18장 성령과 함께 걷기

만일 우리가 성령으로 살면 또한 성령으로 행할지니.
— 갈라디아서 5장 25절

지금까지 우리는 주로 기독교 학교 교육의 내용을 다루었다. 이것은 아마도 기독교 정신의 지적인 면이라 불리울 것이다. 그것은 우리가 피조물과 구원에 대하여 생각하고 말하는 방법에 대한 것이었다. 기독교 정신에는 또 다른 면이 있다. 우리는 이것을 언어적인 면(talk side)과 대조해서 행함의 면(walk side)이라고 불러야 하겠다. 이제 기독교 학교 교육의 방법에서 우리는 기독교 정신의 행함 부분을 이야기할 것이다. 이것은 가르치는 기술에 대한 토론이 아니라 기독교적 가르침에서 기초를 이루는 삶의 종류를 토론하는 것이다. 물론, 가르치는 기술도 중요하다. 그러나 더욱 중요한 것은 그 기술들을 사용하는 기초가 되는 삶의 질인 것이다.

기술 근저에 깔려 있는 무언가를 강조할 때는 설명이 필요하다. 기술은 종종 사용자에게 미치는 어느 특별한 삶의 질에 대한 점검 없이도 사용되어질 수 있는 객관적인 어떤 것으로 생각된다. 이 견해의 문제는 인간의 삶에 있어서 모든 것을 창조하시고 유지하시는 하나님 말씀의 능력 밖에서는 어떤 것도 존재하지 못한다는 것이다. 하나님의 말씀은 정보 자원 이상의 것이다. 이것은 하나님 자신을 계시하는 역동적인 방법이다. 우리가 하나님의 형상을 닮았기 때문에, 이것은 가르치는 기술을 포함하여 하나님의 세계에서 배우는 모든 것에서 하나님께 반응할 특권과 의무 둘 다를 우리가 가지고 있음을 의미한다. 가르치는 기술은 교사가 자신이 가지고 있는 가치 체계에 첨가할 수 있는 단순한 객관적인 기술이 아니다. 가르쳐지는 기술들은 창조되었고, 따라서 하나님을 계시한다. 그 기술들은 하나님과의 관계에서 특별한 삶을 위하여 우리를 부른다. 이 장에서는 이러한 관계에 대한 설명을 할 것이다.

두 마음

로마서는 두 마음, 즉 육신의 생각과 영의 생각을 묘사하고 있다(롬 8:1-11). 이러한 각각의 생각은 세상과 세상에 대해 사고하는 방식, 즉 세계관을 포함하고 있다. 또한 각각의 생각은 세상에 존재하는 방법과 하나님과의 관계를 포함한다. 로마서 8장 6절은 육신의 생각은 사망이요 영의 생각은 생명과 평안이라고 말하고 있다. 분명하게 기독교 학교의 교실은 이러한 두 생각 중 어떤 생각이 교사를 지배하느냐에 따라 크게 영향을 받을 것이다. 가르치는 기술의 어떤 정교함도 성령의 생각의 결핍을 보완하지 못할 것이다.

육신의 생각은 하나님으로부터의 독립으로 특징지어질 수 있고 결과적으로 그에게 대항하는 것이다. 이것은 에덴 동산에서의 유혹을 생각함으로서 쉽게 정의될 수 있다. 의심의 눈으로 바라볼 때, 나무의 실과는 보기에 먹음직 하였다. 그것은 즐거움을 약속하였다. 그것은 보기에도 좋았다. 그것은 가지고 싶은 소유물이 되었다. 그것은 지혜를 약속하였는데 그것을 먹는 자에게 능력이 있는 것이다. 물론 이 모든 것은 거짓 약속이었다. 쉬메만은 이것이 하나님께서 인간에게 축복하지 않은 유일한 나무였다고 지적하고 있다. 그들은 동산의 다른 나무를 통해서 하나님으로부터 얻어야 할 것을 그 나무로부터 얻으려고 시도하였다. 결국 그들은 하나님으로부터의 독립을 선포하고 있었다.

육신의 생각에 대한 이런 정의는 마지막 아담인 예수 그리스도의 시험, 즉 순서만 약간 다르지 동산에서의 유혹과 동일한 시험에서 확실해진다. 돌을 빵으로 만들라는 것은 쾌락을 추구하라는 유혹이다. 온 세상을 주겠다는 것은 하나님의 뜻 밖에 있는 소유에 대한 유혹이다. 성벽 위에서 뛰어내리라는 제안은 대중의 호의를 얻는 지름길이다. 이것은 바리새인들이 종종 예수님에게 메시아로서의 표적을 보이라고 요구하는 것과 같은 범주에 속한다. 사도 요한은 이 세 가지 죄에 대하여 반복하여 말하고 있다.

> 이는 세상에 있는 모든 것이 육신의 정욕과 안목의 정욕과 이생의 자랑이니 다 아버지께로 좇아 온 것이 아니요 세상으로 좇아 온 것이라(요일 2:16).

쾌락과 소유 그리고 능력이 다시 언급되고 있다.

성령의 마음

성령의 마음을 명확하게 정의하는 것은 쉬운 일이 아니다. 고린도전서 2장 16절에서 우리는 예수 그리스도의 마음을 가졌다고 말하고 있다. 분명히 그 마음은 성령의 마음인데 왜냐하면 베들레헴의 탄생에서 골고다의 죽음까지 예수님이 행한 모든 것은 성령의 권능 안에서 행해졌기 때문이다(눅 1:35; 히 9:14). 그래서 성령의 마음을 설명하는 방법은 앞에서 세 가지로 정의된 육신의 생각과 주님의 마음을 대조하는 것이다.

첫째, 즐거움에 대한 추구이다. 예수님을 생각하는 사람들의 첫 번째 생각은 예수께서는 즐거워하였다기 보다는 슬퍼한 사람이었다는 것이다. 그는 예루살렘을 바라보며 우셨다. 그는 나사로를 죽음에서 일으키시기 전에 나사로의 친구들을 위하여 우셨다. 그는 "비애의 사람 그리고 슬픔에 정통한 사람"이었다. 그러나 두 번째 생각은 그는 즐거움의 사람이었다. 그 자신의 즐거움이 아니라 그 아버지의 즐거움이었다. "나의 하나님이여 내가 주의 뜻 행하기를 즐기우니 주의 법이 나의 심중에 있나이다 하였나이다"(시 40:8). "예수께서 이르시되 나의 양식은 나를 보내신 이의 뜻을 행하며 그의 일을 온전히 이루는 이것이니라"(요 4:34). 아버지의 뜻을 이루고자 하는 타는 듯한 열망이 그를 슬픔의 사람으로 묘사하게 되는 역설이 있기는 하지만 그의 제자들에게 자신의 깊은 기쁨을 약속하셨다(요15:11). 그때 성령의 마음은 무엇보다도 하나님의 즐거움을 구한다. 그러므로 이것은 우리 생활과 세상에서 죄의 여파로 인한 슬픔의 태도와 하나님 안에 있는 깊은 기쁨을 가지는 태도를 동시에 포함한다.

소유에 대한 예수님의 태도 또한 역설적이다. 그는 가난한 사람이었다. 그는 집 한채 또는 한 평의 땅도 가지고 있지 않았다. 그는 그를 따르는 사람들의 봉헌으로 살았다. 그는 빌린 무덤에 장사되기조차 하였다. 모든 만물을 창조하시고 유지하시는 그가 머리 둘 곳도 없었다. 도리어 그는 가난한 자가 부자가 될 수 있다고 말하고 있다. 무일푼이 되는 것이 거대한 부자가 될 수 있다. 이것은 그리스도인이 모든 것을 버리고 복지 혜택을 받으면서 살아야 한다는 것을 의미하지 않는다. 그것은 돈 때문에 쉽게 빠지게 되는 우상숭배를 거부하라는 요구이다. 우리는 하나님과 돈을 동시에 섬길 수 없다. 예수님은 다음과 같이 말씀하셨다.

> 내가 너희에게 말하노니 불의의 재물로 친구를 사귀라 그리하면 없어질 때에 저희가 영원한 처소로 너희를 영접하리라(눅 16:10).

성령의 마음은 돈을 훌륭한 종으로 그리고 동시에 나쁜 주인으로 여기고 있다. 이러한 마음은 현대 미국인의 소비주의적인 풍조와는 매우 큰 차이가 있다.

마지막으로 육신의 생각은 존재나 능력을 추구한다. 예수님은 능력을 가지고 있었다. 그는 병든 자를 고쳤고, 죽은 자를 살리셨으며, 갈릴리의 바람과 파도도 통솔하였다. 그가 겟세마네 동산에서 체포되었을 때 12군단의 천사들이 그를 방어할 수도 있었다. 그러나 예수님은 그들의 힘을 빌리지 않았다. 그는 빌라도에게 주저함 없이 자신이 곧 예수이며 왕임을 말하였다. 그리고 빌라도의 십자가형이라는 정의롭지 못한 유죄 판결을 받아들였다. 비록 예수님은 능력을 가지고 있었지만 정치적인 방법으로 능력의 사용을 추구한 사람은 아니었다. 그는 극도로 약해져 있었다. 그리고 그의 약함 가운데 그는 사탄과 죽음을 극복하였다. 성령의 마음은 일종의 약함이다. 이것은 우리가 배우기 어려운 교훈이다. 우리는 유한하기 때문에 약하다. 우리는 죄가 있기 때문에 더 약하다. 우리는 능력에 대해 환상적인 매력을 가지고 있기 때문에 우리의 약함을 받아들이기가 어렵다. 그러나 우리의 약함은 하나님께 접근하는데 열쇠와 같은 것이다. 우리는 우리의 강함이 아닌 우리의 약함으로 그에게 나아가는 것을 배울 때까지 하나님의 은혜를 이해하지 못한다. 그의 강함은 우리의 약함으로 온전하게 된다. 우리가 약한 곳에서 그의 힘이 온전해지는 것이다(고후 12:9). 따라서 영의 마음은 모든 면에서 육의 생각과는 정반대이다.

기독교 학교의 가르치는 방법에 대한 또 다른 논의는 성령으로 행하는 것과 관련된 몇 개의 중요한 생활 특성을 찾아 보고, 기독교 학교의 교실에서 성령으로 행하는 것의 중요성을 생각해보는 것이다. 기독교적 가르침을 위한 근본적이고 바꿀 수 없는 자격 요건이 있다. 위에서 제시한 것처럼 그리스도인 교사는 무엇보다도 겸손한 사람이어야 한다. 신약에서 그리스도의 겸손과 높임이 가장 강도있게 나타난 빌립보서 2장 5절에서 11절은 빌립보 교인들에게 겸손이 높임이 되었다고 말하고 있다. 산상수훈에서 예수님은 그 나라 백성의 첫째 특성으로 심령이 가난한 자, 또는 겸손한 자를 들고 있다. 우리의 타고난 죄성을 가슴 아프게 깨닫는 것이 우리를 겸손하게 한다.

행복이 하나님의 뜻에 순종한 결과라면 겸손은 회개의 결과이다. 그리고 회개는 그리스도인에게는 계속적인 특성이고, 회개 없이는 우리의 가르침의 노력에 하나님의 축복을 기대할 수 없다. 어원적으로 회개는 마음을 돌이키는 것이다. 로마서 12장 1절과 2절은 우리로 이 세상을 본받지 말고 마음을 새롭게 함으로 변화를 받으라고 권고하고 있다. 이는 회개하라는 촉구이다. 옛날 어떤 청교도 목사는 삼손이 눈이 멀어 곡식을 가는 맷돌을 돌리고 있을 때 그의 머리가 다시 자라기 시작했고 그의 회개도 그의 머리와 함께 자랐다고 말하고 있다. 그래서 회개는 모든 것을 통한 우리 삶의 계속적인 특성이다. 회개는, 우리의 약함을 깊게 인지하고 있어야 하기 때문에 쉽지 않지만, 풍성한 축복이 따른다. 회개 없이는 기독교적인 가르침에 대한 우리의 노력은 온전하지 않을 것이다.

그러나 겸손은 그리스도 안에 있는 하나님의 사랑으로 심오해질 것이다. 우리의 교만과 자기 중심성은 그리스도의 성육하심에 대항하여 끊임없이 우리를 거스린다. 우리의 과업은 우리가 달성했다고 생각하는 겸손의 정도에 몰두하는 것이 아니다. 우리가 겸손의 중요성을 깨달을 때 우리는 그리스도에게 집중하게 되고, 이것이 최선의 방법인 것이다. 우리의 필요에 대해 그리스도의 깊은 사랑과 은혜를 깨달을 때 우리의 겸손은 깊어간다. 그래서 우리를 있는 그대로 받아들인 그에 대한 우리의 사랑이 또한 자라게 된다. 이러한 일들이 발생될 때 교실에서는 다른 분위기가 조성될 것이다.

겸손은 성령의 마음인 사랑이라고 하는 또 다른 특성에 도달하게 한다. 고린도전서 13장에서 바울은 성령의 은사를 말하면서 사랑의 중요성을 강조한다. 그는 사랑 없이는 방언이나 신비한 지식, 그리고 믿음 조차도 아무 가치가 없다고 말하고 있다. 그는 13장에서 믿음, 소망, 사랑은 항상 있을 것인데 그중에 제일은 사랑이라고 결론짓고 있다.

바울이 사랑에 대해 의미하고 있는 것은 무엇인가? 확실한 것은 육체적인 관계 이상이라는 것이다. 또한 주고 받는 따뜻한 애정 이상이기도 하다. 앞에서 사랑을 "당신을 위한 나의 삶"으로 정의하였다. 이 의미는 예수님을 살펴봄으로써 분명해 지는데, 그는 자신을 불의한 우리를 위하여 주셨고 우리를 하나님께 인도하셨다. 교실에서 사랑의 중요성은 불가피한 것이다. 사랑은 다음 장에서 다뤄질 것이지만 배움과 가르침에서 본질적인 것이다. 그리스도인 교사의 마음과 가슴에 사랑이 없다면 학생들로 하여금 하나님과 이웃에 대한 깊은 사랑을 경험케 하거나, 그들이 공부할 때 기독교적인 삶의 성장을 경험케 할 수 없다.

믿음은 또 다른 성령의 마음이다. 그리스도인 교사가 원하는 것은 삶과 세상에 대한 대안적인 견해로 그의 학생들을 양육하는 것이다. 그러나 이것은 성령의 역사로 가능하다. 교사는 가끔 몇몇 학생들이 매우 발전하고 있음을 확인하게 된다. 그러나 많은 경우에 열매는 오랜 시간이 지난 뒤에 얻게 된다. 제공된 지도와 본보기가 학생들에게 받아들여져서 성숙한 그리스도인의 삶과 비전을 갖는데 10년이나 15년이 걸릴지도 모른다.

그래서 기독교 학교 교육을 위해서는 믿음이 있어야 한다. 믿음이 없이는 교사에 의해 뿌려진 씨앗에 물을 뿌려줄 기도자를 찾을 수 없다. 믿음이 없다면 교실은 마땅히 되어야 할 장소가 되지 못할 것이다.

또 다른 성령의 마음은 희망이다. 희망은 과거보다는 오늘날 더욱 필요하다. 계몽주의의 약속은 거짓으로 판명되었다. 생활방식에 있어 육체적인 편리함은 측량할 수 없을 만큼 개선되었지만, 20세기의 어떤 시대보다도 더 사탄적이다. 결과적으로 대부분의 현대인들은 희망을 잃고 있다. 그러나 희망은 복음에서 매우 뚜렷한 요소이다. 예수 그리스도가 약함 가운데 죽었고, 제자들은 그들의 희망이 완전히 꺾였다고 생각했다. 그렇지만 그는 죽음에서 부활하였고, 승리의 희망 가운데 복음이 서구 세계에 퍼져나갔다. 최근 교회는 희망의 상실로 휘청거리고 있다. 이것은 계몽주의가 너무 만연하기 때문이다. 그러나 기독교적 희망은 변하지 않았다. 그리고 희망은 그리스도인 교사의 뚜렷한 특징이어야 한다.

무엇이 이 모든 것을 다르게 만드는가? 처음부터 우리는 학생들이 마치 예수님인 것처럼 보는 법을 배워야 한다(마 18:5). 물론 그들은 예수 그리스도는 아니지만, 우리는 그들의 모습 그대로 그들을 받아들이도록 명령받았다. 그것은 오직 하나님의 사랑이 성령에 의하여 우리의 마음에 부어질 때 가능하다. 그리고 우리가 성령의 마음을 경험할 수 있을 때, 성령의 열매가 교실에 나타날 것이다. 성령의 열매인 사랑, 희락, 화평, 오래 참음, 자비, 양선, 충성, 온유와 절제가 모든 교실의 분위기를 바꿔놓을 것이다. 이 변화는 관대함을 의미하지 않는다. 사랑은 부드러울 뿐 아니라 강인하다. 그러나 성령께서 우리의 마음을 더욱 지배하게 될 때, 그는 또한 학생들의 마음에서 역사하실 것이다. 그때 가르침의 목표는 우리 자신의 생활과 학생들의 생활에서 사실적인 정보를 습득하는데서 반응적인 제자도를 기르는 쪽으로 바뀌어 갈 것이다. 아마도 가장 놀라운 변화를 일으키게 하는 것은 학생들과 함께 제자도를 기르기 위한 여행을 떠나는 것이다. 학생들이 교사인 우리들도 아직 배우고 있다는 것을 깨달을 때, 학생들에게 놀라운 발전이 생기는 것 같다. 성령의 마음은 성령의 임재와 축복으로 이끈다. 우리가 교수 방법을 향상시키기 위해 무엇을 더 희망할 수 있겠는가?

19장 학습에서 사랑의 위치

　실제로 기독교 학교 교육은 큰 다이아몬드와 같다. 기독교 교육의 많은 측면들 중 하나는 학습에서 사랑의 장소이다. 사랑은 학습에서 중요한 부분인가? 우리는 보통 그렇게 생각하도록 배우지 않았다. 우리 대부분이 경험한 세속적인 학교 교육은 사실과 기술에 관한 것이었다. 사랑은 사실이나 기술과 잘 연관되어 있지 않다. 우리는 사랑을 정서적인 것으로 생각하며, 세속적인 세계에서 정보는 정서적인 것이 아니다. 학교에서의 학습과 사랑을 어떻게 연결시킬 수 있다고 생각하는가?
　앞장에서 기독교 학교의 과업은 학생들이 우리를 둘러싸고 있는 현 세계의 의식과는 다른 대안 의식을 가지도록 격려하는 것이라 제안하였다. 사실, 현 세계의 의식은 우리를 둘러싸고 있는 것 이상이다. 그것은 우리에게 스며들어서 우리로 하여금 그 의식의 생각 패턴과 생활 방식을 따를 때 편안하고 매력적이라고 느끼게 한다. 우리는 종종 그것들에 대한 생각 없이 그 패턴을 따른다. 때때로 그리스도인으로서 우리는 이러한 패턴을 기독교적 생활 방식, 즉 성경에서 읽는 것과 결합시키려고 무척 노력한다. 결과적으로 우리는 다른 두 수준에서 살게 된다. 우리 생활의 일반적인 수준은 의무적으로 해야만 한다고 느끼는 몇 가지 도덕적인 표준을 제외하고는 우리를 둘러싼 세상과 매우 유사하게 보인다. 영적인 수준은 성경을 읽고, 기도하고, 교회에 출석하고, 적극적인 증인으로서 하나님과 진정으로 만나는 곳에서 이루어진다. 이러한 접근은 우리의 일상적인 생활을 예수 그리스도가 아닌 다른 것의 지배 아래 둔다. 우리 시대에 만연된 사고 패턴은 이 사고 패턴이 비그리스도인들을 지배하는 것만큼 우리를 지배하고 있다. 따라서 우리는 이중적인 삶을 살고 있다. 앞장에서 지적한 것과 같이, 이것은 우리로 하여금 우상숭배에 빠지게 한다. 우상숭배는 오늘날 더 이상 하나님을 기쁘게 하지 못한다. 우상숭배라고 생각하지 않는다고 해서 그것을 경감시키지는 않는다.

대안 의식의 필요를 강조하기 위하여 현대인들이 추구하는 삶의 방식을 간략하게 살펴보자. 인간의 마음은 시간이 흘러도 잘 변하지 않기 때문에 우리는 에덴 동산에서 아담과 이브에게 일어났던 일을 다시 살펴봄으로써 알 수 있다(창 3:6). 쉬메만이 말한 것처럼 아담과 이브는 하나님께서 축복하지 않은 나무 옆에 있었다. 그들은 열매가 먹기에 좋아보인다고 생각했다. 즉 그것은 즐거움을 약속했다. 그것은 눈에 보이는 즐거움이었다. 그것은 윈도우 쇼핑에서 가지고 싶은 소유물을 의미한다. 그리고 그것은 사람으로 지혜롭게 할 것 같았다. 그것은 아담과 이브에게 독립적인 능력을 약속하였다. 즐거움, 소유, 그리고 능력은 죄된 것인가? 꼭 그렇지는 않다. 그것들은 피조물을 통하여 하나님으로부터 받는 선물이다. 그것들은 피조물을 통해 하나님으로부터 주어진 것인데 우상숭배는 피조물로부터 그것을 직접 획득하는 것이다. 그것들이 피조물을 통해 하나님으로부터 주어졌다기보다는 피조물 안에 있는 무엇으로부터 주어질 수 있다고 가정하는 것은 하나님의 자리에 피조물의 한 조각으로 대체하는 것이고, 이것이 곧 우상숭배이다. 그리고 우상숭배는 늘 그것에 빠져버린 사람들을 짓밟는다. 우상숭배는 알코올이나 마약 같이 중독적이다.

우리의 첫 조상이 그 열매를 따서 먹기 시작할 때, 그들의 의식은 변하였다. 그들은 하나님과 분리되고 서로 이간되었다. 창조된 세계조차 그들 때문에 문제가 되었다. 사랑은 서로를 불신하는 것과 하나님을 싫어하고 땅과 동물과 반목하는 것으로 대체되었다.

오늘날 사람들의 의식이 타락 이후 아담과 이브의 의식과 어떻게 다른가? 즐거움은 아직까지도 첫 번째 목표이다. 휴가를 위한 엄청난 양의 광고를 생각해보라. 소유물은 값이 매겨져 있다. 우리 사회는 소비자 사회가 되었다. 능력은 우리에게 매력적이다. 우리는 사물을 통제할 능력을 추구하고 사람들을 우리의 유익을 위하여 교묘히 다룬다. 그러나 우리가 이러한 즐거움, 소유물, 그리고 능력들을 피조물을 통하여 하나님으로부터 찾지 않고 오직 피조물로부터 찾기 때문에 우리가 바라는 이것들이 사라져 버린다. 이 세상을 떠날 때 우리 손가락에서 빠져나갈 것들을 추구하면서 우리는 삶을 낭비하고 있는 것이다.

성경적 대안 의식은 무엇과 같은가? 예수님의 삶이 그것을 말해주고 있다. 그는 자신의 즐거움을 추구하는 대신, 아버지의 즐거움을 추구하였다. 그는 소유라는 무거운 짐을 지고 있지 않았다. 그는 겉옷 한 벌만을 가지고 있었다. 그리고 12군단의 천사가 그를 외로운 죽음의 고통으로부터 지킬 수 있었지만 그는 사용하지 않았다. 그는, 부활의 때에 영원한 권력과 주권으로 생명을 다시 갖기 위하여, 약함 가운데서 삶을 포기하였다.

만약 이것이 기독교 학교 학생들이 개발하려는 대안 의식이라면, 이것을 어떻게 읽기, 쓰기, 산수와 연결시킬 수 있을까? 세속적인 세계는 교육과정에서 사실들은 가치 중립적이며 도덕적인 문제와 무관하다고 생각하고 있다. 성경은 이것을 부인한다. "사실들"은 자신을 우리에게 계시하기 위한 수단으로 하나님께서 창조한 것이다. 그들이 계시한 하나님은 사랑의 하나님이다. 만약 그렇다면 사랑은 무엇보다도 먼저 학교 학습과 관련되어야 한다.

사랑은 무엇인가?

오늘날 "사랑"이라는 단어는 온 몸에 타르를 칠하고 새 털을 씌워 놓은 것과 같다. 사랑은 무관한 많은 문제들에 연유되어 있어서 더 이상 그 자체로 보여지지 않는다. 그러면 어떻게 사랑을 정의할 것인가? *The Four Loves*에서 C. S. 루이스는 인간 이하의 것들에 대한 우리의 선호를 논의한 후에 인간의 사랑을 네 가지 범주, 즉 애정(affection), 우정(friendship), 에로스(eros, sexual love, 육체적인 사랑), 그리고 자비(charity, love for God, 하나님에 대한 사랑)로 묘사하였다. 현대 서구 사회는 사랑을 성적인 매력과 매우 혼돈하고 있어서 에로티시즘과 동일시하고 있다. (현대성에 깊이 빠져든 마음에게는) 이상하게도, 에로스(eros)라는 단어는 헬라어로 기록된 신약에서조차 나타나지 않는다.

우리의 죄악에 의하여 뒤틀리지 않는 곳에서는 사랑이라는 단어가 누군가 또는 무엇을 위하여 기꺼이 희생한다는 의미인 것 같다. 사랑은 생명보다도 어떤 물건이나 사람을 소중히 여기고 가치있게 여긴다는 생각을 전달한다. 따라서 예수님은 우리가 아버지, 어머니, 아내, 그리고 생명조차도 미워하지 않으면, 우리는 그의 제자가 될 수 없다고 말한다(눅 14:26). 이것은 모질고 복수적인 감정의 형태로서 미움을 의미하는 것이 아니다. 그것은 우리가 세상에서 다른 어떤 것보다도 그리스도를 구원의 주님으로 가치있게 여겨야 한다는 것을 의미한다.

신약은 이 정의를 지지한다. 성경에서는 필레오(Phileo)와 아가파오(Agapao)라는 단어가 사랑을 위해 대부분 사용되었다. 전자는 "형제 사랑의 도시"를 의미하는 필라델피아라는 이름에서처럼 우정의 개념을 가지고 있다. 후자는 흔히 자기 희생적이라는 의미를 가진다. 구약 성경에서는 사랑의 어원을 성적인 매력에서 찾을 수 있는 반면, 신약 성경에서는 그 단어를 더 이상 그러한 방법으로 정의하지 않는다. 사랑은 하나님과 사람 모두에게 속한 것으로 사용되고 있고, 각 경우에서 희생을 포함하고 있다. "하나님이 세상을 이처럼 사랑하사 독생자를 주셨으니"(요 3:16). "사람이 친구를 위하여 자기 목숨을 버리면 이에서 더 큰 사랑이 없나니"(요 15:13). 톰 하워드는 "당신을 위한 나의 삶"으로 사랑을 정의하면서, 전 생애를 통하여 이 원칙을 지킬 수 있는 방법에 주의를 기울일 것을 요청하고 있다(*Hallowed Be This House*).

삶에서 사랑의 자리

자동차 범퍼에 "나는 노스트롬(미국의 유명한 백화점 중 하나: 역자주)에서 쇼핑하고 있다"거나 혹은 "나의 다른 승용차는 BMW이다" 또는 "많은 장난감을 가지고 죽는 사람이 이긴다"라고 붙이고 다니는 사회에서 삶의 궁극적인 목표가 소유물에 있다는 것은 당연하다. 그러나 인간의 삶에 대한 성경의 정의를 대충 검토한다고 할지라도 이것은 옳지 않다. 예를 들면, 신명기의 "위대한 쉐마"로 알려진 부분을 읽어보자

> 이스라엘아 들으라 우리 하나님 여호와는 오직 하나인 여호와시니 너는 마음을 다하고 성품을 다하고 힘을 다하여 네 하나님 여호와를 사랑하라 오늘날 내가 네게 명하는 이 말씀을 너는 마음에 새기고 네 자녀에게 부지런히 가르치며 집에 앉았을 때에든지 길에 행할 때에든지 누웠을 때에든지 일어

날 때에든지 이 말씀을 강론할 것이며 너는 또 그것을 네 손목에 매어 기호를 삼으며 네 미간에 붙여 표를 삼고 또 네 집 문설주와 바깥 문에 기록할지니라(신 6:4-9).

분명히 거룩한 이스라엘 백성들에게 삶의 중심적인 문제는 오락이나 금전적인 성공 또는 사치스러운 생활양식이 아니라 매일 가정 생활의 모든 면에서 이행되어야 할 하나님에 대한 사랑이었다. 신약에서도 다르지 않다. 한 율법사가 예수에게 가장 큰 계명이 무엇인지 물었을 때, 예수께서는 다음과 같이 대답하셨다.

네 마음을 다하고 목숨을 다하고 뜻을 다하여 주 너의 하나님을 사랑하라 하셨으니 이것이 크고 첫째되는 계명이요 둘째는 그와 같으니 네 이웃을 네 몸과 같이 사랑하라 하셨으니 이 두 계명이 온 율법과 선지자의 강령이니라 (마 22:37-40).

새 계명을 너희에게 주노니 서로 사랑하라 내가 너희를 사랑한 것 같이 너희도 서로 사랑하라 너희가 서로 사랑하면 이로써 모든 사람이 너희가 내 제자인줄 알리라(요 13:34-35).

고린도전서 13장은 삶에서 사랑의 중요성을 강조하고 있다. 성령의 은사를 설명하는 12장과 14장 사이에 있는 13장에서 바울은 사랑의 중요성을 더욱 열정적으로 이야기하고 있다. 그는 사랑이 어떤 은사보다도 중요하다고 말하고 있다. 사랑은 가장 뛰어난 지혜보다도 우월하고 박애나 순교보다도 중요하다. 세 가지 최고의 미덕인 믿음, 소망, 사랑 중에서 "제일은 사랑이다." 이것은 마치 영국 시인이 "하나님은 우리로 사랑을 배우게 하기 위하여 여기 잠시 머물게 하셨다"라고 말한 것이 옳은 것처럼 들린다. 만약 그리스도인으로 고백한 우리가 모든 인간 관계나 활동 그리고 삶에 대한 이해에서 사랑을 첫째로 놓는다는 것이 무엇을 의미하는지 배우고 실행한다면, 우리는 오늘날의 자기 중심적인 사회에서 놀라운 영향을 주게 될 것이다.

사랑의 근원과 패턴

사랑의 근원과 형태는 의심할 것 없이 성 삼위일체이신 아버지와 아들과 성령 안에 있는 사랑이다. 삼위일체의 본성과 서로에 대한 관계는 우리에게 불가사의한 신비로 가려져 있지만, 우리는 삼위일체에 대해 조금은 알고 있다. 예를 들면, 성 삼위는 조금의 조건도 없이 서로를 사랑한다. 각각은 다른 분에게 전적으로 자신을 준다. 우리가 다른 사람들에게 우리 자신을 숨기는 것처럼 그들에게는 가면을 쓰거나 뒤에 숨기는 것이 하나도 없다. 우리가 독립을 선포하고 우리와 하나님 그리고 서로간의 관계가 깨어진 이후로 우리는 우리 자신이 약한 존재라는 두려움으로부터 자신을 방어하려고 애쓰고 있다. 삼위일체께서는 이런 일이 전혀 없다. 삼위일체 안에는 측량할 수 없는 사랑이 흐르고 서로가 자신을 주는 일만 있을 뿐이다. 우리는 자신을 방어하는 노력에 매우 익숙해져 있어서, 서로에 대한 이런 종류의 총체적 약점은 우리에게 이해되지도 않으며 매력적이지도 않게 되었다. 하나님과의 거룩한 교제의 순간에만 우리는 그것을 짧게 그리고 부분적으로 이해할 수 있다.

그러나 성경은 하나님께서 은혜로 말미암아 우리에게 그의 사랑을 부어주신다고 약속하고 있다. 로마서 5장 5절에서 "… 우리에게 주신 성령으로 말미암아 하나님의 사랑이 우리 마음에 부음바 됨이니"라고 말하는 것처럼 이러한 종류의 사랑은 영광의 풍요함이다. 죄로 타락한 이후로 사랑은 우리에게 자연스럽지 않게 되었다. 사랑은 하나님으로부터의 선물이다. "우리가 사랑함은 그가 먼저 우리를 사랑하셨음이라"(요일 4:19).

사랑과 학습

이제 우리는 사랑과 학습의 본질적인 관계를 생각할 준비가 된 것 같다. 여기에는 적어도 세 가지 개념이 있다. 첫째는 하나님께서 사랑하시기 때문에 피조물이 유일하게 참이라는 것이다. 둘째는 사랑 없이는 참 인간의 지식은 불가능하다는 것이다. 셋째는 사랑은 학습에서 형성능력(formative power)을 갖는다는 것이다.

하나님께서 사랑하시기 때문에 피조물이 유일하게 참이다. 창세기 1장은 하나님께서 그의 피조물을 좋게 보셨다는 것을 거듭 말하고 있는데(창 1:10, 12, 18 등), 그것은 하나님께서 피조물을 사랑하셔서 존재케 하셨다는 뜻이다. 하나님께서는 그가 만드신 것을 좋아하셨다. "그때에 새벽 별들이 함께 노래하며 하나님의 아들들이 다 기쁘게 소리하였었느니라"(욥 38:7). 그것은 행복한 축제였다! 이 개념은 종종 인식되는 것보다 성경을 통하여 더욱 깊어간다. 하나님은 야생 동물들을 먹이신다. 그는 백합꽃에 옷을 입히신다. 그는 땅에 비를 내리시고, 결과적으로 곡식을 생산케 하신다. 이렇게 행하심은 그가 그의 피조물을 사랑하시기 때문이다. 창조는 그의 사랑의 표현이고, 창조적인 말씀이다. 그것은 단지 무관심한 힘의 결과가 아니라 사랑의 결과이다. 예를 들면, 루이스는 "아무것도 필요하지 않으신 하나님께서 전적으로 불필요한 피조물들을 사랑하셔서 존재케 하신 것은 그가 그들을 사랑하고 완전케 하기 위함이다"(*The Four Loves*, p. 176)라고 말하고 있다.

로버트 케이폰은 양파의 아름다움이 하나님의 영광을 드러내는 방법을 강조한 장에서 다음과 같이 덧붙여 말한다.

> 지금 당신은 적어도 흐릿하게나마 피조물의 독특성은 심술궂은 애인에 의해서가 아니라 계속적인 창조적 지지와 효율적인 관심의 결과라는 것을 알게 되었다. 따라서 그는 양파를 양파 그 자체로 좋아한다. 그 적합함, 색깔, 냄새, 팽팽함, 맛, 질감, 선, 그 모양새는 순무의 뿌리와 같이 양파가 되라는 오래 전의 명령에 대한 반응이 아니라 그의 현재의 즐거움, 즉 우리가 보아온 모든 것에 있고 당신이 의심해 보지 않은 수많은 다른 경이로움 가운데 있는 그의 심오하고 즉각적인 기쁨에 대한 반응이다. 양파는 베드로와 같이 '주님, 우리가 여기에 있는 것이 좋사오니'라고 말한다. 하나님은 좋다라고 말씀하신다. 그래, 매우 좋다(*The Supper of the Lamb*, p. 15-16).

우리 주변에 있는 세계는 하나님께서 그것을 사랑하시기 때문에 참이다. 그의 사랑은 처음 창조가 오래 전 일이라고 느끼고 그 이후로 타락을 허용하는 그러한 것이 아니다. 그는 오늘날에도 창조세계를 존재의 매 순간마다 사랑하신다. 우리가 "그의 능력의 말씀으로 만물을 붙드시며"(히 1:3)라고 고백할 때 이것이 포함되어야 한다. 피조물에 대한 하나님의 사랑은 만물을 계속 지키시고 만물을 참되게 만드신다. 만약 이것이 사실이고 만물이 하나님을 계시하고 있다면, 그의 형상을 닮은 우리는 책임을 가지고 있다. 우리는 하나님의 손으로부터 세상을 받아들일 뿐만 아니라, 우리가 그것을 하나님과 이웃을 사랑으로 섬기기 위하여 다룰 때 그에게 돌려드려야만 한다. 이것은 우리가 사랑하지 않으면 진실로 만물을 알 수 없다는 것을 의미한다.

두 번째 단계는 참 인간의 지식은 사랑 없이는 불가능하다는 것이다. 예를 들면, 바울은 다음과 같이 말한다.

> 내가 기도하노라 너희 사랑을 지식과 모든 총명으로 점점 더 풍성하게 하사 너희로 지극히 선한 것을 분별하며 또 진실하여 허물 없이 그리스도의 날까지 이르고 예수 그리스도로 말미암아 의의 열매가 가득하여 하나님의 영광과 찬송이 되게 하시기를 구하노라(빌 1:9-11).

바울은 다음과 같이 기도한다.

> 믿음으로 말미암아 그리스도께서 너희 마음에 계시게 하옵시고 너희가 사랑 가운데서 뿌리가 박히고 터가 굳어져서 능히 모든 성도와 함께 지식에 넘치는 그리스도의 사랑을 알아 그 넓이와 길이와 높이와 깊이가 어떠함을 깨달아 하나님의 모든 충만하신 것으로 너희에게 충만하게 하시기를 구하노라(엡 3:17-19).

또 골로새서는 그리스도를 아는 지식으로부터 오는 이해에 대한 풍부한 확신을 말하고 있다. "그 안에는 지혜와 지식의 모든 보화가 감춰어 있느니라"(골 2:3). 계몽주의적인 사고의 영향권 아래에서 현대 교회는 이원론적이고 우상숭배적인 해석으로 이와같은 구절들은 단지 "영적인" 또는 신학적인 지식을 언급한 것이지 일상적인 지식을 언급한 것은 아니라고 결론을 내렸다. 어떤 것도 진리로부터 더 멀게 할 수 없고 또 더 이상 위험할 수도 없는데, 그 이유는 이러한 생각은 일상적인 것을 아는데 있어서 어리석고 허망한 방법으로 우리를 감금하고 있기 때문이다.

사랑은 학교 교육과 어떻게 관련이 있는가라는 질문에 대한 대답은 참 지식은 사랑을 떠나서는 불가능하다는 것이다. 이 개념을 이해하기 위해서 우리는 지식에 대한 우리의 정의를 수정할 필요가 있을지도 모른다. 성경은 진리가 말씀의 능력으로 만물을 순간 순간 붙드시는 하나님의 아들이라고 말하고 있다(요 14:6; 히 1:3). 진정한 인간의 지식은 임의적으로 수집한 가치 중립적인 사실들을 단순히 뒤범벅한 것은 아니다. 우리가 아는 것은 그리스도에 의해 모든 것이 창조되었고 유지되고 있으며, 그들이 하나님을 계시하기 위해 만들어진 이래로 어떤 참 지식도 그에게 반응하여야 한다는 것이다. 제일 큰 계명은 이러한 반응이 사랑임을 보여준다. 사랑과 학습은 함께 결합되어야 한다. 오직 죄가 그 둘을 갈라놓고 자연스럽게 학습은 사랑과 아무런 관련이 없다고 생각하는 황폐한 곳으로 우리를 이끈다.

고린도전서 12장의 끝부분에서 다음에 나올 유명한 13장을 준비하면서 바울은 사랑을 "제일 좋은 길"로 묘사하고 있다. 이에 대해 반 룰러는 다음과 같이 언급한다.

> 사랑은 제일 좋은 길이고 삶이 제때에 있게 하는 길이고, 임시적이고 창조적인 실재를 통과하는 길이다. 오직 사랑의 길만이 진정한 삶, 실재에서의 삶을 가능하게 한다. 왜냐하면 사람은 오직 그가 그것을 사랑할 때 진정으로 실재를 경험할 수 있기 때문이다(The Greatest of These Is Love, p. 7).

이것은 급진적인 생각이다. 좀더 조심스럽게 사랑이 제일 좋은 길이라는 생각이 정당하다는 것을 살펴보자. 가장 큰 계명은 우리가 하나님을 사랑하는 것이다. 신명기 6장 5절은 마음과 성품과 힘을 다하여 하나님을 사랑하라고 말하고 있다. 마태복음 22장 37절은 우리의 마음(heart), 목숨

(soul), 뜻(mind)을 상세히 설명하고 있다. 지금 지식은 학습의 결과이다. 모든 영역에서 참 지식은 피조물이 하나님을 계시하고 있기 때문에 반응적이어야 하고, 하나님에 대한 우리의 반응은 마음을 다한 사랑이어야만 한다. 만약 하나님이 자신이 창조한 것을 사랑한다면, 우리 역시 피조물을 사랑하지 않고서 그리고 피조물을 통하여 하나님을 사랑하지 않고 그의 창조세계를 진정으로 이해할 수 있을까? 우리는 피조물을 "자연 법칙"에 의하여 지배되는 단순한 원자와 분자로 생각하고 있고, 우리 자신의 이기적인 목적을 위하여 사용하는 것에 매우 익숙해져 있기 때문에 학습에서 사랑의 개념은 이해하기 어려운 것이다. 그러나 학습에서 사랑에 대한 독려는 기독교 학교 교육의 주춧돌들 중의 하나이다.

이것이 의미하는 것은 우리가 실재를 하나님과 연관시키지 않는다면 진정으로 실재를 이해할 수 없다는 것이다. 우리는 하나님에 대한 경외, 사랑, 찬양을 통하여 그리고 피조물을 통하여 하나님과 이웃을 위해 사랑으로 봉사함으로써 실재를 이해할 수 있다. 가치 중립적인 사실을 아는 것이 참 지식은 아니다. 반 룰러는 또 다시 이렇게 말한다.

> 사랑의 소유는 인간이 존재할 수 있고 행할 수 있는 모든 것을 결정한다. 사랑은 인간을 충만하게 하고 가득 채우는 실재이다. 사랑이 부족한 곳에서 모든 존재는 공허하다. 비록 그것이 사물들로 포장되어 있다 할지라도 공허하다(*The Greatest of These Is Love*, p. 9).

그리고 그는 계속해서 덧붙인다.

> 사랑이 만물에 생명을 부여한다. 그것은 생명 이상의 것을 부여한다. 그것은 실재를 부여한다. 사랑은 창조한다. 사물들은 오직 사람들이 그들을 사

랑할 때 실재와 가치를 받아들인다. 세상은 사랑을 받을 때, 그것이 창조되었던 것처럼, 창조된다. 하나님은 자신이 세상을 창조하셨다고 말씀하신다. 이것은 그가 세상을 사랑하였기 때문이다. 사랑 안에서 그리고 사랑을 통하여 세상은 실재하게 되었다. 사람은 지금 하나님의 이러한 창조적인 활동을 공유하도록 부름을 받고 있다. 사람 역시 하나님의 피조물들을 사랑하기 시작하여야 한다. 오직 그래야만 피조물들이 사람에게 참이 된다. 그리고 사람 역시 공허한 소리 이상의 것이 된다(Ibid., p. 11).

이와같은 말은 우리에게 잘 이해가 되지 않는다. 그 이유는 피조물들을 금전적인 가치로 생각하도록 배워왔기 때문이다. 우리는 완벽한 소비자들이다. 그러나 우리는 이러한 마음을 가지고 객관적이고 사실적인 의미에서 전 세계를 얻고 우리 자신의 영혼을 잃게 되는 절망적인 위험 가운데 있다.

반 룰러와 같은 주장들을 통하여, 사랑과 학습간의 불변의 관계는 우리의 마음에서 구체화되기 시작한다. 피조물은 우리를 하나님과 만나게 해 준다. 만약 우리가 창조에 관한 과학적인 사실을 가치 중립적인 의미에서 알고 있고 하나님과 진정한 만남을 가지고 있지 않다면, 우리는 실제로 피조물을 전혀 알지 못한다. 그것에 대한 우리의 이해는 공허하고 가치가 없는 것이지만 지식에 대한 현대적 개념에는 잘 들어맞는 것인지도 모른다. 이러한 식의 앎이라는 것은 껍질은 거두고 알곡은 내다버리는 것이다. 사랑은 배움의 기초이다. 사랑 없이는 순전하게 모든 것을 배우고 아는 것이 불가능하다. 만약 이러한 깨달음이 우리에게 있고 우리의 가르침에서 표현된다면 기독교 학교 교육에서 어떤 일이 일어날까?

사랑과 학습의 관계에서 세 번째 개념은 사랑의 형성 능력이다. 오직 사랑만이 우리를 긍정적인 방향으로 변화시킨다. 우리의 생각과 이해력과 성격은 사랑에 의해 형성된다. 만약 우리가 우리의 죄가 잊혀진 바 되고 우리의 심령이 하나님께 끌린 바 된 그리스도인이라면, 이것은 전적으로 우리를 위한 하나님의 사랑으로 인한 것이다. 예수님은 나사로를 사랑하셔서 무덤에서 나오게 하셨다. 그는 같은 일을 우리를 위해서도 하신다. 우리는 하나님의 사랑으로 형성되었기 때문에 그리스도인으로 존재한다.

> 하나님이 우리를 사랑하시는 사랑을 우리가 알고 믿었노니 하나님은 사랑이시라 사랑 안에 거하는 자는 하나님 안에 거하고 하나님도 그 안에 거하시느니라 … 우리가 사랑함은 그가 먼저 우리를 사랑하셨음이라(요일 4:16, 19).

기독교 가정과 교회 뿐만 아니라 기독교 학교에 적용될 이 주제에 대한 당연한 결론이 있다. 어린이들은 그들 부모와 교사들의 사랑을 통하여 형성된다. 하나님의 사랑은 직접적으로 이루어질 뿐만 아니라 교사를 통하여서도 행하여진다. 하나님께서는 우리의 사랑을 사용하셔서 사람이 한 존재로 모양을 갖추도록 하신다. "우리가 이 계명을 주께 받았나니 하나님을 사랑하는 자는 또한 그 형제를 사랑할찌니라"(요일 4:21). "… 우리에게 주신 성령으로 말미암아 하나님의 사랑이 우리 마음에 부은바 됨이니"(롬 5:5). 진정한 가르침과 배움 모두 사랑을 떠나서는 가능하지 않다. 인간 사랑의 이러한 형성적인 기능은 가정에서 뿐만 아니라 교실에서도 일어나야 한다. 이곳이 어린이들이 사랑을 배우고 나누는 최초의 통로이다. 따라서 사랑은 참된 가르침과 참된 학습 모두로부터 분리될 수 없다. 반 룰러는 이 주제를 더 깊이 다루고 있다.

나는 사랑 안에서 살 뿐만 아니라 사랑이 나를 보호한다. 사랑은 나를 보호할 뿐만 아니라 나의 이웃을 보호한다. 그리고 나의 이웃 뿐만 아니라 모든 것을 보호한다. 내가 나의 친구를 발견한 것은 하나님의 사랑 안에서이다. 내가 모든 창조된 실재를 발견한 것은 하나님의 사랑 안에서이다(The Greatest of These Is Love, p. 10).

다른 이들도 사랑과 학습간의 본질적인 관계를 증거하고 있다. 파커 팔머는 『가르침과 배움의 영성』에서 이 주제를 하나님이 사랑 가운데서 우리를 아심 같이 우리도 사랑 안에서 그와 그의 피조물 그리고 서로를 아는 것은 당연하다고 설명한다. 우리는 어떤 다른 방법으로도 진정으로 인지하는 법이나 효과적으로 가르치는 법을 배울 수가 없다. 사랑을 불어 넣지 않는 모든 지식은 결국 우리 입술에 자갈을 물리는 것이 될 것이다.

첫 원자 폭탄을 만드는 과정을 묘사한 비디오 테이프에 대한 설명에서 팔머는 오늘날의 지식은 두 가지 동기, 즉 호기심과 통제에 의해서 움직여졌다고 지적하고 있다. 호기심은 우리에게 순수한 과학을 부여한다. 통제는 우리에게 기술을 부여한다. 그리고 그는 참 지식에서 일반적으로 무시되지만 본질적인 세 번째 구성요소가 있다고 주장하고 있다. 이것은 동정 또는 사랑의 요소이다. 이 요소를 달성하기 위하여 우리는 실재에 대한 대안적인 사고 방식을 개발할 필요가 있다. 우리는 피조물과 맺으신 언약의 중요성을 인지하여야 한다. 피조물은 끊임없이 하나님의 법에 순종하고 있다. 피조물은 하나님께서 그들을 사랑하시기 때문에 순종한다. 그리고 그의 사랑은 흔들림 없는 순종을 가져올 능력을 가지고 있다. 하나님의 사랑에 의하여 만들어졌고 유지되고 있는 이 세상에서 우리가 세상을 사랑하지도 않고, 세상을 통하여 하나님을 사랑하지도 않으면서 세상을 알 수 있다거나 세상을 알게 하기 위해 다른 사람을 가르칠 수 있다고 생각할 수 있겠는가?

따라서 사랑과 배움 그리고 가르침 모두는 함께 속한 것이다. 교사들은 학생들을 사랑하는 법을 배울 뿐만 아니라 창조된 과목들을 사랑하는 법을 배울 때 효과적으로 가르치는 법을 배울 수 있게 된다. 학생들은 공부를 통하여 하나님을 사랑하는 법과 공부하는 과정에서 서로를 사랑하는 법을 배울 때, 그들은 진정으로 배울 수 있게 된다. 교사와 학생 모두 서로에 대한 사랑으로 그리고 교육과정을 형성하는 창조된 과목들과의 사랑으로 하나님을 알게 되는 기분좋은 가능성을 가지고 있다. 이것은 가르침과 배움이 언제나 부드럽고 쉬울 것이라는 것을 의미하지 않는다. 사랑은 강인할 수 있으며, 강인할 필요가 있다. 그러나 사랑은 본질적인 것이다.

결론

사랑이 학습에서 필수적이라는 사실은 오늘날의 그리스도인들을 위해 필수적인 대안 의식의 또 다른 측면이다. 우리는 폭력적인 세상에서 살고 있다. 프로(종종 아마츄어) 스포츠, 사업, 교육 등 거의 모든 현대 생활에서 경쟁이 격심하고 싸움이 잔인하다. 학교는 일반적으로 젊은 사람들이 이러한 세상에서 바로 서고 승리하도록 준비시키는 의도를 가지고 운영되고 있다.

그러나 여기에 다른 전쟁이 있고 그리스도인을 위한 또 다른 전신갑주가 있다. 에베소서 6장은 그리스도인은 어두움의 세상 주관자들과 대항하여 설 수 있음을 묘사하고 있다. 이것은 에베소서에서 말하고 있는 훈계에 대한 요약이고 결론이다.

그러므로 사랑을 입은 자녀 같이 너희는 하나님을 본받는 자가 되고 그리스도께서 너희를 사랑하신 것 같이 너희도 사랑 가운데서 행하라 그는 우리를 위하여 자신을 버리사 향기로운 제물과 생축으로 하나님께 드리셨느니라(엡 5:1-2).

바울은 그리스도인의 전투는 "혈과 육에 대한 것이 아니요 정사와 권세와 이 어두움의 세상 주관자들과 하늘에 있는 악의 영들에게 대함이라"(엡 6:12)라고 말하고 있다. 그래서 우리는 개인적인 사람들과 싸우고 있는 것이 아니라 우리 사회와 세상의 모양을 만들고 있는 문화적인 힘과 싸우고 있다. 그러나 우리의 전쟁은 오늘날의 격렬하고 경쟁적인 세상과는 전적으로 다른 기반 위에서 일어나고 있다. 이것은 사물을 보는 시각이 다른 데서 야기되고 있다. 이것은 우리 아버지의 즐거움을 찾는 것을 포함하며, 우리의 소유물로부터 자유로와지는 것을 포함하고, 하나님의 강함이 우리의 약함 가운데 완전하게 된다는 배움을 포함한다. 그리스도를 믿는 어린이들의 마음에 이러한 깨달음을 형성시켜주는 것은 사랑을 통해서 달성될 수 있다. 사랑과 학습은 함께 가야만 한다.

20장 가르침에서의 환대

환대는 성경이 우리에게 촉구하는 그리스도인의 은혜이다. "형제를 사랑하여 서로 우애하고 존경하기를 서로 먼저 하며 부지런하여 게으르지 말고 열심을 품고 주를 섬기라. 소망 중에 즐거워하며 환난 중에 참으며 기도에 항상 힘쓰며 성도들의 쓸 것을 공급하며 손 대접하기를 힘쓰라(롬 12:10-13). "감독은 하나님의 청지기로서 책망할 것이 없고 제 고집대로 하지 아니하며 급히 분내지 아니하며 술을 즐기지 아니하며 구타하지 아니하며 더러운 이를 탐하지 아니하며 오직 나그네를 대접하며 선을 좋아하며 근신하며 의로우며 거룩하며 절제하며" (디도 1:7-8).

만물의 마지막이 가까왔으니 그러므로 너희는 정신을 차리고 근신하여 기도하라 무엇보다도 열심으로 서로 사랑할찌니 사랑은 허다한 죄를 덮느니라 서로 대접하기를 원망 없이 하고 각각 은사를 받은대로 하나님의 각양 은혜를 맡은 선한 청지기같이 서로 봉사하라(벧전 4:7-10).

모텔도 없고 맥도날드나 켄터키 후라이드 치킨와 같은 패스트푸드점이 없던 시절에는 다른 사람을 환대를 하는 것이 우선 순위를 차지했다. 그러나 기술과 폭력이 사생활 보장을 위해서 점점 더 가족들과 개인들을 분리시키는 현대 세상에서 환대의 필요성은 감소하는 것이 아니라 증가한다.

"환대"라는 단어는 손님과 관계가 있다. 그것에 대한 독일어 단어는 손님을 위한 우정을 의미한다. 네덜란드에서 그 단어는 손님을 위한 자유를 뜻한다. 분명히 우리는 여기에서 주인과 손님의 관계를 다루고 있다. 그러면 환대는 가르침과 무슨 관계가 있는가?

영속적이며 풍성한 답은 헨리 나우웬의 책인 『영적 발돋음』(Reaching Out)에서 발견된다. 그 책은 나우웬이 영적 생활의 세 측면이라고 부르는 것 - 외로움(loneliness)으로부터 고독(solitude)으로, 적대(hostility)로부터 환대(hospitality)로, 환영(illusion)으로부터 기도(prayer)로 - 을 다루고 있다. 그는 우리 자신과의 관계에서 우리가 그리스도인이 되었을 때에 우리는 외로움으로부터 고독으로 움직이기 시작했다고 제안한다. 다른 사람과의 관계에서 우리는 적대로부터 환대로 그리고 하나님과의 관계에서 우리는 환영으로부터 기도로 움직인다. 여기에서 우리가 고려해야 할 것은 적대로부터 환대로의 움직임이다. 우리는 다른 사람들에게 우리 자신을 드러내는 것을 두려워한다. 왜냐하면 그들이 보는 우리 자신의 어떤 면을 좋아하지 않을까 두려워해서이다. 소비 지향적이며 경쟁적이고 폭력적인 우리 문화는 우리의 두려움을 증폭시킨다. 20세기는 전쟁과 홀로코스트와 인종학살을 통해 1억 8천 7백만명의 사람들을 살상한 기록에 있어서 전무후무한 시기이다. 미국 문화에서 폭력은 빈민굴에서 도시와 변두리까지 점차 번져나가고 있다. 우리는 더 이상 밤이나 심지어 낮에도 두려움 없이 걸어다닐 수 없게 되었다. 어린이들은 학교에서 공포감을 느낀다. 어린이들은 선생님과 친구들을 두려워한다. 그들은 자신을 다른 사람들에게 혜택을 주기 위해 재능을 가지고 오는 환영받는 손님으로 생각하지 않는다.

나우웬이 지적하고 있는 것은 진실한 환대는 두려움을 감소시킨다는 것이다. 그는 부모와 자녀 그리고 교사와 학생의 관계에서 이러한 생각을 발전시킨다. 부모들은 자녀를 소유물로가 아니라 손님으로 생각해야 한다고 그는 부모들에게 제안한다. 아동은 매우 오랫동안 가정에 머물지 않는다. 15살이나 20살에 그들은 보금자리를 떠난다. 부모들은 자녀들의 삶을 위해서 부모의 목표나 방향을 그들에게 강요할 수 있는 권리를 가지고 있지 않다. 부모들은 물론 자녀들에게 사랑하는 것이 무엇을 의미하는지를 가르쳐야 하며, 그들 앞에서 예수님을 신뢰하고 하나님께 헌신하는 삶을 보여주어야 한다. 자녀는 하나님으로부터 그들 자신의 은사를 가지고 온다. 그리고 그것은 그들로 하여금 부모와 다른 직업이나 삶을 선택하도록 이끈다. 부모들의 과업은 자녀를 부모의 결정에 가두는 것이 아니라 하나님의 사랑의 틀 안에서 자녀가 그들에게 가지고 온 은사들을 이끌어 내도록 하는 것이다. 이것은 아마도 잠언 22장 6절의 진실한 요점일 것이다. "마땅히 행할 길을 자녀에게 가르치라 그리하면 늙어도 그것을 떠나지 아니하리라." "마땅히 행할 길"이란 모든 어린이에게 맞는 표준화된 교육 프로그램이 아니라 각 어린이에게 하나님이 주신 은사를 이끌어 내게 하는 독특한 개인적인 방법이다.

교육을 논하면서 나우웬은 교사의 목표를 "정신적이며 정서적인 발달이 일어날 수 있는 자유롭고 두려움 없는 공간"(『영적 발돋움』, p. 60)을 제공하는 것이라고 본다. 칼빈이 제안한 것처럼 학교는 모든 사람의 삶에서 가장 중요한 두 종류의 지식 중 하나인 우리 자신을 아는 지식을 모든 어린이들이 갖도록 격려해야 한다. 그러나 현재 이것은 비극적이게도 학교에서 우선되는 목적이 아니다. 어린이들은 실패나 조롱을 너무도 두려워하여 급하게 진행되는 학교 프로그램에 맞추어 가느라 그들의 마음에서 무엇이 일어나고 있는지를 진지하게 성찰하지 못한다. 기독교 학교조차도 이러한 점을 간과하기 쉽다. 교사로서 우리는 만일 우리가 이상적이라고 생각하는 방식으로 행동하는 학생들을 보면 그들이 내적 성장을 이룰 수 있을 것이라고 생각하는 식으로 우리 자신을 기만한다. 학생들은 우리의 마음을 읽는 데 익숙하다. 그리고 그들은 자주 그들이 우리가 원한다고 생각하는 반응을 만들어 낼 수 있다. 그러나 그들의 내적 성장은 다르게 일어날 수 있다.

교실에서의 환대를 제안하는 것은 문제를 제기한다. 나우웬은 이것을 다음과 같이 설명한다.

> 그러나 학교에서 서로서로 호의를 베푸는 것이 가능한가? 개인의 성장과 발달이 신용을 얻고 생활비를 버는 능력보다 못한 것으로 받아들여지는 사회에 교사와 학생이 살고 있으므로 호의를 베푸는 것은 매우 어렵다. 그러한 생산 지향적인 사회 안에 있는 학교에서 교사와 학생이 처벌이나 보상에 대한 염려나 경쟁과 라이벌 의식 없이 왜 우리가 살고 사랑하고 일하고 죽는가 하는 문제를 제기할 수 있는 시간이나 공간이 없다. … 우리가 환대의 관점에서 가르침을 볼 때 우리는 교사가 지적이며 정서적인 발달이 일어날 수 있는 자유롭고 두려움 없는 공간을 학생들에게 창조하도록 부름을 받았다고 말할 수 있다(『영적 발돋음』, p. 60).

나우웬은 교사가 이러한 종류의 공간을 제공할 수 있는 두 가지 방법 ― 드러내는 것(revealing)과 확인하는 것(affirming) ― 을 논의한다. 학교가 근대 서구에서 발달해 온 것처럼 학생은 주는 것보다 받는데 더 익숙하다. 그러나 각자는 하나님으로부터 주어진 은사를 가지고 학교로 온다. 학생은 줄만한 것을 가지고 있으며, 따라서 그러한 은사를 끌어낼 만한 것을 가지고 있음을 인식하도록 그들을 도와주는 것은 그리스도인 교사의 책임이다. 나우웬은 계속해서 말한다.

> 받을 수 있는 사람이 없으면 우리가 줄 만한 것을 가지고 있음을 결코 믿을 수 없다. 사실 우리는 받는 자의 관점에서 우리의 은사를 발견한다. 타인을 억누르고 통제하려는 욕구로부터 자유롭고, 그들 자신을 학생들이 가지고 오는 뉴스의 수용자로 인정할 수 있는 교사는 은사가 가시화 될 수 있는 것은 수용성에 있다는 것을 발견할 것이다(Ibid., p. 61).

그리스도인으로서 우리는 하나님이 각자에게 은사를 주셨음을 믿는다. 기독교 가정이나 학교에서 하나님이 주신 은사를 인정하고 이끌어내는 것이 우리의 과제이다. 이것이 *A Vision with a Task*에서 저자가 학생들의 은사를 드러내는 것이 학생들로 하여금 책임있는 제자도를 갖도록 이끄는 첫 번째 단계라고 말한 이유이다.

은사를 다루기 위해 필요한 단계가 한 가지 더 있다. 드러난 은사는 확인될 필요가 있다. 우리는 인간으로서 다른 사람에게 노출되는 것을 매우 두려워한다. 이것은 하나님으로부터 독립하려 했던 우리의 죄악에서 비롯된 결과들 중 하나이다. 자신이 은사를 가지고 있다고 믿도록 격려된 학생에게는 누군가가 그 은사들을 다른 사람 앞에서 확인해 주는 것이 중요하다. 만일 이것이 진실하며 애정 어린 관심 속에서 이루어진다면 은사를 주는 자를 힘있게 지지해 줄 것이다

한가지 질문이 이 시점에서 제기될지 모른다. 이 모든 것이 수학, 문법, 역사, 과학과 같은 과목들을 가르치는 것과 무슨 관련이 있는가? 대답은 교육과정으로서의 피조물에 대한 개념에 달려있다. 만일 학교 공부가 가치로부터 자유로운 사실들로 구성되어 있다면, 그 관련성은 일어나지 않는다. 만일 피조물이 실제로 하나님을 계시한다면, 다시 말하여 만일 하

나님이 그 자신을 우리에게 창조계 안에서 계시해 주고 있다면, 그 관련성은 즉각적이며 힘이 있는 것이다. 우리가 가르치는 사실들과 기술들은 우리와 학생들이 하나님의 경외와 사랑을 인식할 수 있는 통로가 될 수 있다. 그리고 그것들을 통하여 우리는 하나님을 사랑하며 봉사할 수 있다. 이것은 그러나 성령에 의지하는 발전이다. 학생들의 은사는 다르다. 그러한 차이들은 하나님을 창조세계 안에서 탐구하고 이해하는 방법에서 차이점을 가져온다. 모든 학생들이 논리적-언어적 방법으로 가장 잘 공부할 수 있는 것은 아니다. 교사는 천천히 그리고 기도하면서 그들의 은사를 이끌어 내려고 노력해야 한다. 학생이 가진 은사의 차이를 더 깊게 인식하면서 그렇게 해야 한다. 우리 자신이 창조세계를 통해 하나님과 교제를 경험할 수 있는 가능성을 경험함에 따라 우리는 우리 학생이 자신의 은사를 표현 할 수 있도록 지도할 수 있을 것이다.

우리가 어린이들에게 그들의 학교 교육을 통해서 성장할 수 있는 여지를 마련해 주는 것에 대해 생각할 때, 마태복음 13장 3절에서 9절에 있는 씨뿌리는 자의 비유를 기억하는 것이 도움이 될 것이다. 어떤 씨들은 새들에 의해 먹혔다. 다른 것은 돌짝 밭에 떨어지고 빨리 싹이 났으나 흙이 얇아 그 싹은 뜨거운 햇빛을 받고 시들었다. 다른 씨들은 가시덤불에 떨어졌다. 그리고 "세상의 염려와 재리의 유혹"이 그 식물을 삼켜 결실을 맺지 못했다(마 13:22). 현대 미국 문화에는 우리 자신과 학생들의 영적 삶의 씨를 질식시키는 것들이 많이 있다. 미국은 부유한 나라이다. 그리고 유혹은 다른 것보다 부에 관련된 것이다. 우리는 교실에서 문화적인 가시떨기를 몰아내려고 노력하면서 하나님이 주신 지혜를 사용할 필요가 있다.

교사가 학생들에게 학교 공부를 통해서 그들 자신과 하나님을 배울 수 있도록 가르치는 것은 그들의 말을 귀기울여 듣고 그들을 사랑하기를 배우는 것에 달려 있다. 학생들은 그들의 두려움과 주저함을 쉽게 드러내지 않는다. 잘 듣는다는 것은 말을 그저 듣는 것 이상을 의미한다. 그것은 겉으로 보여지는 학생들의 삶의 표면 아래에서 움직이고 있는 느낌과 거북스러움에 예민해지는 것을 의미한다. 이러한 방식으로 그들의 말을 듣는 것은 사랑을 요구한다. 그것은 그들의 삶을 위해 기꺼이 우리의 삶을 내려놓는 것을 요구한다.

그러나 우리의 애착은 하나님을 사랑하거나 이웃을 사랑하는 방식이어야 한다. 심리학적인 용어에서 애착은 나의 갈망을 만족시키고 나를 안전하게 해 준다고 상상하는 어떤 것과 맺는 밀접한 관계나 선택이다. 비록 우리가 그러한 사실을 명백히 인식하지는 못하지만 우리들 각자는 하나님에 대한 깊은 갈망을 가지고 있다. 어거스틴은 우리의 마음이 하나님 안에서 안식할 때까지 우리의 마음은 쉼을 얻지 못한다고 말하였다. 그러므로 어떠한 피조물과의 애착은 사실상 우상숭배, 즉 창조계의 어떤 것을 하나님의 대용물로 쓰려는 시도이다. 바울은 이것을 로마서 1장 25절에서 이렇게 말하였다. "이는 저희가 하나님의 진리를 거짓 것으로 바꾸어 피조물을 조물주보다 더 경배하고 섬김이라 주는 곧 영원히 찬송할이시로다 아멘." 우리는 사랑할 능력을 매우 많이 가지고 있는데, 우리의 애착이 이 능력을 다 차지하여서 하나님과 이웃을 사랑할 여력이 없다. 이것은 탐닉이 알콜중독과 약물중독 이외의 방법에서도 나타나고 있음을 의미한다. 제럴드 메이는 이렇게 말한다.

> 우리들 모두가 탐닉으로 고통받고 있다. … 완전히 성숙한 탐닉의 심리학적, 신경학적, 그리고 영적인 활동이 모든 인간 안에서 활발하게 움직이고 있다(*Addition and Grace*, pp. 3-4).

심지어 종교적 정통을 추구하는 것도 탐닉일 수 있다. 바리새인이 바로 그러한 자들이었다. 그들에게 예수님은 요한복음 5장 39절부터 40절에서 통렬하게 말씀하셨다. "너희가 성경에서 영생을 얻는 줄 생각하고 성경을 상고하거니와 이 성경이 곧 내게 대하여 증거하는 것이로다 그러나 너희가 영생을 얻기 위하여 내게 오기를 원하지 아니하는도다." 죄의 본질은 오직 창조계를 통하여 하나님 자신으로부터 올 수 있는 것을 창조계로부터 얻으려고 노력하는 탐닉적인 우상숭배에 놓여 있다.

제럴드 메이가 현대 의학 용어로 우리에게 말하고 있는 것은 죄나 전적인 타락에 대한 성경적 교리의 정의이다. 창조계에 대한 우리의 애착은 학습의 자유를 앗아간다. 그 애착이 습관 형성이라는 물리적 실체거나 다른 창조된 것들, 즉 우리 자신, 우리의 목표, 우리의 은사 심지어 우리의 영성, 소유물, 다른 사람과의 귀한 관계(그 목록은 끝이 없다) 이건 간에 우리가 그것들에게 보이는 애착은 우리로 하여금 하나님과 우리의 이웃을 사랑할 수 있는 여지를 갖지 못하게 한다. 그리고 오직 사랑만이 두려움을 몰아낼 수 있으므로, 그 애착들은 우리를 두려움과 이름이 있거나 없는 피조물들로부터 우리를 자유롭지 못하게 한다. 우리 어린이들도 또한 이것을 경험한다. 그들도 두려움과 그들 자신의 우상숭배의 포로가 되어 있다. 그들은 하나님으로부터 독립하려는 성향을 가지고 태어난다. 그리고 그들은 우리의 삶으로부터 그러한 독립을 실행하는 것을 배운다. 그들은 두려움을 가지고 학교로 오며 경쟁적인 학급과 비판적인 동료들의 압력은 그러한 두려움을 깊게 한다. 그들이 두려움 없이 교육적으로 자유롭게 성장할 수 있는 환경을 제공하기 위해 우리는 무엇을 할 수 있을까?

그 답은 한마디로 은혜이다. 하나님의 은혜는 모든 실재에서 가장 강력한 힘이다. 그것만이 우리의 우상숭배를 깨트릴 수 있는 힘이 있다. 하나님의 값없는 용서와 성령으로 인한 예수 그리스도와의 살아있는 연합이 두려움과 실패의 감옥으로부터 우리를 탈출하게 하는 유일한 길이다. 하나님의 은혜는 우리에게 값없이 주어진 복음이다.

우리가 은혜를 통제할 수 있는 기술은 없다. 그 기술을 소유하기를 우리는 바라지만 결코 습득할 수 없다. 은혜는 우리가 보관할 수 있거나 마음대로 다룰 수 있는 것이 아니다. 죄는 우리의 삶을 광야처럼 만들었다. 메이는 우리가 광야와 같은 삶을 살 때 은총이 광야를 떠도는 이스라엘의 어린이들에게 주어진 만나와 같이 온다고 말하였다. 그러나 만나와 같이 은혜는 보관할 수 있는 것이 아니다. 만일 만나를 밤새 놓아두려고 한다면 빵 벌레가 생기고 고약한 냄새를 풍길 것이다. 우리는 은총을 매일 매일 그리고 순간 순간 받아야 한다.

어떻게 우리는 은혜를 받는가? 우리에게 합리적이라고 여겨지는 것에서가 아니라 우리의 무가치함에 대한 깊은 자각과 은혜를 요청함으로써 온다. 하나님에 대한 우리의 접근은 우리의 강함이 아닌 약함으로부터 시작한다. 우리는 너무나도 독립적이기를 원하므로 이것은 우리에게 매우 어려운 일이다. 마음의 변화는 우리의 회개를 포함하며, 회개 없이 우리는 하나님을 볼 수 없다(히 12:14). 회개는 우리가 세상을 살아감에 따라 깊어지며, 회개와 함께 우리의 마음 속에 하나님의 사랑이 부어지는 기적이 찾아온다(롬 5:5). 바울은 이 교훈을 그의 육체의 가시와 연관시켜 배워야 했다(고후 12:9). 그는 그것을 없애달라고 하나님께 세 번이나 기도하였다. 하나님의 답은 하나님의 강함이 바울의 약함 안에서 완전해진다는 것이었다. 그래서 바울은 그의 약함 안에서 기뻐하는 법을 배웠다. 이것은 그의 죄악됨을 당연시 여김을 의미하지 않는다. 이것은 하나님이 그의 약함보다 강하며 그의 모자람에도 불구하고 그를 쓰실 것임을 믿는 것을 의미하였다

그러나 이것이 교실에서의 환대와 무슨 관련이 있는가? 어린이들이 두

려움 없이 배울 수 있는 기회를 만드는 방법은 교사로서 우리의 약함과 고집스러움 안에 은혜를 받아들이는 것을 경험하는 것이다. 학교 공부에서도 이것이 이루어질 수 있는가? 만일 우리가 피조물이 성례전적이라는 것을 인식한다면 그럴 수 있다. 우리가 성찬식에서 빵을 떼고 포도주를 마실 때 일어나는 정화는 평범한 일들의 거룩함을 보여주는 극히 일부분의 사건에 불과하다. 하나님은 의도적으로 우리에게 말씀하시며 창조세계 안에서 그리고 그것을 통하여 우리의 말에 귀기울여 들으신다. 우리가 학교 교과목의 공부를 통해서 얻는 의미있는 정보 안에서 하나님의 말씀을 듣고 반응하는 것을 배울 때, 우리의 학생들도 그렇게 될 수 있도록 인도될 것이다. 비록 어떤 기술은 다른 기술보다 더 환대를 표현하는 것이기는 하지만 그것을 가르치는 기계적인 기술은 없다. 그러나 우리에게는 만일 우리가 구하면 받을 것이며 찾으면 찾을 것이며 문을 두드리면 열릴 것이라는 확실한 약속이 있다.

21장 자기 지식을 통해 가르칠 자유

칼빈은 그의 저서인 『기독교 강요』를 두 개의 문장으로 시작한다. 그것은 세상에 있는 지식 중에서 가장 중요한 두 가지 지식은 하나님을 아는 지식과 자기 자신을 아는 지식이며, 이 두 지식은 매우 밀접하게 관계를 맺고 있어서 어떤 것이 우선인지를 말하는 것은 어렵다는 것이다. 그가 의미하는 것은 우리가 하나님을 알지 못하면 결코 우리 자신을 알 수 없으며, 우리가 하나님을 더 잘 알면 알수록 우리는 우리 자신을 더 잘 알게 된다는 것이다. 기독교적으로 가르치는 가장 효과적인 방법을 찾으려면 하나님을 아는 지식으로 인한 자신을 아는 지식을 갖는 것이 최우선의 조건이다.

예수님은 "만일 너희가 내 말에 거하면 너희는 나의 제자가 되고 진리를 알지니 진리가 너희를 자유케 하리라"(요 8: 31-32)고 말씀하셨다. 효과적으로 가르칠 수 있는 자유는 하나님의 진리를 아는 것과 우리 자신을 아는 지식에 의존한다. 여기에서 사용되는 지식은 성경적인 것이지 세속적인 의미를 가지고 있는 것은 아니다. 그것은 단순히 우리의 지적인 컴퓨터에 저장되어 있는 사실적인 정보가 아니다. 그것은 우리의 모든 삶에서 사랑의 예배와 봉사 안에서 우리 가슴으로부터 하나님께 응답하는 것을 포함하는 책임있는 지식이다.

The Greatest of These is Love에서 반 룰러는 우리 자신을 찾는 것이 어렵다고 지적한다. 우리는 존재할 뿐 아니라 우리 자신을 안다. 우리는 존재하며 동시에 의식을 가지고 있다. 죄악됨의 저주는 그것이 우리에게 부과하는 거짓된 의식에 주로 놓여 있다. 동물들과 그 아래의 창조계는 존재하기는 하나 그것들은 우리가 하는 방식으로 자기를 인식하지 못한다.

　문제는 우리가 하나님으로부터 독립하려는 성향으로 인해 우리의 의식이 오용되었다는 것이다. 인간의 존재와 관련하여 우리가 앞에서 사용한 은유를 사용한다면, 최초의 부부가 하나님과 관계를 맺고 있을 때에 그들은 원래의 형상(original IMAGES)이며 그들 자신을 하나님의 친구와 그의 종으로서 의식하였다. 그들은 그들 자신을 갈등 없이 인식하였다. 왜냐하면 하나님께서는 성령을 통해 그들을 그의 자녀들로 붙들고 계셨기 때문이다. 존재하는 것과 그들의 의식은 완전한 조화를 이루었다. 그들은 진정한 자유를 경험하고 있었다.

　그들이 하나님으로부터 등을 돌리고 축복받지 않은 나무로부터 쾌락, 소유, 힘을 얻으려고 추구하였을 때, 그들의 의식은 철저하게 그리고 회복할 수 없을 정도로 변질되었다. 그들은 이제 그들 자신을 궁극적인 원형(ULTIMATE ORIGINALS)으로 생각하였다. 이러한 의식은 저주이며 하나님으로부터의 선물이 아니었다. 하나님은 그것을 방어하거나 지지하지 않으셨다. 그들의 존재를 생각할 때 그들은 여전히 잠정적으로 하나님의 형상을 지닌 자이다 그러나 그들의 의식에서 그들은 하나님으로부터 단절되었다. 이러한 의식은 그들이 그들 자신을 위해서 방어해야 하는 것이다. 그 결과 아담과 하와는 하나님을 그들의 적대자로 보게 되었고 서로를 같은 방식으로 생각하였다. 우리는 그때부터 우리 자신의 존재와 인류 안에 이러한 깨진 상태가 스며들게 해 왔다. 세상에는 하나의 궁극적인 원형 이상의 것을 가질 공간이 없다. 아담과 하와는 그들이 추구했던 자유를 성취하지 못하였으며 우상을 섬겼으므로 곤란에 빠졌다. 먼저 그들 자신이 생각한 독립을 하고, 더 나아가서는 그들 스스로 악한 자가 된 것이다. 인간은 독립적인 존재로 만들어지지 않았다. 그들은 필연적으로 하나님이 아니면 우상을 섬기는 피조물로 만들어졌다(롬 1:21-25).

우리의 첫 번째 부모가 행한 것을 무효로 할 방법은 없었다. 그들은 그들 자신과 거짓된 새로운 의식 사이의 조화를 회복할 수 없었다. 그들은 그들 자신의 힘으로 방어해야 했다. 하나님께서는 그들을 위해 그것을 하지 않으셨다. 그러나 그들에게는 자신들이 초래한 피해를 복구할 힘이 없었다. 그 해결은 하나님으로부터 왔다. 그 일은 동산에서 약속되었으며 오랜 후에 예수 그리스도의 탄생과 죽음과 부활을 통해 성취되었다. 예수는 대표 인간으로 오셔서 우리가 살고 죽어야 하는 인생을 사셨으며 우리의 위치에서 우리가 감내해야 하는 죽음을 당하셨다. 그의 의식은 진실한 인간의 의식이었다. 예수님에게는 우리가 경험하는 갈등이 전혀 없었다. 우리는 항상 다른 사람들 앞에서 자신이 가치있다는 의식을 투사하려고 노력하였다. 이러한 슬픈 제스처를 유지하려는 우리의 노력은 비극적이거나 아니면 유머러스한 것이다. 우리는 그것을 지키기 위해 우리의 힘을 다 써버린다. 우리의 이러한 문제를 해결할 수 있는 유일한 해결책은 예수님의 의식이 우리의 것이 되어 우리가 예수님과 동일시되는 것이다. 이것은 신약 성경이 예수님을 참 포도나무요, 교회의 신랑이요, 몸의 머리라고 말한 이유이다. 가르치는 자유를 포함한 자유는 우리에게 대안 의식을 제공할 수 있는 예수님과의 신비한 연합에 의존하고 있다. 토마스 머튼의 교육관은 지금까지 말한 것과 일치한다.

머튼의 메시지는 분명하다. 세상의 다른 사람들과 자유롭고, 창조적이며 진실한 관계를 가질 수 있도록 보장하는 교육은 궁극적으로 자아 발견을 제공해야 한다("Self-Discovery as the Purpose of Education," of Thomas Merton and the Education for the Whole Person).

머튼에게 있어 진정한 교육의 산물은 신용과 학위에 의해 정의되는 "무엇"(what)이 아니라 "누구"(who)이다. 이 "누구"는 "참 자아"의 이상적인 형태가 아니다. 즉 그것은 자기 성찰, 이미지 혹은 추상적인 개념의 실현이 아니다. 그보다는 근본적인 '누구'이며, 본질적인 실재 안에 있는 전인격이며, 본질적인 실재의 무한한 자유 안에 있는 "근본적인 자아"이다(Ibid., pp. 31-32). 그러나 이 "누구"는 결코 개인만을 지칭하는 것은 아니다. 그것은 항상 하나님과 타인과 하나님의 창조세계와의 관계 속에 있다. 우리가 예수님과 연합되고 우리 자신이 깨어진(broken) 존재라는 것을 의식하면서 우리 자신과 의식이 성령을 통해 예수님께 의존할 때만 통합된 인격과 그에 따르는 자유가 가능하다.

머튼은 거짓 자아와 참 자아를 대조한다. 거짓 자아는 그 자아의 실재가 거짓 자아의 욕구와 원하는 것을 충족시키는데 의존한다고 확신하고 있다. "그러므로 거짓 자아는 '개인적이고 경험적인 자아'를 참 자아라고 잘못 생각하고 있다." 그는 이러한 거짓 자아는 죽음을 두려워하고 자신의 중요성을 보여주기 위해 자신을 확인하려고 끊임없이 노력한다고 본다.

그래서 거짓 자아는 그것의 존재와 충족의 근원으로서 행한다. 상호작용의 맥락에서 그것은 도전적이며 속이는 것이며 … 만나는 모든 것을 지배하려고 한다.

… 거짓 자아가 사회의 집단적인 영역에서 비춰지고 확대되는 것을 특징

으로 하는 '자기 단언에의 감추어진 욕구'이다(Ibid., pp. 35-36).

반대로 참 자아는 앞장서서 그 자신을 방어할 필요가 없다. 그것은 사랑에 의해 동기가 주어지므로 거짓 자아와 다르다.

그러므로 거짓 자아가 만든 것에 헌신하는 환영의 삶(illusory life)과는 반대로 참 자아의 삶은 자유롭다. 동시에 그 존재의 근원을 자기 바깥에서 인식하므로 모든 살아있는 것과의 근본적인 관련성을 의식한다. 그러므로 참 자아는 세상을 객체로서 통제하거나 혹은 그것에 적대해서 그 자신을 단언하지 않는다. 그리고 세상을 소유하려고 노력하지 않는다. 참 자아는 세상을 하나님의 임재의 살아있는 표현, 즉 사랑의 표현으로 파악한다(Ibid., p. 40).

머튼의 교육의 개념도 아래의 글에서 명백히 나타난다.

참된 자기 인식은 창조적이며 삶을 확인하는 사건이다. 그 안에서 자아와 그것에게 삶을 주는 근원을 만난다. 만일 그것이 참 자아의 성장을 도와주기 위한 것이라면 교육은 분명히 앎의 주관적인 경험을 배양해야 할 것이다. 지식을 분리되고 객관적인 것으로 보는 관점에 이끌려 이루어지는 교육에서 실체(entity)는 참 자아를 위해 아무 지원도 하지 않을 것이다. 그러한 교육은 습관적으로 지식을 개인적인 경험의 영역과 세상과의 관계로부터 제거한다. 그것은 인간의 실재감을 향상시키지 못하며 생명력이 없는 것이다(Ibid., pp. 41-44).

가르치는 것의 자유로움을 위해 그리스도인 교사는 그들의 참 자아가 예수 그리스도안에서 발견될 수 있도록 하는 지식에 의해 붙잡혀 있어야 한다. 그렇지 않으면 그들은 자기 학생들이 그러한 목표를 달성하도록 할 수 없다.

객관적인 지식은 현대 교육의 자랑이며 기쁨이다. 머튼의 관점은 이러한 종류의 지식이 진실로 기독교 학교에서 타당한가의 질문을 제기한다. 그 대답은 부정적이다. 파커 팔머는 같은 질문을 제기한다. 그는 이러한 종류의 지식은 아담과 하와가 추구했던 거짓 지식이라고 제시한다. 그들은 하나님을 불신하고 배제한 지식을 원했다.

그들의 알고자 하는 욕구는 사랑으로부터가 아니라 호기심과 통제감을 충족시키기 위해, 다시 말해 하나님께만 속해있는 힘을 소유하고자 하는 욕망으로부터 일어났다. 그들은 하나님이 그들을 먼저 아셨고 그들의 잠재력뿐 아니라 그들의 한계도 아셨다는 사실에 영광을 돌리지 못하였다. 하나님이 그들을 아신 것을 알기를 거부했을 때, 그들은 항상 죽음에 이르게 하는 지식으로 다가간 것이다(『가르침과 배움의 영성』, p. 25).

객관적인 지식은 아는 자에게 어떠한 요구도 하지 않지만 아는 자가 품고 있는 어떤 목적에 소용되는 가치 중립적인 사실에 관심을 갖는다. 이러한 종류의 지식은 거짓 자아에 속해 있다. 그것은 결코 참 자아를 키울 수 없다. 그것은 사람으로 하여금 자유롭게 알거나 가르치게 할 수 없다. 그것은 자신을 궁극적인 존재로 여기게 하며 따라서 자신에게 가장 큰 관심을 갖게 한다.

반대로 기독교 학교는 창조를 객관적인 것이 아니라 반응적인 관계 안에서 다루어야 한다. 우리는 창조세계를 통해서 하나님을 알아야 한다. 그러나 우리가 하나님 안에서 사랑 가운데 알려지는 것같이 그를 사랑 안에서 알아야 한다. 파커의 개념은 다음과 같이 표현된다.

교사는 아는 자와 알려지는 것, 학습하는 자와 학습되어지는 교과목 사이의 중재자이다. 교사는 생태학적인 사슬 안에 있는 살아있는 고리이다. 교사가 중재자의 역할을 하는 방법은 학생에게 생태학과 윤리학을 전수하고 앎과 삶에의 접근을 전달하는 것이다. 나는 수사학의 자유를 가르칠지 모른다. 그러나 만일 학생들에게 사실의 권위에만 의존할 것을 요구하고, 그들에게 종이와 시험에서 권위를 모방하라고 요구하는 등 권위로서 가르친다면 나는 노예 윤리학을 가르치고 있는 것이다. 나는 학생들을 자유함 속에서 배우는 방법이나 진리의 내적 감각에 의해 인도되어 자유롭게 사는 법을 알지 못하는 학생들을 만들고 있는 것이다. 나는 세상에 존재하는 방식을 가르친다. 매 번의 강의에서 강화되어진 그러한 방법은 사실이 그들의 마음으로부터 사라진 오랜 이후에도 나의 학생들에게 남아 있을 것이다(ibid., pp. 29-30).

참 자기 지식의 추구와 밀접하게 관련되어 있는 것은 성경에서 강조하고 있는 하나님에 대한 갈망이다. 예를 들어 시편 63편의 말씀은 이렇다.

하나님이여 주는 나의 하나님이시라 내가 간절히 주를 찾되 물이 없어 마르고 곤핍한 땅에서 내 영혼이 주를 갈망하며 내 육체가 주를 앙모하나이다(시 63:1).

혹은 이사야 55장 1절과 2절 말씀은 이러하다.

너희 목마른 자들아 물로 나아오라 돈 없는 자도 오라 너희는 와서 사 먹되 돈 없이 값없이 와서 포도주와 젖을 사라 너희가 어찌하여 양식 아닌 것을 위하여 은을 달아 주며 배부르게 못할 것을 위하여 수고하느냐 나를 청종하라 그리하면 너희가 좋은 것을 먹을 것이며 너희 마음이 기름진 것으로 즐

거둠을 얻으리라

이 주제는 만찬에서 하신 예수님의 말씀에서 반복되며 절정을 이룬다.

누구든지 목마르거든 내게로 와서 마시라 나를 믿는 자는 성경에 이름과 같이 그 배에서 생수의 강이 흘러나리라 하시니 이는 곧 믿는 자의 받을 성령을 가리켜 말씀하신 것이다 (아직 예수께서 영광을 받지 못하신 고로 성령이 아직 저희에게 계시지 아니하시더라)(요 7:37-39).

하나님을 갈망하는 것은 곧 자기 자신을 아는 방법이다. 왜냐하면 우리가 하나님을 갈망할 때 우리는 그를 사랑한다. 그리고 우리가 그를 사랑할 때 우리는 이웃(이 경우에는 우리의 학생들)을 사랑하는 법을 배운다. 그래서 자기 발견은 자기 용서와 함께 온다. 우리는 점진적으로 대안 의식을 습득하며, 그 안에서 예수님으로 인해 만족하게 되고, 우리의 자기 중심성으로 인해 우리의 외관을 손색이 없도록 향상시키려는 노력을 멈추게 된다. 우리 의식은 우리 자신의 눈에 보이는 어떤 것이 되려는 노력으로부터 예수님이 어떤 분인지에 대해 만족하는 것으로 옮겨갈 수 있으며, 그것은 예수님이 우리와 함께 겸하심에 따라 성령에 의해 이루어진다. 이것으로부터 점차 가르치는 자유가 증가한다. 우리는 학생들이 예수 그리스도 안에 있는 존재가 될 수 있는 자유로움을 가질 수 있도록 창조 세계를 교육과정으로서 사용할 수 있을 것이다. 우리가 하나님과 우리의 학생을 사랑하는 동안 우리 자신을 잊게 된다면, 그렇지 않으면 우리에게 불가능한, 자기 지식의 새로운 수준을 성취할 것이다.

이것은 이미 언급한 것과 같이 이러한 개념을 계속 학생들에게 반복하여 가르치는 것을 의미하지 않는다. 우리 자신이나 학생들의 자기 지식을 향상시킬 기계적인 방법은 없다. 그것은 우리의 믿음의 저자이자 완성자이신 예수님을 바라보는 것을 의미하며, 들을 준비가 된 학생들에게 들을 수 있고 자랄 수 있는 충분한 힌트를 주는 것을 의미한다. 교사가 하나님으로부터 획득한 자기 지식을 통해 가르칠 수 있는 자유를 학교 공부 안에서 누릴 수 있다는 사실은 우리를 흥분케 한다. 그러한 흥분은 만일 우리가 하나님의 창조계 안에서 하나님의 지식을 통해 자기 지식을 성취할 수 있다면, 우리가 학생들을 이러한 자기 지식으로 이끄는 것이 가능할 것이라는 것을 인식할 때 더해진다. 그것이 일어날 때 기독교 학교는 하나님께서 의도하신 학교가 된다.

22장 의미있는 가르침

　모세와 다니엘 두 사람은 그 당시 대학에서 고등교육을 받았던 뛰어난 사람들이었다. 그리고 그들은 당대의 것과는 완전히 다른 틀(framework) 안에서 다방면에 걸친 교육을 받았던 사람들이다. 모세는 이집트의 대학을 다녔고, 다니엘은 바벨론의 대학을 다녔다. 그 대학들 바깥에 어떤 스승이 있었는지 알 수는 없지만, 그들이 누구였던 간에, 어쨌든 그들은 자신의 제자들을 의미있는 학습으로 인도하는데 탁월한 성공을 이룬 사람들이었다. 즉, 모세와 다니엘 두 사람 모두 자신들의 이교도 스승으로부터 받은 가르침을 지식의 근원이자 의미를 제공해 주시는 살아 계신 하나님 안에서 기독교적 체계로 소화해냈다. 그들은 창조, 타락, 구속의 성경적 세계관을 이해했다. 또한 그들은 하나님께서 자신을 계시하시려는 특별한 목적을 가지고 만물을 창조하셨으며 피조물들을 유지시키고 계시다는 것과 피조물이 하나님을 경배하고 섬기는 통로가 된다는 것을 이해했다.

　하나님께서 모세와 다니엘 두 젊은이의 마음을 인도하시기 위해 사용하셨던 믿음의 동인(動因)이 어떠한 것인지를 아는 것은 흥미로운 일이 될 것이다. 그러한 정보들을 얻는 것이 우리로서는 불가능하지만 그 당시 시대적 상황 가운데 존재하는 유사점을 살펴본다면 기독교 학교 교사로서 우리의 임무를 알기에 충분할 것이다. 우리는 세속 학교와 동일한 지식을 가르치지만 그 학교를 둘러싼 세계와는 다른 의식 안에서 학생들의 마음을 형성하는 방식으로 지식을 가르치려고 노력한다. 기독교 교육자로서 우리는 학생들로 하여금 제시되는 사상과 지식의 참된 의미를 볼 수 있도록 안내하는 데 전력한다.

의미있는 기독교 교육이란 주제를 고려하는 데 있어 기독교 학교의 본질이 무엇인가를 고찰해보는 것은 도움이 될 것이다. 스튜어트 파울러(Stuart Fowler)는 기독교 학교의 본질을 다음과 같이 정의한다.

> 기독교 학교 특유의 본질은 서로 공유하고 있는 배움에 대한 사랑 안에 교육적 힘을 조직한다는 데 있다. 더 간단히 말하자면 기독교 학교는 배움을 위해 인간자원을 조직하는 것이다. … 기독교 학교는 교사와 학생으로 이루어진 생명력 있는 공동체로서, 학습에 있어 교사는 학생들을 인도하는 역할을 한다("Schools are for learning," in *No icing on the Cake*, Jack Mechielsen, ED., pp. 34-35).

계속해서 파울러는 교실에서의 교과목과 교사의 권한 모두는 기독교 학교의 본질에 의해 제한된다고 이야기하고 있다. 교사의 권한은 "학습에 있어 학생들을 지도하고, 학생들이 하나님의 말씀에 대해 믿음의 반응을 보이면서, 피조물과의 경험을 통해 배울 수 있도록 인도하는 것"으로 제한된다. 마찬가지로 교과목 역시 그것이 학습을 촉진하는 경우에만 유효하다. 교과목 자체가 목적은 아니다. 의미있는 학습을 촉진하는 수단이 될 뿐이다.

기독교 학교의 정의를 알아보기 위한 또 다른 방법은 다른 학교들과 비교해 보는 것이다. 다른 학교라 함에 있어서 이 학교들은 기독교 색채를

띠거나 혹은 띠지 않는 학교일 수 있다. 이발사를 양성하는 학교는 학생들이 이발사가 될 수 있도록 훈련시킨다. 요리사를 양성하는 학교가 학생들이 요리사가 될 수 있도록 준비시키는 것, 그리고 정비사를 양성하는 학교가 학생들을 정비공이 되도록 훈련시키는 것과 같은 이치이다. 그렇다면 정규학교는 유아들과 어린 학생들에게 무엇을 준비시키고 있는가? 정규학교의 경우 학생들이 사회 안에서 수용되고 사회에 기여하며 사는 성숙한 성인이 되도록 준비시킨다. 기독교 학교는 학생들을 예수 그리스도의 반응적인 제자로서 가져야 할 세계관과 태도를 지닌 그리스도인이 되도록 준비시키는 것을 목적으로 한다. 문제는 우리가 교과목과 내용의 영역이 그리스도인의 삶과 완전한 관계를 갖고 있다고 생각하는데 익숙하지 않다는 점이다. 이러한 문제의 원인은 우리가 교과과정의 자료를 제공해주는 창조세계를 하나님으로부터 멀어지게 함으로써 손상시켰기 때문이다. 우리는 과학, 수학, 지리, 역사 등과 같은 과목들은 세속적인 것이며, 신학과 같은 과목은 영적인 것으로 분리하여 생각하는데 길들여져 왔다. 우리는 이러한 견해를 고대 이단인 영지주의의 현대적인 형태라고 보아왔다. 성경은 하나님께서 자신을 계시하시려는 방식으로 이 세상 만물을 창조하셨다고 분명히 말씀하고 있다. 또한 성경은 하나님께서 자신에 대한 우리의 경배와 섬김을 촉진하는 방식으로 이 세상을 지으셨음을 명확히 이야기하고 있다. 이것이 바로 그리스도인 교사가 학생들에게 전달하려고 노력하는 의미이다.

  비그리스도인 교육자 역시 교육에 있어서 의미의 중요성을 인식하고 있기는 하다. 필립 피닉스는 의미를 경험할 수 있는 생물로서 인간을 정의하고 있으며, "일반적인 교육은 본질적인 의미들을 발생하게 하는 과정"이라고 말한다. 윌리엄 글래서(William Glasser)는 만약 교실에서 제공되는 자료들이 학생들에게 의미없는 것이라면 그것은 학습된 것이 아니라고 주장한다. 그리스도인에게 있어서 의미가 중요하다는 것은 분명하다. 또한 피조물의 의미는 궁극적으로 하나님의 자기 계시 혹은 자기 자신을 내어주심이라는 것은 명백한 사실이다.

그러나 어떻게 이러한 의미들을 아이들에게 전달할 수 있을 것인가? 이에 대한 답은 그리스도인 교사로서의 우리에게 혼란스러운 문제를 야기시킨다. 어떻게 하나님 나라를 잘 이해시킬 수 있을 것인가? 예수님께서는 천국에 들어가고자 하는 자는 어린아이와 같이 되어야 한다고 말씀하셨다. 이는 어린아이가 복잡하고 난해한 신학적 교리를 설명할 수 있다는 것을 의미하는 것이 아니다. 오히려 믿고 의지하는 어린아이의 특성이 천국에 들어가고자 하는 자들에게 필요함을 말씀하려 하신 것이다. 아이들은 그들의 수준에서 천국을 이해할 수 있다. 왜냐하면 그들은 신뢰하는 성인을 의지한다는 것이 무엇을 의미하는지를 알고있기 때문이다. 받아들일 준비가 된 아이들에게 예수님에 대한 신뢰와 사랑을 촉진하는 방법으로 교과목의 주제를 제시하는 것은 가능한 일이다. 예를 들면, 시편 29편은 살아 계신 하나님에 대한 경외심과 신뢰를 증대시키는 방식으로 천둥치는 폭우에 대해서 가르치고 있다. 그러나 실제로 우리가 학교에서 천둥을 동반하는 폭우에 대해 가르칠 때는, 고작해야 많은 구름 안에서 발생되고 천둥의 빛과 큰소리를 발하는 전기적 전위(電位)를 다루는 것이 일반적인 접근이다. 의미를 촉진시키려는 그리스도인 교사라면 시편 29편과 일치하는 구조 안에서 천둥치는 폭우에 대해 과학적인 설명을 학생들에게 전달할 것이다. 의미있는 지식은 중요하다. 특히 기독교 학교에서는 더욱 그렇다.

그렇다면 이러한 사실들이 기독교 교육의 실제에 시사하는 바는 무엇인가? 아마도 우리는 예수 그리스도의 예를 다시 살펴볼 필요가 있을 것이다.

22장 의미있는 가르침

> 수고하고 무거운 짐 진 자들아 다 내게로 오라 내가 너희를 쉬게 하리라 나는 마음이 온유하고 겸손하니 나의 멍에를 메고 내게 배우라 그러면 너희 마음이 쉼을 얻으리니 이는 내 멍에는 쉽고 내 짐은 가벼움이라(마 11:28-30).

그리스도인 교사는 마음이 온화하고 겸손하다. 그리스도인 교사는 그리스도를 대신해서 학생들을 지지하며 학습에 대한 짐을 떠맡는다. 교사와 학생은 만물 안에서 자신을 계시하고 계신 하나님을 학생들과 함께 배운다. 단지 학생보다 좀더 먼저 이 길을 걸어온 교사가 학생을 인도할 뿐이다. 최후의 만찬에서 예수님께서 제자들의 발을 씻기신 사건을 생각해 보면 더욱 명확해진다. 제자들의 발을 씻기신 후 예수님께서는 이렇게 말씀하셨다.

> 내가 너희에게 행한 것을 너희가 아느냐 너희가 나를 선생이라 또는 주라 하니 너희 말이 옳도다 내가 그러하다 내가 주와 또는 선생이 되어 너희 발을 씻겼으니 너희도 서로 발을 씻기는 것이 옳으니라 내가 너희에게 행한 것 같이 너희도 행하게 하려하여 본을 보였노라(요 13:12-15).

의미있는 가르침을 베풀기 바란다면 그리스도인 교사는 학생들에게 꼭 가르쳐야 하는 주제의 내용이 의미하는 바를 그 방향 안에서 파악하고 있는 섬김의 지도자가 되어야 한다.

교사가 의미있는 가르침을 할 수 있게 하는 확실한 특성들이 있다. 일반적으로 교사들은 사랑, 비전, 일치됨이 필요한다. 즉 톰 하워드가 "당신을 위한 나의 삶"이라고 정의한 사랑과 창조, 타락, 구속의 기독교적 세계관 안에서의 비전, 그리고 신성한 것과 세속적인 것 혹은 자연적인 것과 초자연적인 것 사이에서 방황함으로써 인생을 허비하는 것을 용납지 않는 일치됨이 있어야 한다. 보다 엄밀히 말하자면, 교사들은 인격적인 경험을 통해 그리스도인 특유의 삶이 어떤 것인지를 이해할 필요가 있다. 그들은 인격적으로 기독교적인 정신을 지니고 있어야 한다. 또한 섬김에 관한 통찰력 있는 가르침의 목적에 대한 비전도 필요하다. 그리고 기독교 교사들은 수세기 동안 형성되고 변형되어져 온 삶과 문화의 방식에 대하여 어느 정도의 역사적, 문화적 인식을 가지고 있어야 한다. 그러한 인식은 그리스도인 교사들이 사용할 필요가 있는 세속교육의 교과서와 현대의 정신에 관한 토대를 제공해 줄 것이다. 그리스도인 교사들에게는 인간과 환경을 포함하는 창조질서에 대해 통합된 견해가 필요하다. 실제적으로 말하자면 기독교 교사들에게는 헌신할 수 있도록 하는 통찰력을 전달할 능력이 필요하다. 이는 사랑 안에서 귀 기울여 듣는 것을 포함한다. 왜냐하면 교사들은 학생들이 있는 곳, 즉 학생들의 입장에서 그들을 만나야 하기 때문이다. 이는 학생들을 하나님의 형상을 지닌 존재로서 존중한다는 것을 포함하며, 학생들의 학습 스타일과 학생 개개인의 이해와 기술의 수준에 따라 학생들을 다룰 수 있는 능력을 의미한다. 또한 교사들은 배우기를 즐겨하는 민감한 학습자가 됨으로써 제자도의 본을 보여야 한다. 그리고 철저한 제자도를 양성하는 능력을 가지고 배양할 필요가 있다.

 의미있는 학습을 촉진한다는 것은 여기서 제시되는 많은 논제들을 포함한다. 예를 들면, 학생들의 다양한 학습 스타일을 알고 이에 맞추는 것도 의미있는 학습을 촉진하는 하나의 방법이 된다. 이러한 주제를 알기 위해 참고할 수 있는 책들도 적지 않다. 그러한 책들은 비록 정의와 명칭이 다양하기는 하나, 대부분의 경우 네 가지의 특징적인 학습 스타일이 존재한다는 것에 동의한다. 학생들의 학습 스타일에 교수 과정을 맞춘다는 것은 마치 그들이 예수님인 것처럼 그들을 정말로 존중하고 받아들인다는 것이다. 게다가 최근 상당한 주목을 받고 있는 집단 학습의 장, 혹은 상호 지원 학습 등도 있다. 의미있는 학습경험 안에 여러 주제들을 함께 묶는 주제단원 연구도 있다. 제럴딘 스틴스마(Geraldine Steensma)는 개념적 틀의 발달이 의미있는 학습을 촉진한다고 주장한다. 우리는 학생들로 하여금 개념적 틀이 믿음의 뿌리를 가지며 마음이 무엇에 전념하느냐가 "사실"을 어떻게 해석하느냐를 결정한다는 것을 깨닫도록 도울 수 있다. 학생들은 그들이 채택한 틀이 그들의 인생의 방향과 의미를 결정한다는 것을 깨달아야 한다. 스틴스마는 이를 위한 한 방법으로 학생들이 기독교적 틀을 곰곰이 생각해 볼 수 있도록 개념들을 명확히 말해주라고 제안하고 있다. 그녀가 언급한 다른 중요한 요소들은 기계적 학습과 발견학습 간의 차이, 학생의 능력수준에 따라 훈련함에 있어 추상적인 것의 수준을 조절하는 것, 그리고 귀납적 학습과 연역적 학습의 적절한 조합 등이다. 이것들은 각각 그 자체로도 한 장의 분량으로 말해질 수 있다.

자세하게 논의하기에는 너무 광범위하지만 위 단락의 항목들 중 하나는 여기서 다시 강조될 필요가 있다. 이는 교과과정 통합에 관한 문제이다. 제임스 빈(James A. Beane)은 교과과정 통합에 관해 자신이 썼던 1995년도 논문을 다음과 같이 요약했다.

교과과정 통합은 주제 영역의 경계 안에서 단편적인 정보를 터득하는 것보다는 오히려 삶 그 자체에 관한 교과과정에 중점을 둔다. 이는 학습을 자기 자신과 주변 세계에 대한 이해를 심화시키고 넓히기 위해 새로운 지식과 경험을 끊임없이 통합하는 것으로 보는 견해에 근거한다. 이러한 관점의 핵심은 향후의 삶 혹은 다음 수준의 학교 교육을 위한 준비라기 보다는 현재의 삶에 초점을 두고 있다는 점이다. 이는 성인들의 특수한 관심보다는 교과과정의 주체가 되는 학생들에게 중점을 둔 것이다. 이러한 교과과정의 통합은 다른 사람의 의미를 수동적으로 동화하기보다는 능동적인 의미로 구성하도록 하는 데 관심을 갖는다(Phi Delta Kappan, 1995년 4월, p. 622).

빈(Beane)이 정의한 바와 같이 교과과정의 통합은 학교 교육에 있어서 교과목을 통합하는 것 이상의 훨씬 더 근본적인 것을 의미한다. 교과과정 통합은 학생들의 개인적인 생활과 직접적인 관련을 가진 주제, 그리고 보다 큰 세계 안의 논제나 문제를 포함하는 주제를 가르침의 핵심이라 여긴다. 동시에 그는 교과 영역들이 통합된 교과과정을 반대하지 않고, 오히려 실제로는 지지한다고 주장한다.

위에서 언급된 바와 같이, 이 논제는 여기서 완벽하게 논의하기에는 너무 방대하다. 그러나 최소한 기독교 학교의 교사들이 이전보다 훨씬 더 심각하게 교과과정 통합에 대해서 생각해야만 하는지에 관한 두 가지의 이유를 짚고 넘어가고자 한다. 첫째, 기독교 세계관은 인간의 삶과 지식의 일치를 강조하고 있기 때문이다. 인간의 모든 경험에 대한 근원적인 법칙을 제공하는 하나님의 말씀에 우선 순위를 둔다면 필연적으로 우리는 각 과목 영역에 단편적인 지식들을 분해하는 교과과정의 반대편에 서게 될 것이다. 둘째, 먼저 하나님 나라를 구하라는 예수 그리스도의 말씀은 하나님과 이웃에 대한 관계의 중요성을 분명히 나타내고 있다. 또한 학교 수업에 있어서 단편적으로 과목을 세분화하는 접근에 대해 심각한 문제점을 드러내고 있다. 아마도 기준이 되는 내용을 중심으로 하여 새로운 교과과정을 개발하는 것에 있어 우리는 보다 급진적으로 세상에 대항하기보다는 이 세상에 순응하는 방법을 더 일반적으로 사용하는 것이 사실일 것이다. 우리는 우리가 지향하는 방향과 실제로 가고 있는 방향을 보다 주의깊게 살필 필요가 있다.

이 장의 주제로 되돌아가면, 의미있는 가르침은 단지 교과서를 가르치는 교사를 의미한다기 보다는 교과과정을 운영하는 교사를 의미한다. 스틴스마와 반 브루멜렌(Van Brummelen)은 교과과정 운영에 대한 다음과 같은 지침을 제안한다("Directives for a Biblically Grounded Curriculum," Shaping School Curriculum, p. 24).

1. 교육의 목적은 학생들의 중심이 "고요하고 조용한 목소리"에 대해 준비되도록 교과과정을 조직하는 것이다. 교과과정은 모든 만물이 창조주를 선포하고 있으며 학생들이 그들의 전 생애를 통해 창조주에게 반응하도록 부르심을 받았음을 나타낼 수 있도록 조직되어야 한다.
2. 교과과정의 내용과 경험은 다음의 원칙들을 염두에 두고 선택, 시행되어야 한다.
   A. 교과목과 성경의 관계
   B. 그 과목을 통해 어떠한 측면의 삶의 의미가 연구될 수 있는지의 문제
   C. 그 과목 안에서 사용되는 연구 방법
   D. 다른 교과목과의 상호관계
   E. 초·중등 교과과정에 위의 4가지가 주는 시사점

몇 가지 설명이 필요한 마지막 주제는 평가의 문제이다. 일반적으로 다음의 중요한 원칙들은 명심해야 할 부분들이다. 학생들에 대한 평가는 개개 학생들을 위해 실시되어야 하며 교실 안에 경쟁을 조장해서는 안 된다. 평가는 개별적인 학생들의 재능의 관점에서 실시되어야 하며, 각각의 학생들이 도움을 받을 수 있는 최선의 목적을 가지고 실행되어야 한다. 평가하는 데 있어 학생들의 협력이 필요한 평가도 있다.

Shaping School Curriculum은 평가를 실시함에 있어 도움을 줄 수 있는 원리들을 제시해 준다. 이 책은 절판되어 구하기 힘들기 때문에 약간

수정된 내용을 소개하면 다음과 같다.

1. 긍정적이고 도움이 되는 피드백을 자주 사용하라.
2. 매일 학생들을 관찰한 것에 근거하여 그때 그때 학생들의 상태에 따라 계획된 활동을 수정하라.
3. 학생들이 자신의 작품에 대해 교사에게 말로 평가해 볼 수 있도록 하라.
4. 학생들이 서로에게 도움을 주어(이는 절대로 서로 평가하는 것이 아니다) 자신들의 작품수행에 도움이 될 수 있도록 하라.
5. 작품을 돌려줄 때 말로 혹은 서면으로 의견을 전해주어라. 만약 점수가 필요하다면 2, 3일 안에 점수를 주어라.
6. 검사를 과대평가하지 말아라. 매일의 작품을 평가하라.
7. 단순암기식의 시험이 아닌 의미있는 시험이 되도록 하라.
8. 시험은 학생들의 약한 부분을 찾아 바로잡기 위한 것임을 기억하라. 시험은 단지 학생들의 등수를 매기기 위한 것이 아니다.
9. 또래간의 경쟁상황을 만들지 말아라.
10. 평가하는 동안 관찰기록을 함으로써 다음의 교수법 개선에 적용하도록 하라.
11. 가능하다면 점수대신 일화기록(anecdotal reports)을 하라. 그리고 이를 부모에게 전달하기 전에 학생들에게 이야기해 주어라.

보다 최근에 나온 스트롱크스(Stronks)와 블룸버그(Blomberg)에 의해 편집된 책(*A Vision With a Task*)에 보면 평가에 관한 가치 있는 논의가 언급되고 있다. 저자들은 사용될 수 있는 평가의 방법을 다섯 가지로 제안한다. 공식적인 시험, 포트폴리오, 자기 평가, 프로젝트, 전시 등이 바로 그것이다. 하로 반 브루멜렌(Harro Van Brummelen)이 지은 *Walking*

*With God in the Classroom*이라는 책 역시 평가에 있어 참고할 만한 최근의 저서이다. 그는 평가의 형성적 목적과 요약종합적 목적 모두를 규명하고 있다. 전자의 경우 학생들의 성장을 돕기 위한 평가이며 후자의 경우 특정기간이나 특정 프로젝트에 대한 학생들의 성장을 요약·종합하는 것이다. 또한 그는 평가를 위한 몇 가지 지침을 이야기하고 있다. 첫째, 평가는 평가의 기능 안에 제한된다. 즉 평가의 역할을 넘어서는 안 된다는 것이다. 평가는 학생들의 개인적 특성이 아닌 "행동과 결과물을 평가"하는 것이어야 한다. 둘째, 어떤 평가라 할지라도 학생들을 존중해야 하며 학생들을 사랑으로 세워주려 해야 한다. 셋째, 등수를 매기는 것이 평가의 주된 목적이 아니어야 한다. 학생들의 재능은 다르며 평가함에 있어 이 점을 인식해야만 한다. 평가에 대한 반 브루멜렌의 이러한 해석들은 분명히 읽을 만한 가치가 있다.

요약하자면 기독교적 가르침은 무엇보다도 의미가 있어야 한다. 이는 학습이 학생들의 마음이 하나님을 아는 지식(신학적인 진술로 하나님에 대해 아는 것이 아니라 창조된 만물을 통해 하나님과 인격적 만남을 갖는 것을 말한다)과 결합되어야 한다는 것을 의미한다. 이를 위해 교사들 자신이 하나님의 말씀을 이해하고 인격적으로 경험해야만 한다. 왜냐하면 교사가 알지 못하는 경험으로 학생들을 인도할 수 없기 때문이다.

23장 기독교 학교에서의 공동체

1992-1993학년도의 칼빈 학문연구소(Calvin Study Center)의 주제는 21세기의 기독교 교육에 대한 것이었다. 학자들이 모여서 개발한 비전은 기독교 학교의 목적은 반응적인 제자도가 되어야 한다는 것이었다. 이 비전은 다음의 세 가지 특별한 목표를 표명하고 있다. 학생들의 재능을 이끌어 내고, 기쁨과 슬픔을 공유하며, 평안(그리스도의 구속을 통한 정의)을 구하는 것이 그것이다. 얼핏 보면, 이러한 목표들은 학문적 목표처럼 보이지 않는다. 3R(읽기, 암송, 암기)의 숙달은 어디 있는가? 기술발달은? 보다 높은 수준의 사고 문제를 해결하는 것에 대한 강조는 어디에 있단 말인가? 그러나 다시 살펴보면 사태는 달라진다. 만약 교육이 단순히 학생들로 하여금 경쟁에서 이기도록 하는 무가치한 사실들의 획득이라든가 사회지향적인 자아실현을 목적으로 한다면, 앞에서 열거된 관계적 목표들이 부적절해 보일 것이다. 그러나 교육의 대상이 살아 계신 하나님을 계시할 임무를 부여받은 존재요 하나님과의 친교의 통로가 되고 하나님께 헌신할 가능성을 가진 존재라면, 관계들은 유익이나 힘보다 우선적이 된다. 그리고 교육과정에 대한 참된 이해는 진정한 교육을 위한 바른 목적으로서 그와 같은 목표들로 인도할 것이다.

이러한 주장의 정당성은 공동체의 중요성에 있으며, 삼위일체 안에서 발견되어지는 공유관계에 대한 모델에 근거한다. 삼위일체는, 그것이 결혼, 가족, 사회적 집단, 사회·시민 단체이건 간에, 풍성하고 유효한 인간관계에 대한 모델이 된다. "이러므로 내가 하늘과 땅에 있는 모든 각 족속에게 이름을 주신 아버지 앞에 무릎을 꿇고 비노니"(엡 3: 14-15). 삼위일체 안에는 각 구성원의 상호간에 전적으로 자유로운 나눔이 있으며, 어떠한 조건도 없고 무엇과도 비할 수 없는 상호적인 사랑이 있다. 무제한적인 사랑의 이 장엄한 상호관계는 인간 공동체를 유지시키는 모든 언약의 모델이 된다. 진정한 기독교 교육이 지식과 기술의 발달을 무시하는 것은 아니다. 그러나 앞서 제시한 세 가지 목표에 포함되는 것들과 같이 인간관계를 장려하는 면에서 기독교 교육의 최대 특성이 드러날 것이다.

우리가 그 말씀을 자주 읽고 우리가 그 의미들을 자세히 안다고 전제하기 때문에 우리는 예수 그리스도께서 그의 제자들과 현재의 우리에게 하신 언약의 경이적인 풍성함의 뜻을 놓치는 경우가 있다. 실제로 우리는 가까스로 그 언약의 경이로운 가능성을 어렴풋이 감지할 뿐이다.

내가 아버지께 구하겠으니 그가 또 다른 보혜사를 너희에게 주사 영원토록 너희와 함께 있게 하시리니 저는 진리의 영이라 세상은 능히 저를 받지 못하나니 이는 저를 보지도 못하고 알지도 못함이라 그러나 너희는 저를 아나니 저는 너희와 함께 거하심이요 또 너희 속에 계시겠음이라 내가 너희를 고아와 같이 버려 두지 아니하고 너희에게로 오리라(요 14:16-18).

사람이 나를 사랑하면 내 말을 지키리니 내 아버지께서 저를 사랑하실 것이요 우리가 저에게 와서 거처를 저와 함께 하리라(요 14:23).

보혜사 곧 아버지께서 내 이름으로 보내실 성령 그가 너희에게 모든 것을 가르치시고 내가 너희에게 말한 모든 것을 생각나게 하리라(요 14:26).

아버지께서 나를 사랑하신 것 같이 나도 너희를 사랑하였으니 나의 사랑 안에 거하라(요 15:9).

내가 아버지께로서 너희에게 보낼 보혜사 곧 아버지께로서 나오시는 진리의 성령이 오실 때에 그가 나를 증거하실 것이요 너희도 처음부터 나와 함께 있었으므로 증거하느니라(요 15:26-27)

이 말씀들의 취지는 예수 그리스도께서 이 땅 위에 사는 그의 백성들간에 삼위일체 가운데 있는 하나됨과 같은 협력과 친교를 재현하기 원하셨다는 것이다. 삼위일체 안에는 서로에 대해 각자의 전적인 취약성이 있다. 어떠한 감춤도 없다. 한분이 하시는 것은 모두가 하시는 것이다. 삼위 간 사랑의 순환은 너무 밝아서 진정한 열림(openness)을 거의 알지 못하는 우리를 눈멀게 할 정도이다. 그러나 말씀은 무오하다. 예수 그리스도는 이 땅위에 사는 그의 백성들이 공동체 안에서 자신을 내어주는 이러한 수준의 사랑을 보기 원하셨다. 왜냐하면 이는 우리가 하나님의 형상을 지닌 자로서 사랑의 결핍으로 인해 심하게 훼손된 세상에 대해 하나님의 사랑을 증거할 의무를 지닌 자들이기 때문이다.

이 시점에서 우리가 부딪히게 되는 문제는 하나님에 대한 신뢰와 하나님의 사랑에 대한 경험으로부터 인류를 끊어버린 최초의 인간 안에 있던 죄악된 독립선언에 관한 문제이다. 하나님은 우리의 적이 되었다. 그러나 하나님은 모든 참된 사랑의 근원이 되신다. 하나님과의 친교가 깨어짐으로 인해, 아담과 이브는 또 다른 사랑의 근원을 찾기 위해 가야할 곳이 아무데도 없었다. 그래서 우리의 부족함을 감추기 위해 거짓된 사랑의 가면을 쓰는 너무나도 지루한 일이 시작되었다. 이는 오늘날까지 계속되고 있다. 우리의 이기심의 이면을 살펴보면 다른 사람에 대한 감추어진 미움이 드러난다. 원하는 것에 부족함이 없는 한, 앞에서는 상냥하고 우호적인 체 할 수 있으나, 무엇이 부족하게 되면 불끈 화를 내고 사람들에게 상처를 주게 된다.

  이 모든 것은 참된 공동체의 발달이 기독교 학교 프로그램의 매우 중요한 부분임을 말해준다. 이것이 교실에서 시작될 때는 여러 수준에서 시작되어야만 한다. 여기서 우리는 경쟁의 특성, 학습에 있어서의 일방적인 주고받음, 그리고 헨리 나우엔이 격렬한 과정으로서 가르침의 특성이라고 보았던 소외감을 전환하도록 노력해야만 한다. 가정과 기독교 학급 모두에서 어린이들은 자신이 재능 있는 존재이며, 필요한 존재임을 느낄 필요가 있다. 어린이들은 공헌을 하고 있으며, 그들의 참여가 없다면 결과물은 불완전한 것이 될 것이다. 이는 교사의 역할에 대해 엄밀한 재고를 하도록 할 수도 있다. 우리는 너무나 인지적 재능이나 운동의 재능을 선호하는 분위기 속에서 성장해 왔기 때문에 학교 환경을 구성하기 위한 다른 어떤 방법을 상상하기 힘들다. 그밖에 우리가 할 수 있는 일은 무엇인가? 예를 들면 음악은 하나님께로부터 온 중요한 재능이다. 우리가 하늘나라에 대해 잘 알지 못하는 것들 중 하나는 하늘나라에 음악이 있다는 것이다. 우리는 학력평가 점수가 하늘나라에 게시된다는 이야기는 들은 적이 없다. 예술적 능력은 공동체에 공헌하는 재능이다. 그럼에도 불구하고 예산이 쪼들리게 되면 음악과 미술은 첫 번째의 희생자가 된다. 그러나 음악은 많은 것들을 제공해 준다. 다른 사람의 문제나 고통을 공감할 수 있는 사랑, 신랄한 혹은 흠잡는 말을 하도록 하는 유혹으로부터 물러서는 중용, 도움이 필요한 사람들을 도우려는 의향 등은 참된 공동체를 회복시키는 특성의 발단이 된다. 그것들은 잘 인식되어질 필요가 있다.

교실에서의 공동체는 어떤 누구도 우월감을 느낄 수 없도록 모든 사람을 최소한의 평균적 수준으로 끌어내리는 것을 의미하지 않는다. 교실 공동체는 재능에 대한 거짓없는 인식을 수반한다. 그러나 이것은 그 사람의 가치가 그 공동체와의 관계에서 보여지는 방식으로 이루어져야만 한다. 이것은 개개인으로부터 집단에 이르기까지 경쟁을 조장하는가? 그렇지 않다. 집단은 예수 그리스도의 자신을 내어주는 특성을 전달한다. 경쟁적으로 자랑하는 것이 아니라 사랑의 헌신을 하도록 한다. 사랑은 언제나 주는 것이다. 진정한 겸손은 하나님께서 주신 재능을 부인하지 않으며, 다른 사람의 재능을 자기 자신의 것과 마찬가지로 즐기려고 노력한다. 또한 공동체를 향한 사랑은 사람들로 하여금 많이 받은사람은 회계할 것이 많다는 것을 기억하도록 도와준다. 뛰어난 재능을 가진 사람들은 자기 자신의 영달을 위해 그 재능을 부여받은 자가 아닌, 다른 사람을 돕고 인도할 임무를 가진 자로서 여겨진다.

만약 교무실이 공동체적 특성을 가지지 않는다면 교실 공동체 또한 성장하지 않을 것이다. 아이들이 교사들 간에 서로 사랑하는 것을 볼 수 없다면 그들에게 서로 사랑하라고 말하는 것은 아무 소용이 없다. 교사들은 과도하게 독립적인 유형으로 쉽게 빠져들 수 있다. 일단 교실의 문이 닫히게 되면, 교사는 그의 작은 성(교실)에서 안정을 느끼게 된다. 교장만이 성문에 놓여 있는 다리를 자유롭게 드나들 수 있다. 그러한 경우조차도 계속되는 방문에 따른 상당한 긴장이 있게 마련이다. 따라서 교사들은 가족 안에서, 엄마 아빠가 그들의 자녀들 앞에서 사랑의 진정한 결속을 보여줄 필요가 있듯이 서로 사랑하는 것을 배울 필요가 있다. 교사들이 다른 사람에 대하여 비판적이라고 하는 경향이 깊이 자리잡고 있다. 우리는 도움을 요청해야 한다는 제안의 목소리를 거부한다. 우리는 서로에게 설명할 책임이 있는 존재가 되는 것을 원치 않는다. 우리는 우리와 다른 사람들간에 벽이 유지되는 것을 더 좋아한다. 이러한 우리의 문제에 대한 유일하고도 가장 훌륭한 해결책은 고린도전서에서 말하는 사랑을 배양하는 것이다. 고린도전서에서 말하는 사랑은 오래 참고, 온유하며 투기하거나 자랑하거나 교만하지 않는 사랑이다. 그러한 사랑은 무례히 행치 아니하고 자기의 유익을 구하지 않으며 쉽게 성내지 않는다. 악한 것을 생각지 않고 다른 사람의 불행을 기뻐하지 않는다. 참으며, 믿으며, 바라며 모든 것을 견디는 사랑이다. 사랑은 공기 빠진 타이어가 아니다. 그러한 사랑은 우리 스스로 하기에는 불가능하지만, 우리는 하나님께서 그의 성령을 통해 우리 안에 서로 사랑할 수 있도록 그의 사랑을 부어주시겠다는 약속을 받은 자들이다. 교사회는 우선되는 목적으로서의 집단이 되기 이전에 이러한 종류의 사랑을 유지할 필요가 있다. 종종 목적은 중등학교 수준보다는 초등학교 수준에서 보다 쉽게 성취된다. 격리는 고등학교에서 감소되기보다는 오히려 증가되는 경향이 있다. 중요한 것은 목적을 설정하고 그 목적을 향하여 전진하는 것이다. 그렇게 되면 교실에서 공동체를 장려하는 것이 훨씬 더 쉬워질 것이다.

    운영자와 교사의 관계는 공동체에 필수 불가결한 또 하나의 수준이다. 교사들이 그들의 학생들을 인도한다면, 운영자는 교사들의 인도자가 된다. 이러한 관계의 질은 교무실과 교실 안의 공동체의 발달에 중요한 역할을 한다. 이러한 관계에 대한 확실한 본보기는 오직 예수 그리스도뿐이다. 예수님이 3년의 공생애 사역 동안 열두 제자와 그 외의 다른 제자들을 양육하면서 보여주신 인내는 놀랄만한 것이다. 누가 책임을 지고 있는가에 대해서는 의심의 여지가 없었다. 예수님이 죽기 위해 예루살렘으로 가는 것을 베드로가 앞잡아 보았을 때 예수님께서 베드로에게 했던 바와 같이, 그는 때로 매우 단호하게 이야기할 수 있었다. 그는 처음이요 마지막이 되는 섬기는 지도자였다. 통상적으로 손님을 위해 종들이 수행하게 되는 임무를 제자들 중 어느 누구도 하지 않으려고 했을 때, 예수님은 친히 제자들의 발을 씻기셨다. 그의 마지막 날에 제자들은 왕국에서의 첫 자리를 차지하기 위해 서로 무정한 경쟁을 함으로써 예수 그리스도의 엄청난 슬픔을 가중시켰었다. 그러나 예수 그리스도는 그들을 사랑하셨고 끝까지 그들을 올바르게 사랑하셨다. 교사들 스스로가 성공과 실패의 감정을 나타내고, 다음 해의 진보를 위한 스스로의 목적을 드러내도록 할 수 있는 방식으로 교실방문이나 연례평가를 할 수 있는 교장은 공동체 발달에 상당한 기여를 할 수 있는 실제적인 사랑을 보여줄 것이다. 공손한 비판에 귀기울이며, 그러한 비판을 통해 도움을 받을 만큼 겸손할 수 있는 교사 역시 공동체발달에 기여하는 실제적 사랑을 드러낼 것이다.

공동체를 사다리로 비유했을 때 교직원의 위치는 또 다른 하나의 기둥이 된다. 시인 존 밀턴(John Milton)이 "그들은 또한 오직 참고 기다리는 사람을 섬긴다"라고 썼을 때 그는 자신의 무분별을 한탄했으나 그 우매함은 여전히 유효했다. 예수 그리스도께 5000명을 먹이신 기적에서 두 번째로 중요한 역할을 한 사람은 제자들이 아니라 자신의 물고기 두 마리와 작은 떡 다섯 덩어리의 점심을 기꺼이 바쳤던 어린 소년이었다. 교사들이 교직원들보다 더 우대받는 것은 사실이지만 교직원 없이 학교가 운영될 수는 없다. 이러한 점이 바로 여기서 다시 한번 공동체의 각 구성원들의 중요성이 신앙심 깊고 사려 깊게 기억되고, 발전되며, 표현되어야 할 필요가 있다. 사랑은 장려되어야만 한다. 공동체는 우리가 씨를 뿌리고 기름지게 하며 물을 주지 않는 한 성장하지 않는다.

공동체에서 필수적인 또 다른 관계는 학교 이사회와 교직원의 관계이다. 이사회는 학교정책을 책임을 지고 있는 분주한 사람들이다. 그들은 학교의 소유주들이며, 좀더 깊이 의미를 따져 보자면, 그들 자체가 곧 학교인 셈이 된다. 그들은 사업상의 세계에서 이사 직무를 수행하는 것처럼 그들의 임무를 처리하기 쉽다. 물론 그렇게 하는 것이 그들 아래 모든 수준의 공동체 발달에 있어 중요한 역할을 한다는 것은 사실이다. 그러나 이사회 안의 공동체는 저절로 성장하지 않는다. 은혜, 인내, 사랑, 그리고 용서가 어느 곳에서나 필요하듯이 여기에서도 역시 필수적이다. 만일에 이사회가 하나님의 축복과 함께 기능하려 한다면 여기서 가장 중요한 것은 공동체가 필수적임을 인식하는 것이다. 그래서 공동체는 이사회의 우선순위의 하나가 될 필요가 있다.

마지막으로 공동체는 지역 사회 안에서 그리고 그 지역 사회와 학교 전 직원 사이에서 발전되어야만 한다. 만약 학교의 비전이 진정한 그리스도인을 양성하는 데 있다면, 학부모는 그 비전에 대해 어느 정도 의아해 할 수도 있다. 교회들이 기독교 학교가 진정으로 추구하는 것을 지지하거나 그것에 동정적이지 않을 수 있다. 그래서 학교가 하려고 하는 것을 부모들이 깨닫도록 도와줄 필요가 있다. 학교들은 아이들이 입학하기 전에 적어도 부모들을 위한 초보 수준의 세미나를 제공해야만 한다. 이 세미나를 통해 학교의 교육철학과 비전을 확실히 해야 하며, 부모들로 하여금 가정이 학교가 추구하는 목표를 방해하기보다는 지지하는 방향으로 영향을 미칠 방법을 생각해야 한다. 기독교적 사고가 오늘날 교회 안에 확산되지 않은 상태이기 때문에 해마다 부모들을 위해 필요한 세미나를 제공하는 것이 바람직하다. 그렇게 되면 학교의 비전은 그 비전이 성취되도록 도울 수 있는 방식으로 강화되고 설명될 수 있게 된다. 필자가 아는 바에 의하면, 이러한 아이디어가 어느 기독교 학교에서도 아직 시행되고 있지 않다.

공동체는 중요하다. 누군가는 공동체를 모든 수준에 있어서 책임이 수반되는 자유에 근거한 것으로 표현했다. 학생들이 그들의 교사들에게 자유로이 반응하도록 도와줄 필요가 있다. 교사들 역시 운영자와 이사회에 대해 이러한 자유가 필요하다. 부모들도 교사와 운영자에게 다가갈 수 있는 자유뿐만 아니라 도움이 필요하다. 교사회와 직원들은 비전, 이해, 사랑에 있어서 조화를 이룰 필요가 있다. 오직 공동체 안에서만 기독교 학교 교육의 진정한 비전이 뿌리를 내리고 성장할 것이다. 그리고 만약 비전이 없다면 기독교 학교 안에 있는 돈과 에너지를 헛되이 낭비하지 않는 편이 나을 것이다. 상호적인 사랑이 진정한 공동체 안의 가장 핵심적인 요소이다.

24장 결론

우리는 진정 무엇을 하고자 노력하는가?

> 하나님께서 그리스도 안에 계시사 세상을 자기와 화목하게 하시며 … 화목하게 하는 말씀을 우리에게 부탁하셨느니라(고후 5: 19)

기독교 학교 교육에 대한 지금까지의 설명을 마무리 지으면서, 우리는 기독교 학교 교육은 무엇을 하고자 시도하고 있는가라는 질문에 직면하게 된다. 기독교 학교 교육의 목적은 단지 오늘날 세상을 살아가는 데 필요한 기술들을 얻게 하는 데 있지 않다. 기독교 학교에서 근무하는 교사는 학생들이 예수 그리스도의 참 제자가 되도록 돕는 데 가장 우선적인 노력을 기울인다. 그리스도의 참 제자가 되기 위하여 학생들은 단지 복음을 이해하는 것 뿐만 아니라 창조된 세상을 그들을 둘러싼 문화와 다른 방법으로 보는 시각을 배워야 한다.

어느 학교에서나 교육과정의 기본은 창조세계이다. 학교에서 공부하는 것들은 비록 종종 인간의 죄로 인해 깊이 타락된 것이라 할지라도 하나님의 말씀으로 창조된 것이고 유지되고 있는 것이다. 그러나 그리스도인 교사가 학생들이 피조물에 대해 발견하였으면 하는 것은 일반 교사가 목적하는 것과 명백히 다르다.

  이러한 차이는 성경에 계시된 진리에 따라 정해진다. 인간 경험은 하나를 제외하고 창조된 세계에 제한되어 있다. 이 제외는 하나님과 만나는 인간의 능력이다. 이 능력은 피조물을 능가하고 있고 인간의 과학적인 분석에 의해 조사되어질 수 없다. 여기에 우리가 온전히 알 수 없는 한 신비가 있다. 그러나 기독교적 가르침을 다르게 만드는 이 요소는 성경적인 계시이고, 피조물에 대한 공부가 하나님을 더 잘 알고 더 잘 섬길 수 있게 하는 수단이 된다. 이것은 학교 공부에 엄청난 잠재적인 가치를 제공한다. 이것은 기독교 학교 교육과정의 독특한 목적으로 정의된다. 우리는 부정적이고 긍정적인 입장에서 그 목적을 생각할 수 있다.

  부정적인 입장에서 생각해 보면, 기독교 학교는 그것을 가지고 있지도 않고 그것을 찾으려 하지도 않는다. 다만 창조된 실재에 관해 발견할 수 있는 정보를 마련할 뿐이다. 우리가 알다시피 하나님은 오직 한 세상을 만드셨고, 그리스도인에게 뿐 아니라 비그리스도인에게도 그 세상에 대한 일부의 비밀을 볼 수 있는 능력을 선물로 주셨다. 이 이유 때문에 기독교 학교는 비그리스도인 과학자들이 발견한 것들을 무시하지 말아야 한다.

  그러나 형이상학적 주장으로부터 순수한 과학적 발견을 구분하는 것이 중요하다. 한 과학자가 진화를 우주의 기원에 대한 참 설명으로서 말하기 시작할 때, 그는 과학의 분야를 떠나서 철학과 종교의 분야에 들어온 것이다. 그가 과학자로서 받고 있는 신임은 이 분야에서 어떠한 특별한 권위를 수반하지 않으며, 또한 그리스도인 학생들에게 그를 믿으라고 강요하지도 못한다. 이 상황은 과학이 물리 과학에서 하듯이 심리학, 사회학, 윤리학과 같은 인간을 다루는 학문에서도 같은 것을 의미하지 않는다는 깨달음에 의해 더욱 복잡해진다. 초기 과학 혁명기에 과학적 조사의 성공은 물리학자들이 성취한 것과 같은 종류의 존경을 다른 분야의 학문도 열망하게 되었다. 그러나 인간에 관한 학문에서 조사라고 하는 것은 종종 물리 과학에서 이룬 것과 같은 종류의 반복적인 실험을 제공할 수 없다. 그래서 우리는 과학적인 신빙성의 요구를 조심스럽게 살펴볼 필요가 있고, 물리 과학에서조차 급격한 패러다임의 변화가 있다는 것을 기억할 필요가 있다.

기독교 학교에서 가능한 정보에 대한 앞의 논의에서, "사실"이라는 단어는 정교하게 회피되고 있다. 중립적인 실재로서의 사실의 개념은 현대 서구인의 의식속에 너무 깊숙히 새겨져 있기 때문에 그리스도인들은 그것의 허위성을 깨닫는 것에 어려움을 느낀다. 가치 중립적이 되기 위해서 사실들은 의미가 없어야만 한다. 그러나 모든 창조된 실재들은 의미로 가득차 있다. 중립적인 사실들은 단순히 존재하지 않는다. 하나님은 우리에게 자신을 계시하시기 위해 피조물을 만드셨고 지키시고 계신다. 하나님으로부터 독립적으로 존재하고 있는 실재들이 있다고 상상하는 것이 위험한 망상이다. 이것은 현대인들이 그들 스스로를 독립적이거나 자율적인 존재로 만드는 우상숭배의 일종이다. 이것은 사실들은 공적이고, 가치들은 사적이라는 현대적 망상 중의 하나이다. 물론 종교는 사적인 영역으로 분류된다. 그렇기 때문에 지금 미국에서는 종교적인 개념은 공적인 토론에서 어떠한 자리도 차지할 수 없다. 그러나 만약 사실들이 실제로 의미를 많이 담고 있다면, 그것을 공공연한 진리에의 토론으로부터 종교적인 확신으로 배제하는 것은 합리적이지 못하다.

그러나 만약 그리스도인들이 사실들을 가치 중립적인 것으로 받아들인다면, 그들은 쉽게 세속적인 학교가 그들의 자녀에게 세상에서 무엇이 참인지 가르칠 수 있다고 보는 것이고, 가정과 교회는 그들에게 어떻게 살아야만 하는지 가르치는 곳이라고 기대한다는 것이다. 윤리를 과학으로부터 분리하는 것은 몇몇 기독교 대학의 특징이기도 하다. 그러나 이것은 성경적이지 못한 분리이다. 그래서 중립적이라고 생각하는 실재들은 하나님으로부터 독립적이다. 동시에 그들은 언제나 독립적인 것으로 생각되는 피조물의 어떤 측면에 의존적인 것으로 여겨져 왔다. 이러한 독립적인 측면은 수, 감각 개념, 논리, 또는 생물학과 같은 것들일지 모른다. 그들은 하나님으로부터 독립적이라고 믿는 동시에 모든 것은 의존적이라는 것이 기본적인 실재이다. 예를 들면, 수학 이론은 수가 실재에 대한 또 다른 세계나 차원에서 참 실재를 유지하게 하고, 이것이 우리로 하여금 관찰 가능하게 해주는 것이라고 주장하고 있다. 클라우저는 이러한 견해는 일부 고대 그리이스 철학자들에 의해 주장되어졌을 뿐만 아니라 몇몇 의견은 현대 수학자들에 의해서도 계속적으로 주장되어지고 있다(*The Myth of Religious Neutrality*, pp. 112-113)고 말한다. 그러나 세상에 있는 어느 것도 독자적이지 못하다. 그렇다고 가정하면 그것은 우상이 되는 것이다. 로마서 1장 25절은 이렇게 하는 것을 엄격하게 금지하고 있다.

    누군가 기독교 학교는 피조물에 관한 새로운 정보를 찾으려고 하지 않는다고 할 때, 예외가 있음을 주목해야만 한다. 기독교 학교는 신학적인 명제에 대한 발전된 의견들을 합법적으로 찾고 있는지도 모른다. 몇몇 대표적인 복음주의적 신학 교리는 몇 세기 전부터 전수된 혼합된 이방 그리스 사고를 전달하고 있다. 기독교 학교는 이것들을 조사하여야 하고 변화를 요구하여야 한다. 이들은 또한 새로운 과학적 발견을 이끌어 왔는지도 모른다. 물론 이것은 초등학교나 중등학교 수준보다는 대학 수준에서 이루어져 왔다. 전반적으로 기억해야 할 것은 기독교 학교는 세속적인 학교에서 다루는 것과 같은 실재를 다루고 있지만 경험된 실재를 의미화하는 데는 성경이 중심이 되어야 한다는 것이다.

기독교 학교는 세상의 과학적인 정보에 대한 대안을 제시하는 것 뿐만 아니라 그 정보들을 다르게 해석하여야 한다. 기독교 학교의 목표는 새로운 도덕적 표준을 만드는 것도 아니다. 우리의 행위에 대한 하나님의 표준이 성경에 기록되어 있다. 하나님과 이웃에 대한 사랑으로 요약되는 십계명은 우리 생활에 필요한 도덕적 방향을 제시해 주고 있다. 그것들은 성경의 많은 부분에서 다루어지고 있다. 인간 삶의 도덕적·윤리적 측면은 우리의 경험과 분리되지 않아야 한다. 우리가 경험하는 모든 것은 하나님께서 창조하신 것이고 하나님을 계시하기 때문에 우리는 경외와 사랑과 봉사로 하나님에게 반응해야 한다. 예를 들면, 언어에는 윤리적인 면이 있다. 언어는 도덕적으로 정신을 앙양시킬 수도 있고 타락시킬 수도 있다. 그렇기 때문에 성경은 우리의 모든 말을 은혜 가운데서 소금으로 고루게 함같이 하여 각 사람마다 마땅히 대답할 것을 알리라(골 4:6)고 말한다. 그래서 기독교 교육과정은 세상에 대한 새로운 정보 또는 새로운 도덕적 규범을 제공하는 것이 아니다. 기독교 교육 과정은 단순히 피조물의 의미가 무엇인지, 그리고 지식이 하나님과의 관계 안에 있을 때 어떤 특권과 의무가 있는지 계시하는 것이다.

긍정적인 면에서 기독교 학교 교육과정에는 적어도 세 가지 목표가 있다. 첫째는 창조와 구원을 조화시키거나 화해시키는 것이다. 둘째는 창조와 타락 그리고 구원에 대한 기독교적 관점을 삶에서 보여주는 화목한 생활을 격려하는 것이다. 셋째는 학교 공부를 통해 하나님을 깊이 경외하고 사랑하고 찬양하고 섬기는 생활을 하도록 양육하는 것이다.

첫 번째 목표에 대해, 현대 교회가 피조물들을 구원으로부터 분리시키는 방법들을 발견하여 왔다는 것이 진실인가 하는 것이다. 그렇다. 그 이유는 구원이 무언가 영적인 것 같고, 우리의 죄가 용서되어진 것 같고, 하나님의 가족이 되는 것처럼 주로 생각되어져 왔다는 것이다. 반면, 피조물은 종종 하나님과 분리된 것 같고, 그와 관련되어 있다면 최초의 그의 창조인 것처럼 생각되어 왔다는 것이다. 피조물은 보통 영적인 것으로 생각되지 않는다. 그리스도인은 피조물을 세속적인 것으로 생각하는 것 같다. 거의 모든 그리스도인들이 하나님의 형상으로 창조되었다고 주장하면서 아직도 소위 세속적인 피조물의 일부인 것이 이상하다. 피조물과 구원 사이의 분리는 정치학, 상업, 교육 등과 같이 종교와는 거의 상관이 없는 학문의 주된 견해이다. 그렇기에 그리스도인이 일반 공립학교에 자녀를 보내고 불안해 하지 않는다.

이러한 대립은 어떻게 해서 생긴 것일까? 이것은 모든 삶이 여호와와의 언약으로 이루어졌던 구약 시대의 이스라엘에서는 분명히 있지 않았다. 그리고 초대 교회 때도 아니다. 1세기 박해의 가장 일반적인 원인은 정치적인 이유이다. 그들은 시저의 상에 절하지 않았고 그를 신성시하지도 않았다. 그렇기 때문에 그들은 무신론자로 불리어졌다. 그 이유는 초기 그리스도인의 삶은 영적인 것과 세속적인 것이 분리되어 있지 않았기 때문이다.

역사적으로 신성한 것과 세속적인 것이 분리되는 변화는 주요한 두 단계를 거쳐 이루어졌다. 세기 초에는 기독교 신학이 그리스 철학에 의해 상당히 영향을 받았다. 예를 들면, 어거스틴은 신플라톤주의에 의해 영향을 받았다. 점차로 스콜라 철학자로서 잘 알려진 기독교 사상가들의 견해가 성경보다는 이방 그리스로부터 많은 좋은 생각들을 가져오게 되었다. 스콜라 철학의 발전은 13세기 서구 유럽에 새롭게 대학이 세워져 아리스토텔레스의 작품이 새롭게 해석되기 시작할 때 가장 왕성했다. 아리스토텔레스는 플라톤보다 물리적인 세계에 더욱 관심이 많았다. 이제 질문은 기독교 사상가들이 아리스토텔레스의 가르침을 받아들일 수 있는가 하는 것이었다. 파리 대학의 토마스 아퀴나스의 대답에 의하면 아리스토텔레스는 일상적인 일들을 다루었고 성경은 영적인 일들을 다루었다고 기억하는 한에서는 수용적이다. 이것은 일상적인 일을 포함하는 자연과 영적인 일을 포함하는 은혜와 같은 소위 자연/은혜라는 이원론에 빠지게 하였다. 영적인 면에서 그리스도는 주님이고 성경은 필요하다. 일상적인 일에서는 인간의 이성이 필수적이다. 인간의 타락은 그의 의지에 상처를 주었지만 이성에는 아니라는 로마 카톨릭의 개념은 우상숭배로 귀착됐다. 영적인 일에서 그리스도는 주님이고, 일상적인 일에서는 이성이 주님이다. 이것은 창조된 이성을 하나님의 장소에 놓은 것이고, 따라서 이것은 우상숭배이다.

피조물과 구원 사이의 이러한 분리는 성경적이지 않다. 이것은 "일반 구원"과 "특별 구원"으로 그리스도인 사고 속에 자리잡아 왔다. 일반 구원은 피조물에서 보여지고, 구원에 대해 거의 말하고 있지 않다. 특별 구원은 성경에서 발견되어지고 구원을 다룬다. 고든 스파이크맨(Gordon Spykman)은 대체 용어로 "기초 계시"(fundamental revelation)와 "구원 계시"(redemptive revelation)를 제시하고 있다. 이것은 더 나은 선택을 하게 한다. 구원의 메시지를 강조하는 현대 복음주의적 교회는 그리스도인의 마음에 창조와 구원을 따로 생각하도록 하였다.

시편 19편과 로마서 1장 20절 그리고 다른 성경 구절이 증명하는 것처럼, 모든 피조물은 하나님을 계시하고 있다는 것이 실재이다. 피조물에 하나님 자신을 계시하셨다는 이 깨달음은 믿음을 보여주는 것이고 구원과 관련된다. 욥기서 마지막 부분에서 하나님이 욥에게 말씀하셨을 때, 욥은 오직 창조된 실재에 대해서만 말한다. "내가 주께 대하여 귀로 듣기만 하였삽더니 이제는 눈으로 주를 뵈옵나이다. 그러므로 내가 스스로 한하고 티끌과 재 가운데서 회개하나이다"(욥 42:5-6)라고 욥은 반응했다. 이것은 피조물에 하나님 자신을 계시하심에 대한 구원적인 반응이다. 물론 사람이 죄를 범했을 때, 피조물을 바로 읽을 수 있는 능력을 잃은 것이 사실이다. 그래서 하나님은 성경을 제공하였고, 성육신하셨고, 그리스도의 죽음과 부활로 하나님에게 돌아갈 수 있는 길과 창조된 세상을 새롭게 이해할 수 길을 열어 주셨다. 구원은 우리 개개인의 영혼뿐만 아니라 모든 실재를 포함한다. 성경은 이것을 창조에 대한 회복, 즉 하나님께서 원래 의도하셨던 대로 돌리는 것으로 설명하고 있다. 따라서 기독교 학교 교육과정의 한 중요한 목적은 학생들로 하여금 피조물은 하나님을 계시하고 있고, 일단 우리가 그리스도를 통하여 하나님을 알면 하나님이 지으신 세계에 대한 이해를 통해 더욱 그에게 가까이 다가갈 수 있음을 알도록 해 주는 것이다.

기독교 학교 교육과정의 두 번째 목적은 학생들이 창조, 타락, 구속이라는 기독교적 세계관을 삶 속에서 구체화시키도록 격려하는 것이다. 우리가 마음을 다하여 하나님을 사랑하고 이웃을 내 몸처럼 사랑할 때 우리는 성경적인 세계관을 드러내는 것이다. 우리는 먼저 그의 나라와 그의 의를 구해야 한다. 이것은 모든 삶, 즉 교회뿐만 아니라 가정, 학교, 사업장, 국가 등에서 이루어져야 한다. 부부가 희생적인 사랑으로 서로를 대하고 그들의 자녀를 대할 때, 그들은 복음을 실천하고 있는 것이다. 그들은 기독교적 세계관을 드러내고 있는 것이다.

이것은 기독교 학교에서도 일어나야만 한다. *A Vision With A Task*는 기독교 학교에 관한 훌륭한 책인데, 이 책에서는 학생들을 반응적인 제자로 이끄는 세 단계를 제시하고 있다. 그것은 학생의 은사(gifts)를 개발하고, 서로의 기쁨과 짐을 나누고, 그리고 깨어진 것을 고치고 피조물을 회복하는 성경적인 평안인 그리스도의 "샬롬(shalom)"을 구하는 것이다. 우리가 학생들로 이것들을 행하도록 도울 때 그들은 기독교 세계관을 드러내게 된다. 어떤 그리스도인 사업가가 자신의 공장폐수로 인해 강이 더

렵혀지고 바다의 생태계가 파괴되는 오염을 방지하려는 책임을 느끼는 것은 그것과 같은 일을 행하는 것이다. 한 정부 관리가 성경적인 공적 정의를 증진시키기 위해 정부를 움직일 방안을 찾는 것도 기독교적 세계관을 나타내는 것이다. 세상과 우리의 삶이 죄로 붙잡힌 바 되었음에도 불구하고, 하나님 나라를 위한 기회는 우리 매일의 삶에 풍만하다. 기독교 학교 교육과정의 목표 중 하나는 학생들이 이것을 어떻게 행할까 하는 것을 배우도록 돕는 것이다. 이것은 학생들로 화목하는 자로서의 기능을 감당하도록 돕는 것이다(고후 5:17-21).

세 번째 목적은, 처음 두 가지 목적에서 비롯된 것인데, 학생들이 학교 공부를 통해 하나님과 새로운 관계를 경험할 수 있도록 양육하는 것이다. 이 목적은 요한복음 17장 3절에 나타난 영생에 대한 예수님의 정의를 이해하는 것이다. "영생은 곧 유일하신 참 하나님과 그의 보내신 자 예수 그리스도를 아는 것이니이다." 이것은 오늘날 교회에 거의 인식되지 않고 있다는 것이 놀랍고도 슬픈 일이다.

그러나 성경은 피조물이 하나님을 계시하고 있다고 단언하고 있다. 위의 욥기 구절이 한 예가 되고 있다. 자연 과학의 가르침은 얼마나 이상한 결과인가! 성경의 많은 구절은 사실은 가치 중립적이고 의미가 없다는 현대의 그릇된 생각을 논박하고 있다. 피조물이 그를 계시하도록 한 것은 그의 사랑의 결과이다. 그렇기 때문에 피조물 안에서 그리고 피조물을 통해 하나님에 대한 지식이 생활 속에서 변화하도록 하는 것이 기독교 교육과정의 두드러진 특징이며, 특별한 목적이다. 여기서 말하는 하나님에 대한 지식은 몇 가지 측면을 포함하고 있다.

첫 번째 측면은 창조세계 안에서 하나님께서 직접적이고 본질적으로 개입하신다는 깊은 깨달음은 그를 더욱 경외하게 한다는 것이다. 이것이 곧 성경에서 하나님을 경외하라는 것이고, 나아가 "지식의 근본"(잠 1:7)

이라 한다. 하나님은 우리 생활의 필요에 놀랍도록 알맞은 환경으로 채워 주신다. 그는 매 순간 말씀의 능력으로(히 1:3) 환경과 우리를 지키신다. 환경은 그의 사랑의 지혜, 돌봄, 그리고 은혜를 큰 소리로 말한다. 학생들이 일상적인 경험에서 그의 가까운 임재를 느낄 때, 성령께서 하나님을 더욱 깊이 경외하도록 그들의 마음에서 역사하신다. 이것은 예수 그리스도 안에 있는 하나님에 대한 지식을 깊게 할 것이다.

이것은 그리스도인 교사가 설교를 통해 학생들을 그곳까지 인도해야 한다는 것을 의미하지 않는다. 교사가 적당한 때에 확신을 가지고 그것을 말하면 학생들은 진심으로 그것에 이르는 방법을 더욱 쉽게 발견하게 된다. 이것이 곧 교사의 경험된 실재이고 교육과정의 통합이다. 교사가 하나님을 더욱 경외할 때 학생들에게 가르치려고 하는 교과목들이 더욱 감사하게 여겨지고, 성령의 인도로 상상력이 풍부한 방법들을 발견할 것이고, 그의 학생들로 같은 가능성을 제시할 것이다. 성경적인 감각으로 하나님을 경외하는 것이 하나님을 아는 것의 한 부분이다. 이것은 기독교 학교 교육과정의 한 중요한 목적이다.

이것은 교육과정에서 학문적인 내용을 줄이는 것은 아니다. 학교 공부에 포함되어야 하는 정보가 어떤 정보이어야 하는지는 모든 학교에서 고려되어야 한다. 기독교 학교 학생들은 그들의 다양한 은사의 범위 내에서 피조물을 알 필요가 있다. 학생이 논리적이고 언어적인 은사가 있다면 그가 최고의 학문 수준까지 이르도록 도와주어야 한다. 그들의 은사가 어떠한 접근을 통해 나타나든 그 정보의 의미는 기독교 학교의 접근에 의해 추가되는 새로운 요소인 것이다. 그리고 그 의미는 단순히 새로운 인지적 정보가 아니고, 하나님이 피조물에서 보여지는 것처럼 하나님을 더욱 경외하는 변화된 생활이다. 실재는 하나님께 반응하도록 부른다.

하나님을 아는 것에 대한 두 번째 측면은 그에 대한 사랑을 깊게 하는 것이다. 예를 들면, 생물학에서 공부한 것처럼 인간 몸에 대한 신비는 우리가 하나님께서 얼마나 지혜롭게 인간 몸을 만드셨고 얼마나 온유와 신실함으로 인간 몸을 지키시는지 깨달을 때 눈물이 날 정도로 우리를 감격하게 하고 확실히 그를 사랑하게 한다. 지리와 천문학에서 또한 지구 시스템이 우리가 편안한 삶을 누리도록 얼마나 정교하게 운행되고 있으며, 해로운 태양 광선으로부터 놀라울 정도로 우리가 보호되고 있음을 깨닫게 되면 우리는 그를 사랑하게 된다. 예술의 전영역은 하나님을 사랑하는 이유로 가득하다. 우리가 무척이나 즐기는 석양과 분수와 사랑하는 친구들의 아름다움은 그것들 안에 있지 않고 그것들을 통해서 온다. C. S. 루이스가 말한 것처럼 기쁨은 "우리의 민감성을 스치는 영광의 한 줄기 광선"이다. 이것이 학생들에게 참된 것이 될 때, 그 결과는 하나님을 깊이 사랑하게 한다.

성숙하는 사랑은 하나님을 아는 지식의 세 번째 형태인 하나님을 찬양하는 수준을 깊게 할 것이 분명하다. 앞장에서 말했던 것처럼, 주로 찬양은 우리의 일이 아니고 천사의 일이라고 생각한다. 만약 이사야가 왜 가치있는 일을 하지 않습니까라고 천사에게 물었다면, 아마도 그는 천사의 날개에 맞아 바다 저편으로 날아가 버렸을 것이다(사 6:1-4). 우리는 매사를 돈으로 측량해서 인간의 가치가 마치 그가 얼마나 버느냐에 달려있는 것 같다. 하지만 찬양은 인간이 할 수 있는 가장 즐거운 일일 뿐 아니라 가장 중요한 일이다. 우리는 단순히 그것을 감사하게 받아들이는 대안 의식을 필요로 한다. 그렇기 때문에 로마서 12장 1절과 2절은 우리에게 이 세대를 본받지 말고 오직 마음을 새롭게 함으로 변화를 받아 하나님의 선하시고 기뻐하시고 온전하신 뜻이 무엇인지 분별하도록 하라고 하셨다. 찬양은 피조물에 대한 우리의 연구로부터 시작된 하나님에 대한 지식의 또 다른 측면이다.

하나님을 아는 마지막 형태는 하나님을 섬기려는 깊은 열망이다. 학생과 교사가 창조세계는 하나님의 세계이고, 우리의 선을 위해 매 순간마다 그의 말씀으로 붙드신다는 의식을 개발할 때, 하나님을 섬기고 있다는 행복한 의무감은 불가피하다. 봉사의 형태는 무수하겠지만, 그것들은 하나님과 이웃을 사랑하라는 큰 계명을 항상 충족하여야 한다. 현대인의 생활에서의 성공 목적은 즐거움, 소유, 그리고 힘을 추구하는 것으로 요약될 수 있다. 이것은 에덴 동산에서 그리고 그리스도의 시험에서 나타난 세 요인이다. 이 세 요인은 우리가 인식하고 있는 것보다 더욱 깊이 복음주의적 그리스도인으로서의 우리의 삶에서 발견되어 왔다. 사랑 안에서 하나님과 이웃에 봉사하라는 대안적인 부름이 그리스도인의 소명이다. 학생들이 그의 창조세계 안에서 창조세계를 통해 주님을 알게 될 때 그 부르심은 더욱 그들의 목적이 될 것이다.

결론적으로, 기독교 학교의 궁극적인 목적은 교육과정을 학생들이 성장하는 수단으로 사용하는 데 있다. 학생들의 성장은 창조와 구원이 화해하는 가운데, 학생들의 삶에서 기독교적 세계관이 표현되는 가운데, 그리고 하나님에 대한 그들의 지식 안에서 이루어져야 한다. 그 지식은 하나님에 대한 더욱 깊어가는 경외심으로 그리고 그에 대한 더욱 많은 찬양과 섬김으로 드러날 것이다. 그들은 학교에서 공통적으로 가르쳐진 학문적인 정보를 알 필요가 있다. 하지만 그들은 그 정보를 참된 의미의 맥락 안에서, 즉 그 정보들이 하나님을 계시하고 있고 그에게 반응하도록 부르고 있다는 맥락 안에서 배울 필요가 있다.

BIBLIOGRAPHY

Beane, James A. "Curriculum Integration and the Disciplines of Knowledge." Phi DeltaKappan, April, 1995.

Berger, Peter L. A Rumor of Angels. New Your: Anchor Books, 1970, 1990.

Berkouwer, G. C. Man, the Image of God. Grand Rapids, Michigan: Eerdmans, 1972.

Blomberg, Doug. No Icing on the Cake. Melbourne: BrooksHall Publishing Foundation, 1980.

Brand, Paul and Philip Yancey. fearfully and Wonderfully Made. Grand Rapids, Michigan: Sondervan, 1987.

Vrueggemann, Walter. The Prophetic Imageination. Minneapolis: Fortress Press, 1978, 1989.

Capon, Robert. The Supper of the Lamb. New York: Pocket Books, 1970.

_____. Bed and Board. New York: Pocket Books, 1970.

_____. An Offering of Uncles. New York: Crossroad, 1982.

Clouser, Roy. The Myth of Religious Neutrality. University of Notre Dame Press, 1991.

del Prete, Thomas. Thomas Merton and the Education of the Whole Person. Birmingham, Alabama: Religious Education, 1990.

Edman, Irwin. "Arts and Experience," in Arts and the Man. New York, 1928, 1939.

Ellul, Jacques. The Presence of the Kingdom. New York: Seavury Press, 1967.

Fowler, Stuart. "Schools Are for Learning." In Doug Blomberg. No Icing of the Cake, Melbourne: BrooksHall Publishing Foundation, 1980.

Gardner, Howard. The Unschooled Mind. New York: Basic Books, 1991.

_____. Frames of Mind. New York: Basic Books, 1993.
Goudzwaard, B. Aid for the Overdeveloped West. Toronto: Wedge publishing Foudation, 1975
Howard, George R. Philosophy and Education, 2nd Edition. berrien Springs, Michigan: Andrews University Press, 1989.
Lewis, C. S. Letters to Malcolm, Chiefly on Prayer. London: London and Glasgow. Letters 1974.
_____. The Abolition of Man. New York: McMillan, 1947.
_____. The Weight of Glory. Grand Rapids, Michigan: Eerdmans, 1949.
_____. The Four Loves. San Diego: Harcourt Brace and Company, 1991.
Loder, James. The Rtansforming Moment, 2nd edition. Colorado Springs: Helmers and Howard, 1989.
Martin, James E. "Toward an Epistemology of Revelation." in The Reality of Christian Learning, edited by Harold Heie and David L. Wolfe. Grand Rapids, Michigan: Eerdmans, 1987.
May, Gerald G. Addiction and Grace: Love and Spirituality in the Healing of Addictions. Harper San Francisco, 1991.
Newbigin, Lesslie. The Other Side of 1984. New York: World Council of Churches, 1983.
Nord, Warren A. Religion and American Education: Rethinking an American Dilemma. Chapel Hill, North Carolina: University of North Carolina Press, 1995.
Nouwen, Henri. Reaching Out. New York: Doubleday, 1975.
Owens, Virginia Stem. God Spy: Faith, Perception, and the New Physics. Seattle: Alta Vista College Press, 1988.
Palmer, Parker. To Know As We Are Known. Evanston, Illinois: Harper and Row, 1983.
Peterson, Eugene. Working the Angles. Grand Rapids, Michigan: Eerdmans Medina, washington, 1994.
_____. Answering God. Harper San Francisco, 1989.
Phenix, Philip H. Realms of Meaning. New York: McGrawHill, 1964.
Postman, Neil. The End of Education. New York: alfred A. knopf,

1996.

Sayers, Dorothy. The Whimsical Christian. New York: Collier Books, 1987.

Schmemann, Alexander. For the Life of the World. Crestwood, New York: St. Vladimir's Seminary Press, 1988.

Seerveld, C. Rainbows for the Fallen World. Toronto: Tuppence Press, 1980.

Sibley, George. "The Desert Empire," Harper's magazine, October, 1977.

Steensma, Geraldine. To Those Who Teach. Terre Haute, Indiana: Signal Publishing corporation, 1971.

Steensma, Geraldine and Harro Van Brummelen. "directives for a Biblically Grounded curriculum," in Shaping School Curriculum, Terra Haute, 1977.

Stronks, Gloria Goris and Doug Blomberg. A Vision With a Task. Baker, 1993.

Taylor, Paul W. "Realms of Value." In Theories of Value and Problems in Education, edited by Philip G. Smith. Urvana-Champaign, illinois: University of Illinois Press, 1970.

Van Brummelen, Harro. Walking with God in the Classroom. Medina, Washington: Alta Vista College Press, 1992.

Van Ruler, A. A. The Greatest of These Is Love. Grand Rapids, Michigan: Eerdmans, 1958.

Veith, Gene E. Jr. Postmodern Times: A Christian Guide to Contemporary Thought and Culture. Wheaton, Illinois: Crossway Books, 1994.

Walsh, Brian and Richard Middleton. The Transforming Vision. Downer's Grove, Illinois: InterVarsity Press, 1984.

Wells, Ronald A. History Through the Eyes of Faith. Harper San Francisco, 1989.

Zylstra, Uko. "Biology." In shaping School Curriculum. Edited by Geraldine Steensma and Harro Van Brummelen. Terre Haute, 1977.

사단법인 기독교세계관학술동역회
사역 소개

● 세계관 운동

삶과 학문의 모든 영역에서 예수 그리스도가 주인이심을 고백하고, 하나님의 말씀대로 생각하고 적용하며 살도록 돕기 위한 많은 연구 자료와 다양한 방식의 강의 패키지들을 준비하고 있습니다. 특히 삶의 각 영역에서 만날 수 있는 문제들에 대한 대안을 찾을 수 있도록 세계관 기초 훈련, 집중 훈련 및 다양한 강좌들을 비롯하여 기독 미디어 아카데미, 기독교 세계관 아카데미, 어린이 청소년 세계관 강좌 등 다양한 강의와 세미나가 준비되어 있습니다. 강의를 원하시는 교회나 단체는 기독교세계관학술동역회 사무국으로 연락해 주시면 친절히 안내해 드립니다.

● 기독교학문연구회

기독교학문연구회(KACS : Korea Association of Christian Studies)는 기독교적 학문 연구를 위한 학회로, 각 학문 분야별 신학과 학제간의 연구를 진행하여 신앙과 학문의 통합을 추구하고 있습니다. 연구 발표의 장으로 연 2회의 학술대회를 개최하고 있으며, 한국연구재단 등재학술지 〈신앙과 학문〉(1996년 창간)을 발행하고 있습니다.

● VIEW 밴쿠버기독교세계관대학원

1998년 11월, 밴쿠버기독교세계관대학원(VIEW)은 캐나다 최고의 기독교대학인 Trinity Western University 대학의 신학대학원인 ACTS와 공동으로 기독교세계관 문학석사과정(MACS-Worldview Studies)을 개설했습니다. 현재 캐나다 밴쿠버에 기독교세계관 문학석사 과정, 디플로마(Diploma) 과정을 운영하고 있으며, 2006년부터는 다양한 연수 프로그램(교사 창조론, 지도자세계관 학교, 청소년 캠프 등)을 개최하고 있습니다.

● **CTC 기독교세계관교육센터**

CTC(Christian Thinking Center)는 가정과 교회와 학교에 기독교 세계관 교육 콘텐츠를 제공함으로서 다음 세대 그리스도인들이 기독교 세계관으로 생각하고 살아가도록 돕는 것을 사명으로 하는 세계관 교육기관입니다.

● **도서출판 CUP**

바른 성경적 가치관 위에 실천적 삶을 살아가는 그리스도의 제자들을 세우며, 지성과 감성과 영성이 전인적으로 조화된 균형잡힌 도서를 출간하여 그리스도인다운 삶과 생각과 문화를 확장시키는 나눔터의 출판을 꿈꾸고 있습니다.

✤ ✤ ✤ ✤ ✤ ✤

■ **(사)기독교세계관학술동역회 연락처_** ☎. 02)754-8004
(06367) 서울특별시 강남구 광평로56길 8-13, 910호(수서동, 수서타워)
E-mail_ info@worldview.or.kr
www.worldview.or.kr

■ **도서출판 CUP 연락처_** ☎. 02)745-7231
(04549) 서울특별시 중구 을지로 148, 8층 803호(을지로3가, 중앙데코플라자)
E-mail_ cupmanse@gmail.com
www.cupbooks.com